ullstein

Das Buch

Frühjahr 2005: Die Heuschrecken kommen – Werner G. Seifert, Vorstandsvorsitzender der Deutschen Börse, und Aufsichtsratsvorsitzender Rolf-E. Breuer gehen. Vorausgegangen ist ein Wirtschaftskrimi der besonderen Art: International agierende Hedge Fonds greifen ein deutsches Unternehmen an. Mit fragwürdigen Methoden zwingen britische und amerikanische Investoren einem der profitabelsten Dax-Unternehmen neue Spielregeln auf: Sie verhindern die Übernahme der Londoner Börse durch die Deutsche Börse, plündern durch Aktienrückkäufe die Unternehmenskasse und setzen ihre Wunschkandidaten für den Aufsichtsrat durch – dies alles, ohne die Mehrheit des Unternehmens zu besitzen! In einem packenden Tatsachenkrimi schildern Werner G. Seifert und Hans-Joachim Voth die Hintergründe rund um den Machtkampf an der Deutschen Börse.

Die Autoren

Werner G. Seifert, geb. 1949, führte die Deutsche Börse von 1993 bis 2005 als Vorstandsvorsitzender. Der promovierte Betriebswirt war zuvor Mitglied der Konzernleitung der Schweizer Rück und Partner bei McKinsey. Seifert ist passionierter Jazzmusiker, Honorarprofessor an der European Business School in Oestrich-Winkel sowie (Ko-)Autor von vier und Mitherausgeber von sieben Büchern.
Hans-Joachim Voth, geb. 1968, ist seit 1998 Professor für VWL und Wirtschaftsgeschichte an der Universität Pompeu Fabra, Barcelona. Nach der Promotion am Nuffield College, Oxford, war er Gastprofessor in Stanford, am MIT und an der Stern Business School in New York City sowie Unternehmensberater bei McKinsey. Voth ist (Ko-)Autor von vier Büchern und hat unter anderem Beiträge in der *ZEIT*, der *Frankfurter Allgemeinen Zeitung* und im *Wall Street Journal Europe* veröffentlicht.

Werner G. Seifert
mit Hans-Joachim Voth

Invasion der Heuschrecken

Intrigen – Machtkämpfe – Marktmanipulationen:
Wie Hedge Fonds die Deutschland AG attackieren

Ullstein

Besuchen Sie uns im Internet:
www.ullstein-taschenbuch.de

Umwelthinweis:
Dieses Buch wurde auf chlor- und säurefreiem Papier gedruckt.

Aktualisierte Ausgabe im Ullstein Taschenbuch
1. Auflage November 2007

Umschlaggestaltung: HildenDesign, München
(nach einer Vorlage von Etwas Neues entsteht, Berlin)
Titelabbildung: Dorling Kindersley/getty images
Satz: LVD GmbH, Berlin
Gesetzt aus der Sabon und Helvetica Condensed
Druck und Bindearbeiten: Ebner & Spiegel, Ulm
Printed in Germany
ISBN 978-3-548-36943-3

Inhaltsverzeichnis

Vorwort
zur Taschenbuchausgabe

Es ist wieder August. Vor zwei Jahren waren wir gerade dabei, unser Buchmanuskript komplett umzuschreiben. Der Sommer in Frankfurt und Barcelona war heiß, und die Gerüchteküche kochte. »Was, wenn Seifert auspackt?«, fragte so manche Zeitung. Nach den dramatischen Ereignissen im Frühjahr 2005, als eine bis dahin einmalige Rebellion von Minderheitsaktionären den Vorstandsvorsitzenden und die Hälfte der Anteilseigner im Aufsichtsrat der Deutsche Börse AG zum Rückzug gezwungen hatte, rankten sich immer mehr Mythen und Missverständnisse um die Hintergründe und den Ablauf des Putsches bei der Deutschen Börse. Diese mit einem Quentchen Wahrheit zu konfrontieren war der Zweck unseres Buches *Invasion der Heuschrecken.*

Heute sitzen wir nach längerer Zeit wieder einmal zusammen, an der grünen Atlantikküste Irlands. Wir lassen ein wenig Revue passieren, was in den letzten zwei Jahren passiert ist. Draußen wechselt das Wetter alle paar Minuten von Sonnenschein zu Regen. Wir haben ein paar Lachfalten mehr und bringen vielleicht das eine oder andere Kilo zusätzlich auf die Waage. Über das Internet erreichen uns die neuesten Nachrichten aus London, Frankfurt, New York: An den Finanzmärkten herrscht Chaos, seit die Kreditkrise in Amerika immer mehr Banken und Hedge Fonds erfasst – auch in Europa. Gerade hat die US-Notenbank den Diskontsatz gesenkt, um dem Schlimmsten vorzubeugen. Zur Entstehung der Krise hat die immer unverantwortlichere Schuldenmacherei durch Unternehmen sowie durch Private Equity und Hedge Fonds ihren Teil beigetragen. Auch davor hatten wir in diesem Buch gewarnt, als es 2006 auf den Markt kam. Doch das Hauptthema war nicht die Stabilität der Finanzmärkte. Uns ging es um gute Unternehmensführung und um die Zukunft der Börsen in Europa.

Was ist aus unseren Prognosen geworden? Wie der Ökonom Edgar R. Fiedler einmal scherzte: »If you have to forecast, forecast often« – wer schon Vorhersagen treffen muss, sollte das häufig tun, damit wenigstens einige davon eintreffen. Der Kurs der Deutschen Börse AG, den wir bereits bei 60 Euro für überbewertet hielten, liegt auch nach dem jüngsten Einbruch bei (splitbereinigt) knapp 160 Euro. Die große Invasion der Heuschrecken – mehr Angriffe auf das Management durch Minderheitsaktionäre im Stil von TCI – ist in Deutschland weitgehend ausgeblieben. Hatten wir also Unrecht mit unseren Befürchtungen, dass die Interessenskonflikte und das rücksichtslose »financial engineering« für massive Schäden bei einer Schlüsselinstitution des europäischen Finanzmarkts sorgen würde?

Wer zuletzt lacht, lacht am besten, weiß der Volksmund. So, wie das irische Wetter spielt, ist es auch unseren Prognosen gegangen: Mit manchen stehen wir im Regen, manchmal gibt es Sonnenschein. Der Aufstand der Minderheitsaktionäre rund um TCI begann mit der versuchten Übernahme der Londoner Börse (LSE) durch die Deutsche Börse. Ein guter Teil unseres Buches beschreibt den Hintergrund dieser Transaktion. Kern der Meinungsverschiedenheit war, ob die Londoner Börse bei 530 bis 600 Pence pro Aktie viel zu teuer bewertet gewesen wäre. Im Jahr 2004 hatte die Deutsche Börse 530 Pence geboten und wäre vermutlich mit einem nachgebesserten Angebot von 600 Pence Eigentümer geworden. Alle Modellrechnungen zeigten uns damals an, dass auch zu diesem höheren Preis die LSE ein Schnäppchen war.

Was ist daraus geworden? Heute notiert die LSE bei 1300 Pence pro Aktie. Früher im Jahr lag sie auch schon mal über 1400 Pence. Den von TCI für sinnvoll erachteten Preis von 200–300 Pence hat sie an nicht einem einzigen Tag seit 2005 erreicht. Jeder macht sich so gut lächerlich, wie er kann! Aus den 1,3 Milliarden Pfund, die die Deutsche Börse für die LSE ausgeben wollte, wären heute 2,6 Milliarden geworden. Eine Investition in den Dax wäre lediglich 2,15 Milliarden wert. Das bedeutet, dass das Motto »Geld zurück an die Aktionäre« eine enorme Wertzerstörung produziert hat. Um knapp eine halbe Milliarde Pfund sind die Aktionäre der Deutschen Börse ärmer geworden, weil der große Barbestand, vorsichtig vom alten Management aufgehäuft und für den Kauf der LSE gedacht, an die Aktionäre ausgehändigt wurde.

Der Börsenkurs der Deutschen Börse ist fantastisch hoch, wider unsere Erwartungen. Dabei haben Rückkäufe der Aktie, die hohen Transaktionsvolumina dank der Hausse an den Märkten und eine Neubewertung des Sektors insgesamt eine Rolle gespielt. Die Deutsche Börse ist immer noch eine hocheffiziente »Cash Cow«, die hohe Gewinne produziert, und immer mehr Investoren haben sich für das Geschäftsmodell gewinnen lassen. Aber auch alle anderen Börsen sind mittlerweile sehr hoch bewertet. Wir wissen nicht, ob dies auch in Zukunft so bleiben wird. Wenn uns die Geschichte der Finanzmärkte jedoch eines lehrt, dann dies: Wie an den Märkten für Hypotheken, für Tulpen oder Wohnungen in Tokio kommt es auch an den Aktienmärkten immer wieder zu enormen Übertreibungen. Um die heutigen Kurse der Börsenbetreiber zu rechtfertigen, müsste die Hausse noch mindestens zehn Jahre anhalten. Denkbar ist das, aber wir halten es nicht gerade für wahrscheinlich.

Im Vergleich zu den anderen Börsenbetreibern hat sich der Kurs der Deutschen Börse nicht unbedingt berauschend entwickelt. Dafür gibt es einen einfachen Grund: ihre mittlerweile fast vollständige Isolierung in der Börsenlandschaft. Der Versuch, die LSE zu kaufen, wurde von TCI gestoppt. Die Lieblingsalternative von TCI, ein Zusammengehen mit Euronext, konnte auch das neue Management nicht herbeizaubern. Zu viele der alten Stolpersteine, die vor 2005 immer wieder im Weg lagen, konnten nicht beiseite geräumt werden – die Geschäftsmodelle passen zu wenig zueinander, die Kartellprobleme sind zu groß. Wertvolle Zeit wurde vertan. Nachdem Euronext sich nun in die Arme der NYSE geflüchtet hat, die LSE mit der Borsa Italiana zusammengeht und sich CME und CBoT zur weltgrößten Terminbörse zusammengeschlossen haben, ist die Deutsche Börse von allen Seiten umzingelt wie das berühmte gallische Dorf in den *Asterix*-Comics – ob irgendwo ein Zaubertrank gebraut wird, darf allerdings bezweifelt werden. Zudem hat die Deutsche Börse einen Zukauf getätigt, den fast alle Beobachter für eine viel zu teuere Verzweiflungsakquisition halten: die Übernahme der ISE (International Stock Exchange) in New York. *Der Spiegel* titelte hämisch: »Deutsche Börse kommt endlich zum Zug.« Für 2,8 Milliarden US-Dollar gekauft, machte die ISE mit Aktienoptionen gerade mal 178 Millionen US-Dollar Umsatz und 55 Millionen Gewinn – der Kaufpreis entsprach mehr als dem 50-fachen des Gewinns! TCI und Attikus, die beiden Fonds, die das alte Management der Börse wegen der LSE-Übernahme zum Rückzug gezwungen hatten, waren wieder gegen den Zukauf. Diesmal hatten sie wahrscheinlich Recht – der Kaufpreis ist in der Tat erstaunlich hoch. Doch obwohl sie in den Jahren 2005 und 2006 sowohl das Management als auch einen großen Teil des Aufsichtsrats ausgetauscht hatten, gelang es ihnen diesmal nicht, die Akquisition zu stoppen.

Was können wir aus diesen Entwicklungen lernen in Sachen Investor-Aktivismus? Wir denken, dass zwei Lektionen wichtig sind. Erstens haben aktivistische Minderheitsaktionäre nicht immer Unrecht. Es gibt tatsächlich viele Fälle wertvernichtender Übernahmen, die zu stoppen im Unternehmensinteresse ist. Wir meinen, dass TCI bei der

LSE-Übernahme Unrecht hatte und bei der ISE zu Recht opponierte – ein Monopol auf richtige Urteile in Bewertungsfragen haben freilich weder die aktivistischen Hedge Fonds noch Manager. Zweitens zeigen sich die Grenzen des aktivistischen Modells. Das Management kann nicht permanent an der kurzen Leine einiger Minderheitsaktionäre geführt werden. In einigen großen, zentralen Fragen lassen sich – hart an der Grenze der Legalität – Koalitionen schmieden, um Aufsichtsrat und Vorstand aus dem Amt zu drängen. Doch auch der rücksichtsloseste Hedge-Fond-Manager kann nicht alle zwei Jahre zum Großangriff blasen; die Revolution als Dauerzustand ist für kein Unternehmen erträglich. Durch den erfolgreichen Putsch im Frühjahr 2005 haben sich TCI und Attikus deshalb um ihre einzige wirklich wirksame Drohung gebracht – die Einberufung einer außergewöhnlichen Aktionärsversammlung und die Abwahl des Aufsichtsrats. Gleichzeitig hat erst die strategische Isolation, in der sich die Deutsche Börse wegen der von TCI verhinderten LSE-Übernahme befindet, das Management zu einer überteuerten Verzweiflungsakquisition getrieben. Auch dem größten Fan des Investoren-Aktivismus dürfte es schwerfallen, die heutige Situation als Glücksfall für das Unternehmen darzustellen.

Mit dem Titel *Invasion der Heuschrecken* wollten wir vor der Gefahr warnen, dass die Vorfälle bei der Deutschen Börse kein Einzelfall bleiben und sich ein Schwarm aktivistischer Hedge Fonds auf europäische Firmen stürzt. So umfangreich und schnell, wie wir mit neuen Fällen gerechnet haben, ist es nicht gekommen. TCI hat mitterweile die gleichen Praktiken bei ABN Amro angewandt, doch Angriffe auf noch größere DAX-Unternehmen oder eine Vielzahl von MDAX-Firmen sind ausgeblieben. Was sich jedoch rasanter entwickelt hat als erwartet, waren die Übernahmen durch Private Equity Firmen. Auch diese hatte Franz Müntefering mit dem Begriff »Heuschrecken« gemeint, doch ein so radikales Ungleichgewicht zwischen den beiden Formen der »Machtergreifung« in Unternehmen hat uns erstaunt. Die Grenzen des Modells Investor-Aktivismus, die sich bei der ISE-Übernahme gezeigt haben, dürften ihren Teil dazu beigetragen haben. Hinzu kommen die ungewöhnlich lockeren Kreditbedingungen der letzten zwei Jahre, in der sich fast jede Firma mit stabilen Einnahmen und ohne Mehrheitsaktionär mit der Gefahr einer Übernahme durch Private Equity Investoren gegenübersah. Letztlich dokumentiert sich im Ungleichgewicht beider Interventionsformen aber die Überlegenheit der Private Equity Investoren. Diese agieren als die »ehrlicheren Heuschrecken«, da sie die Minderheitsaktionäre für den Verlust an Einfluss abfinden und anschließend zu Recht, und mit 100 %-Anteil, im Unternehmen den Ton angeben. Dass dabei den Firmen manchmal zu hohe Kredite aufgebürdet werden und die Strategien oft wenig nachhaltig wirken, ist problematisch. Eine Verteuerung der Kredite, wie sie seit dem Sommer 2007 zu beobachten ist, wird die schlimmsten Missbräuche – beispielsweise mehrfache PE-Verkäufe wie bei Grohe – weniger wahrscheinlich machen. Auch die Neuregelung der Unternehmensbesteuerung inklusive Zinsschranke dürfte für solidere Finanzierungsmodelle sorgen.

Was sich bei der Reaktion des Gesetzgebers auf das Lieblingsmodell der Fonds – Schulden hoch, Kapital runter, Cash raus – andeutet, vollzieht sich auch in anderen Regulierungsbereichen. Die Finanzaufsichten in vielen Ländern wachen auf und richten ihr Augenmerk auf die Missbräuche der Fonds. Selbst die traditionell Hedge-Fond-freundliche FSA in London ließ letztes Jahr wissen, dass sie sich Sorgen mache darum, dass immer mehr Fonds hart an der Grenze zum Insiderhandel operieren. Die NY-Fed fordert schärfere Kontrollen und mehr Transparenz von Hedge Fonds und der US-Kongress sowie das englische Parlament verlangen eine schärfere Besteuerung der Gewinne von Fondmanagern. Wie schon der erfolglose Angriff von Carl Icahn auf Time-Warner gezeigt hat, nimmt die Skepsis anderer Investoren zu. Kombiniert mit der zunehmenden

Wachsamkeit der Finanzaufsichten wird die Luft für die Aktivisten dünner. Getreu dem Motto »forecast often« denken wir heute, dass der Putsch an der Deutschen Börse im Jahr 2005 nicht der Anfang einer großen Welle von Angriffen auf europäische Großunternehmen war. Deutsche Börse und ABN Amro markieren den Hochwasserstand für die aktivistischen Hedgefonds. Die Idee, dass die Diktatur der Minderheitsaktionäre für die richtige Unternehmensführung sorgt, ist gescheitert. Noch mag es zu dem einen oder anderen Angriff kommen, doch eine wirklich nachhaltige Lösung des Anreizproblems für das Management ist der Investor-Aktivismus nicht.

Timoleague, im August 2007
Werner G. Seifert und Hans-Joachim Voth

Prolog

»Wie bin ich nur zwischen diese Buchdeckel gekommen?«

Things ain't what they used to be. Keith Jarretts, Gary Peacocks und Jack DeJohnettes Interpretation dieser wunderbaren Melodie von Duke Ellington swingte durch meine Frankfurter Wohnung. Nachdenklich blickte ich von meinem Arbeitszimmer auf die begrünte Dachterrasse.

Es war Sonntag, der 8. Mai 2005. Ein sonniger Nachmittag. Ich kritzelte gedankenverloren auf dem vor mir liegenden Blatt Papier herum, malte die Os und As aus, umkringelte die i-Punkte und gab so einem ungewöhnlichen Text den letzten Schliff: Es war die Pressemitteilung, die meinen Rücktritt als Vorstandsvorsitzender der Deutsche Börse AG verkündete – nach zwölf Jahren Zugehörigkeit zu dem Unternehmen, das ich von Grund auf gestaltet und aufgebaut hatte.

Morgen, bei der Sitzung des Aufsichtsrates, würde ich meinen Abschied nehmen. Ich schenkte mir eine weitere Tasse Kaffe ein und las noch einmal die Überschrift:

»Aufsichtsratsvorsitzender Rolf-E. Breuer, weitere Mitglieder des Gremiums und Vorstandsvorsitzender Werner Seifert verlassen Deutsche Börse AG.«

Da es nicht jeden Tag vorkommt, dass man eine Pressemitteilung über den eigenen Abschied verfasst, hielt ich einen Moment inne, wählte auf der CD noch einmal dasselbe Stück an und nickte: Stimmt, *things ain't what they used to be* – nichts ist mehr so, wie es einmal war. In 24

Stunden würde ich ein freier Mann sein, ein Mann ohne Termine, ohne Verpflichtungen, ohne Meetings, ohne Entscheidungsdruck und ohne umgebundene Krawatten.

Ich beschloss, die Pflanzen zu gießen und von Kaffee auf Wein umzusteigen. Wie war ich bloß hierher geraten? An diesen Punkt? Auf dieses Stück Papier?

Das Unternehmen Deutsche Börse AG hatte ereignisreiche Jahre hinter sich. Noch in den frühen neunziger Jahren hatte es nur einen kleineren Handelsplatz in Frankfurt gegeben – mit wenig Kapital und weit hinter seinen Möglichkeiten. Binnen zehn Jahren verwandelten wir sie in ein High-Tech-Unternehmen, das profitabler war als alle seine Wettbewerber. Im Jahr 2001 war die Börse sogar selbst an die Börse gegangen – ein besonderer Coup, der uns ein üppiges finanzielles Polster verschafft hatte: Geld, mit dem wir die Konsolidierung des europäischen Kapitalmarktes vorantreiben wollten.

Die Gelegenheit war günstig: Ausgerechnet die London Stock Exchange (LSE), die noch vor zwölf Jahren alle Konkurrenten in den Schatten gestellt hatte, stand zum Verkauf. Als prädestinierter Käufer stand im Herbst 2004 die Deutsche Börse bereit. Alle Welt ging davon aus, dass wir ein Übernahmegebot abgeben würden. Die kundigen Beobachter der Szene vermuteten richtig. Im Zuge einer intensiven Kampagne wollten wir nicht nur die Aktionäre der LSE überzeugen, an uns zu verkaufen, sondern auch das Management auf unsere Seite ziehen. Schließlich lockten reichliche Vorteile auch für das Unternehmen selbst, wenn es sich von der Deutschen Börse übernehmen ließe.

Nun, sechs turbulente Monate später, betraten wir die Bühne für den Schlussakt. Doch die Rollen waren mitten im Stück umbesetzt worden. Nach einem zermürbenden Drama in mehreren Akten – in den Hauptrollen diverse Aktionäre, Manager, Regierungsstellen, Regulierungsbehörden und Investmentbanken – waren wir Jäger zu Gejagten geworden. Statt des erhofften Happy Ends stand nun ein düsteres Finale an.

Es war höchste Zeit, mich auf den kommenden Tag vorzubereiten. Ich wollte noch meinen Vortrag überarbeiten und den richtigen Ton für die überraschende Mitteilung finden, die ich dem Aufsichtsrat unterbreiten würde. Breuer und ich hatten einige Neuigkeiten für die anderen zwanzig Mitglieder, aber ich musste darauf achten, die ganze Geschichte auf ihre Essenz zu reduzieren. Ich wollte nicht larmoyant klingen, aber auch nicht cool wirken. Vor allem aber wollte ich meinen Entschluss nachvollziehbar machen und sein Zustandekommen so darstellen, dass der Aufsichtsrat meiner Entlassung zustimmen konnte. Die meisten seiner Mitglieder würden nicht begeistert sein; ein Großteil von ihnen hatte über viele Jahre hinweg hervorragend und loyal mit mir gearbeitet. Wir hatten gute und schlechte Zeiten gemeinsam durchstanden. Gut möglich, dass sie es nun ablehnen würden, sich einer Minderheit höchst aggressiver Aktionäre zu beugen, die wollte, dass unsere Köpfe rollten.

Die Sonne war mittlerweile untergegangen, aber die Abendluft war noch immer angenehm warm. Ich stellte einen Stuhl auf die Dachterrasse, legte eine andere Keith-Jarrett-CD mit dem Song »Autumn leaves« ein und ließ meine Gedanken wandern.

Herbst 2004. Der Plan, die LSE zu übernehmen, war wohl durchdacht und sinnvoll gewesen. Davon war ich damals überzeugt. Und bin es noch immer.

In Europa gab es viel zu viele Börsen; eine Fusion der Frankfurter und der Londoner Börse würde Einsparungen in Milliardenhöhe für alle direkt und indirekt Beteiligten bringen – eine Chance für den Markt, für Investoren, Emittenten, Banken, Broker und letztendlich auch für die Börsen selbst. Der Wertpapier-Handel würde kostengünstiger werden, Investoren könnten ihre Portfolios auch außerhalb Deutschlands diversifizieren, Emittenten mehr Käufer für ihre Aktien finden und Banken ihren Kunden eine größere Bandbreite von Produkten anbieten. Und außerdem wäre die Deutsche Börse in London präsent, am herausragenden europäischen Finanzplatz, *dem* Ort des Geschehens. Und könnte von dort aus weiter expandieren. Was sollte daran falsch sein?

Die Vorteile lagen auf der Hand. So sehr, dass es ein Leichtes gewesen war, die Zustimmung unseres Aufsichtsrates zu bekommen. Nachdem er im Dezember 2004 einstimmig den Plan abgesegnet hatte, sich der LSE anzunähern, begannen wir damit, auch unsere Aktionäre von diesem Schritt zu überzeugen. Mein Team und ich reisten Tausende von Kilometern, um ihnen in Dutzenden von Präsentationen und Diskussionen unser Vorhaben darzulegen. Und wir überzeugten alle unsere Gesprächspartner – einen nach dem anderen. Das Feedback war ermutigend. Die Aktionäre begrüßten unser Vorhaben. Insider und Beobachter bewerteten unser entschlossenes Vorgehen als bahnbrechend für den europäischen Kapitalmarkt. Und selbst die Medien, die unsere Pläne ja gar nicht im Detail kannten und normalerweise sehr skeptisch auf solche Geheimniskrämerei reagieren, waren uns wohl gesonnen. Selbst Kritik durch Kunden, Regulierungsbehörden oder Politiker, mit der einige von uns fest gerechnet hatten, blieb weitgehend aus.

Wir waren mehr als guter Dinge.

Doch: »Das Spiel ist nicht zu Ende, bevor die fette Lady singt«, wie die Amerikaner bei Baseball- oder Footballspielen zu sagen pflegen. Die »fette Lady« singt die Nationalhymne, und zwar nach dem Schlusspfiff. Bis dahin ist niemand vor Überraschungen sicher. Und die stellten sich auch bei uns ein.

Das Blatt wendete sich: Völlig unerwartet kauften sich zum Jahresanfang 2005 neue Aktionäre in die Deutsche Börse ein. Daraufhin schoss unser Aktienkurs in die Höhe, was alteingesessene Aktionäre dazu bewegte, ihre Anteile zu verkaufen und dabei gute Gewinne mitzunehmen.

Einer der Käufer war The Children's Investment Fund, kurz TCI. An seiner Spitze stand Christopher Hohn – ein intelligenter junger Händler, der in der ganzen folgenden Geschichte eine treibende Kraft spielen sollte. Er konnte unserem Übernahme-Plan von Anfang an nichts abgewinnen. Er hätte seine Anteile an dem Unternehmen, dessen Strategie ihm missfiel, leicht verkaufen können. Aber stattdessen kaufte er noch mehr Aktien. Anstatt seine Bedenken offen und ausführlich im Gespräch mit Herrn Breuer und mir zu diskutieren, beschwerte er sich in der Öffentlichkeit, wir würden ihm nicht zuhören. Und anstatt ein faires Spiel zu spielen, teilte er uns noch nicht einmal mit, ob er Schach, Skat, Poker oder Bridge mit uns spielte.

Typisch Hohn, sagen manche. Bis dahin gefiel er sich als geheimnisvolle Gestalt im Hintergrund. Kaum ein Journalist hatte je Gelegenheit gehabt, Chris Hohn persönlich zu treffen. Er gab keine Interviews. Es existierten kaum Fotos oder gar Filmaufnahmen von ihm.

Ich bin ihm ein paar Mal begegnet: Einmal im November 2004, einige Wochen vor unserem Übernahmeangebot an die LSE. Da wusste ich noch nicht, dass er sich bald zu meinem stärksten Widersacher entwickeln würde. Und einmal drei Monate später, im Februar 2005 – aber auch dieses Treffen änderte nichts daran, dass wir ein Kommunikationsproblem hatten. Ich weiß bis heute nicht, was er eigentlich wollte.

Er war nicht alleine. In Windeseile hatte er acht Prozent aller Deutsche-Börse-Aktien gekauft. Und ein paar andere, die auch Investmentfonds vertraten, machten es ihm nach und stockten ihre Deutsche-Börse-Aktien auf. Alles in allem waren es wohl zwölf Personen in sechs Fonds, die sich gegen die Entscheidung der Unternehmensführung stellten. Ein bloßes Dutzend. Zwölf Akteure von Hunderten. Aber genug, um alles zu ändern.

Things ain't what they used to be.

Auf ihren Druck hin verwandte die Deutsche Börse AG Anfang März 2005 einen großen Anteil ihrer Barmittel nicht wie geplant für Akquisitionen wie den Kauf der LSE, sondern schüttete sie über Aktienrückkäufe an ihre Aktionäre aus. Statt in die Zukunft des Unternehmens floss das Geld in die Taschen der Aktionäre.

Aber damit war die Angelegenheit noch nicht erledigt.

Als Nächstes wandten sich die rebellischen Fonds gegen Rolf-E. Breuer, den Aufsichtsrat und das Management, vor allem gegen mich. Kaum zu glauben: Noch vor sechs Monaten hatte ausgerechnet TCI mir gesagt, ich würde »eines der besten Unternehmen Europas« führen. Und nun wollten sie, dass ich meinen Hut nehme.

Und genau das würde ich nun tun. Chris Hohn spielte ein Spiel, das ich nicht mitspielen würde. Seine Spielregeln sind Gift für einen offenen und fairen Markt, wie ich ihn für richtig halte. Mitspielen oder aussteigen. Ich hatte keine andere Wahl.

Eine wenn auch gewichtige Minderheit von Aktionären – die im Übrigen eine absonderliche Strategie für das Unternehmen verfolgte – hatte ihren Willen gegen die Mehrheit von Aktionären sowie das Management durchgesetzt. Dabei hatten sie sich Mittel und Wege bedient, die mehr als unüblich waren und die, nicht nur nach meiner Meinung, an die Grenze der Legalität und darüber hinaus gingen.

Mein Rücktritt war daher nur die logische Konsequenz. Ich konnte es nicht mit mir vereinbaren, mich in den Dienst ihrer zweifelhaften Ziele zu stellen. Schade nur, dass sie damit genau das erreichten, was sie bezweckt hatten – einen Widersacher aus dem Weg zu räumen.

Ich zündete meine Pfeife an und schenkte mir noch einen letzten Schluck Wein ein. Mittlerweile wusste ich, was ich den Aufsichtsratsmitgliedern bei der morgigen Sitzung sagen würde – und wie ich es sagen würde.

* * *

Am nächsten Morgen stand ich früh auf. Während ich mir meine Krawatte umband, dachte ich daran, dass ich mir von jetzt an den Luxus leisten konnte, mich weniger förmlich zu kleiden.

Die Sonne war hinter Wolken verschwunden. Regen prasselte auf die Windschutzscheibe, als ich zu meinem Büro in dem hochmodernen Firmensitz der Deutschen Börse in den nördlich gelegenen Stadtteil Frankfurt-Hausen fuhr. Dort angekommen, suchte ich noch einige Unterlagen zusammen. Die Zeit drängte, und Unpünktlichkeit ist nicht meine Sache. Auf dem Weg zum Fahrstuhl blickte ich noch einmal zu meinem alten Schreibtisch zurück – einer unter vielen in dem weiträumigen, an drei Seiten mit Fenstern versehenen Großraumbüro – und fuhr dann hinunter in den Sitzungssaal.

Obwohl es eine außergewöhnliche Sitzung werden sollte – einmalig in der Geschichte der Deutschen Börse und wahrscheinlich auch aller anderen Dax-30-Unternehmen –, war äußerlich alles wie immer: Weder tat sich der Boden auf, noch fuhr ein Blitz hernieder. Wir saßen um denselben Tisch herum wie immer, wir tranken schwarzen Kaffee wie immer und knabberten an den üblichen Kekssorten. Kennen Sie das? Man malt sich etwas ganz besonders dramatisch aus und dann stellt es sich als ganz sachlich, fast alltäglich heraus ...

Dennoch: Das war der Moment, in dem das Undenkbare Realität wurde. Zum letzten Mal folgte der Aufsichtsrat einem unserer Vorschläge. Seine Mitglieder nahmen meinen sofortigen Rücktritt an – allerdings bei weitem nicht einstimmig, denn einige von ihnen wollten nicht kampflos aufgeben. Und schweren Herzens stimmten sie auch dem zweiten Tagesordnungspunkt zu.

Rolf-E. Breuer, Vorsitzender des Aufsichtsrates, musste sich ebenfalls dem Druck der Hedge Fonds rund um Chris Hohn beugen. Er würde bis spätestens zum Jahresende die Börse verlassen.

Breuer, der gemeinsam mit mir über zwölf turbulente, aber überwiegend erfolgreiche und wachstumsstarke Jahre die Deutsche Börse geleitet hatte, ist einer der beeindruckendsten Menschen, die mir je begegnet sind. In seinen vierzig Jahren bei der Deutschen Bank hat er sich zu einem der erfolgreichsten und einflussreichsten Geschäftsleute in ganz Europa entwickelt – immer verbindlich, eloquent und mit einer imponierenden Ausstrahlung. Einen besseren Partner beim Aufbau und der Führung der Deutschen Börse hätte ich mir nicht wünschen können. Ohne ihn würde nichts mehr sein, wie es einmal war.

Als die Sitzung sich dem Ende zuneigte, suchten einige der Aufsichtsratsmitglieder tröstende Worte für uns. Sie schienen sich wirklich Sorgen zu machen, wollten uns aufmuntern, uns Mut zusprechen. Wie konnte ich ihnen nur vermitteln, dass ich weit davon entfernt war, mich von der nächsten Brücke zu stürzen?

Ich erinnerte sie daran, dass Aufsichtsrat, Vorstand und alle 3300 Mitarbeiter gemeinsam ein höchst erfolgreiches Unternehmen geschaffen hatten, das sich innerhalb der Branche hervorragend positioniert hatte, das größte und profitabelste seiner Art weltweit war. Seine Marktkapitalisierung – also das, was herauskommt, wenn man den aktuellen Wert einer Aktie mit der Anzahl aller Unternehmensaktien multipliziert – war höher als die seiner beiden schärfsten Konkurrenten zusammen. Unsere Aktionäre machten satte Gewinne. In seiner jüngsten Ausgabe hatte das amerikanische Wirtschaftsmagazin *Forbes* die 2000 größten Unternehmen der Welt aufgelistet: In der Sparte »Umsatz« rangierte Deutsche Börse auf Platz 996, in der Sparte »Unternehmenswert« auf Platz 719. Die Zahlen des letzten Quartals belegten, dass diese Entwicklung anhalten würde.

Solche guten Nachrichten hätte ich natürlich viel lieber unter freundlicheren Umständen verkündet – aber sei's drum: In dieser Geschichte war inzwischen nichts mehr normal.

Im Anschluss an dieses Meeting fuhr ich die Strecke nach Hause, die mir über die Jahre so vertraut geworden war, zum letzten Mal. Ich fühlte mich erleichtert. Dieses Spiel war vorbei.

Ich hatte meine Arbeit bei der Deutsche Börse AG gemocht. Sie war anspruchsvoll, sinnvoll und gut bezahlt. In einer solchen Position muss man immer damit rechnen, über Nacht aus dem Chefsessel katapultiert zu werden. Dieses Risiko gehört dazu. Dass es mich getroffen hat, ist ärgerlich. Mehr nicht.

Im Kern ging es um viel mehr als um persönliche Animositäten. Breuer und ich sahen uns mit Geschäftspraktiken konfrontiert, die in Deutschland ohne Beispiel waren. Ich beschloss, die ganze Geschichte in einem Buch niederzuschreiben. Vielleicht nur, um selbst Klarheit zu erlangen; vielleicht aber auch, um es zu veröffentlichen.

Nun ist es vollbracht. 268 Seiten Manuskript liegen vor mir. Der Verlag wartet schon darauf. Der Druckauftrag ist schon erteilt, in wenigen Wochen ist aus dem Manuskript ein Buch geworden. Die ersten Buchläden haben bereits Bestellungen abgegeben. Die Einladungen für die Pressekonferenz sind ebenfalls versandt. Nun ist die Zeit gekommen, die Kiste mit Notizen, Zeitungsausschnitten, ausgedruckten E-Mails und sonstigen Unterlagen zu verschließen und in den Keller zu stellen. Der Leser möge sich bewusst sein, dass eine Reihe von brisanten Informationen aus rechtlichen Gründen (noch) nicht gedruckt werden kann. Deswegen haben die Autoren das Gefühl, mit manch einem der Akteure zu freundlich umgegangen zu sein, während derjenige Leser, der nicht zwischen den Zeilen lesen will, uns den Vorwurf machen mag, an der einen oder anderen Stelle zu harsch mit den handelnden Personen ins Gericht gegangen zu sein. Die Zeit allein mag diese Büchse der Pandora öffnen.

Worum geht es in diesem Buch?

Es ist kein Roman. Es ist keine Saga vom Aufstieg und Fall eines angesehenen Unternehmens. Es ist kein Heldenepos wie David gegen Goliath. Obwohl es ein klein bisschen auch danach klingt.

Es ist die Geschichte des Machtkampfs zwischen der Unternehmensleitung und einer kleinen Gruppe Aktionäre. Es ist die Zwischenbilanz einer Auseinandersetzung, die noch immer anhält. Es ist die Beschreibung ihrer Auswirkungen auf die Kapitalmärkte, auf Börsen und Finanzplätze, auf den Wertpapierhandel. Es ist eine Darstellung der weit reichenden Folgen für Wirtschaftswachstum und Wohlstand in ganz Europa. Es ist eine Warnung an die Manager anderer Unternehmen vor den Fallen, in die wir getappt sind. Es ist ein Appell an die politisch Verantwortlichen, Abwehrmaßnahmen zu ergreifen. Und natürlich ist es auch ein persönliches Resümee meiner Arbeit für die Deutsche Börse. Es ist eine Geschichte von Hoffnung, Aufstieg, Erfolg und Scheitern.

Dieses Buch gewährt einen Blick auf die Kräfte, die rund um unser Kaufangebot an die LSE hinter den Kulissen wirkten. Es dokumentiert die Rangeleien und Rückschläge bei den Übernahmeverhandlungen, es erzählt von Maulwürfen, die geheime Informationen an die Presse weitergaben, von politisch motivierten Manövern und ziemlich unverblümten Störaktionen einer lautstarken Gruppe geldgieriger Investmentmanager.

Wichtiger aber als all das sind die Erkenntnisse, die sich daraus für die Finanzmärkte ergeben. Ebenso wie viele andere deutsche Unternehmen ist die Deutsche Börse AG zunehmend international aktiv. Und als gut geführte, profitable Unternehmensgruppe zieht sie auch zunehmend Aktionäre aus dem Ausland an.

Das Gesellschaftsrecht und die Grundsätze, nach denen das Unternehmen sich zu richten hat, sind aber nach wie vor deutsch. Diese Rechtsgrundlagen sind ja nicht erst gestern der Laune eines Managers entsprungen – sie haben sich über mehr als hundert Jahre hinweg entwickelt und das Wachstum des modernen deutschen Kapitalismus gelenkt und gefördert. Dieses System gesteht dem Aufsichtsrat und Vorstand wesentlich größere Kompetenzen bei der Führung ihrer Unternehmen zu – anders, als das im angloamerikanischen System des von Aktionären dominierten Kapitalismus der Fall ist.

Dieser strukturelle und kulturelle Widerspruch führte während der Übernahmeschlacht zu einem viel zitierten »Kampf der Kulturen« zwischen dem deutschen Management und ihren Londoner Aktionäre. Da einerseits viele britische und US-amerikanische Anleger internationale Ambitionen verfolgen und andererseits eine Vielzahl deutscher Unternehmen stark unterbewertet ist, war der Streit der Deutschen Börse mit ihren Aktionären nur ein Vorgeschmack auf zukünftige Zwistigkeiten.

Die Schärfe der Auseinandersetzung verdeutlicht die Schlagkraft dieser hochintelligenten »aktiven« Investoren und ihres rücksichtslosen Vorgehens. Viele von ihnen sind so genannte Hedge Fonds. Äußerst geschickt schaffen sie es, durch finanzielle Druckmittel und raffinierte Nachrichtenstreuung die De-facto-Kontrolle in einem Unternehmen zu übernehmen. Sie fügen den Unternehmen, über die sie herfallen, irreparablen Schaden zu – daher ist der Vergleich mit Heuschrecken so passend, wie er sich in Deutschland mittlerweile eingebürgert hat. Die Absichten dieser Anleger sind zumeist kurzfristiger Natur. Sie verfügen über nur begrenzte Betriebswirtschaftskenntnisse und sind selten daran interessiert, ein Unternehmen selbst zu führen.

Einige der Hedge Fonds unter den Aktionären waren der Ansicht, dass die Deutsche Börse kurzfristig eine höhere Rendite abwerfen solle. Und zwar, indem sie ihre Barmittelreserven an ihre Aktionäre ausschüttet, anstatt sie in den Erwerb eines anderen Unternehmens und damit in eine profitablere Zukunft zu investieren. Die unterschiedlichen Auffassungen darüber, wie die Finanzmittel eingesetzt werden sollen, sind der Kern des ganzen Streits. Der Konflikt führte nicht nur zur Rücknahme des Übernahmegebots an die LSE, sondern bald darauf auch zur erzwungenen Entscheidung der Deutschen Börse, in großem Umfang Aktienrückkäufe zu tätigen – und schließlich auch zu Breuers und meinem Rücktritt.

Mit der Art und Weise, wie einige dieser Investoren ihre Ziele erreicht haben und gleichzeitig ihre eigenen Aktienpakete anpassten, um möglichst große Gewinne einzustreichen, haben sie die herrschenden Gesetze und Statuten an den Kapitalmärkten aufs Äußerste strapaziert. Ihr Vorgehen veranlasste nicht nur die Deutsche Bundesanstalt für Finanzdienstleistungsaufsicht, BaFin, zu einer Untersuchung, sondern bewog auch internationale Regulierungsbehörden dazu, ihre Regeln bezüglich Fairness und Transparenz zu überdenken.

Das deutsche Verständnis von Corporate Governance, von »angemessener Unternehmensführung«, wird in den kommenden Jahren zunehmend die Interessen der Aktionäre berücksichtigen müssen. Deshalb müssen wir lernen, mit den entsprechend veränderten Erwartungen an das Management umzugehen. Grundsätzlich ist gegen diese Entwicklung nichts einzuwenden – Breuer und ich haben sie voller Überzeugung jahrelang tatkräftig unterstützt und einer umfassenden Neuorientierung hin zu mehr Einfluss für Aktionäre das Wort geredet. Allerdings hatten wir es niemals für möglich gehalten, dass es zu solchen Auswüchsen kommen könnte.

Die Kernfrage, die sich jetzt stellt, lautet: Soll es auch in Zukunft einer entschlossenen und finanziell potenten Minderheit leicht gemacht werden, auf Kosten aller anderen Aktionäre das Unternehmen, das sie gemeinsam besitzen, nach Gutdünken auszunehmen?

Der Fall der Deutschen Börse belegt anschaulich, wie eine kleine Gruppe entschlossener Investoren die Unternehmensstrategie zum eigenen, kurzfristigen Vorteil grundlegend verändern kann, ohne über die Mehrheit der Anteile zu verfügen. Die rebellischen Hedge Fonds und ihre Kumpane haben dabei die vielen anderen Aktionäre der Deutschen Börse entmündigt und ihnen verbriefte Rechte genommen.

Sollte solches Verhalten auch in Zukunft ungestraft bleiben und gar in größerem Stil fortgesetzt werden, wird sich das negativ auf die Kapitalmärkte auswirken. Letztlich würde es die Fähigkeit der Aktienmärkte einschränken, Kapital für die Sicherung von Wachstum und Arbeitsplätzen bereitzustellen; börsennotierte Unternehmen hätten dann das Nachsehen gegenüber Firmen, die sich im Privatbesitz befinden.

Die Auswirkungen der Affäre um die Deutsche Börse betreffen auch andere Bereiche der Wirtschaft und der Finanzmärkte. Alles deutet darauf hin, dass der gescheiterte Versuch, die London Stock Exchange und Deutsche Börse zu fusionieren, den Bemühungen um eine Integration der europäischen Kapitalmärkte einen herben Rückschlag versetzt hat. Trotz des Europäischen Binnenmarktes und des Euros sind wir nach wie vor sehr weit von einem einheitlichen europäischen Finanzmarkt und den damit verbundenen Vorteilen entfernt. Alles hängt nun davon ab, was bei der Konsolidierung der europäischen Börsenlandschaft als Nächstes geschieht. Möglicherweise wurde die Chance verspielt, dass Anleger Wertpapiere zu günstigen Konditionen über alle Grenzen hinweg handeln können. Dann müssen europäische Unternehmen weiterhin mehr für ihr Kapital bezahlen als eigentlich nötig.

Als glücklicher Besitzer von zwei stattlichen Hunden kann ich aus Erfahrung bestätigen, dass an dem Spruch »Ein alter Hund lernt keine neuen Tricks« leider viel Wahres dran ist. Ich selbst aber musste in ungefähr einem halben Jahr eine Menge neuer Tricks lernen, und zwar auf die harte Tour. Noch dazu geschah alles so unglaublich schnell. Beinahe über Nacht, könnte man sagen.

Diese sechs Monate haben den Kapitalismus in Europa verändert. Das klingt dramatisch. Und das ist es auch! Wenn die aggressiven Störenfriede nicht bald durch effektivere internationale Vorschriften in ihre Schranken gewiesen und gezwungen werden, ihr Vorgehen transparent zu machen; wenn es den verschiedenen ökonomischen Kulturen nicht gelingt, sich auf ein gemeinsames Verständnis von Corporate Governance zu einigen, dann wird die Bedrohung für die internationalen Kapitalmärkte wachsen und bald ihre volle Sprengkraft entfalten.

Darum geht es in diesem Buch. Womöglich finden Sie, dass eine so aufregende Geschichte nicht zu einem seriösen, rationalen Unternehmen wie der Deutschen Börse passt. Da gebe ich Ihnen Recht. Manchmal kam es mir selbst vor, als sei ich wie Woody Allen in *Purple Rose of Cairo* versehentlich in einen Kinofilm hineingeraten, in irgendeine skurrile Kriminalgeschichte.

Sollten Sie als Manager eines börsennotierten Unternehmens tätig sein, können Sie womöglich aus unseren Fehlern und Fehleinschätzungen lernen und sie vermeiden. Ich hoffe, dass meine Sicht der Ereignisse auch für Wirtschaftslaien spannend ist – ebenso wie die Erkenntnis, wie wichtig der europäische Kapitalmarkt für das wirtschaftliche Wohlergehen seiner Bürger ist und welche maßgebliche Rolle die Börsen bei seiner Konsolidierung spielen sollten. Von beidem war ich seit meinem ersten Arbeitstag bei der Deutschen Börse überzeugt und bin es noch heute.

Ich bedauere keine meiner Entscheidungen. Hätte ich die Wahl, würde ich heute wieder genauso handeln. Mit diesem Buch aber möchte ich einen kleinen Beitrag dazu leisten, dass nie wieder Heuschrecken über die sorgsam gepflegten Felder eines erfolgreichen, zukunftsträchtigen Unternehmens herfallen. Der Sieg der kämpferischen Hedge Fonds über die Deutsche Börse soll als Mahnung dienen und den weit verbreiteten Glauben erschüttern, dass es das gute Recht der Aktionäre sei, mit »ihrem« Unternehmen umzugehen, wie es ihnen beliebt. Im Gegenteil: Wir brauchen sehr viel rigidere Gesetze, um die Mehrheit der Aktionäre gegen die Umtriebe einiger besonders lautstarker Shareholder zu schützen.

Wenn dieses Buch dazu beiträgt, solche Gesetze auf den Weg zu bringen – Gesetze, die es den Unternehmen und ihrer Führung wieder erlauben, sich auf ihre eigentliche Aufgabe zu konzentrieren, nämlich ihre Produkte zu verbessern, ihre Strukturen zu optimieren, Gewinne zu machen und Arbeitsplätze zu schaffen –, dann hat es seinen Zweck erfüllt.

1

Heuschrecken-Alarm

Haben Sie schon einmal einen Heuschreckenschwarm erlebt, vielleicht nicht in Wirklichkeit, aber wenigstens in einem Dokumentarfilm? Der Himmel verdunkelt sich und eine Wolke aus unzähligen Insekten erfüllt die Luft. Sie werden mehr und mehr, dichter und dichter, lauter und lauter. Dann kommt der Schwarm auf Sie zu, umkreist Sie, umschließt Sie, und dann hat Ihr letztes Stündlein geschlagen – zumindest, wenn Sie ein Baum sind oder eine Weizenähre.

Etwa so fühlte ich mich am 4. März 2005. Es war ein Freitag, acht Uhr abends. Eigentlich ein guter Zeitpunkt, um ins Wochenende abzutauchen. Stattdessen saß ich noch immer mit meinem Team in einem kleinen Konferenzraum der Deutschen Börse in Frankfurt/Main. Hinter uns lagen endlose Diskussionen mit zu viel Kaffee und zu vielen Zigaretten. Unsere Köpfe waren ebenso leer wie unsere Bäuche. Die Jungs sehnten sich danach, nach Hause zu kommen und die Beine hochzulegen.

Es waren lauter erstklassige Leute – die besten, die ich mir vorstellen konnte für unser lang geplantes Vorhaben. Wir wollten das Kronjuwel unter den europäischen Börsen ergattern: Matthias Hlubek, langjähriger Finanzchef der Deutschen Börse, ein brillanter Analytiker und ein guter Freund; Wayne Moore, mein erfahrener Berater von der Investmentbank Goldman Sachs; Peter Harkins, dem als Spezialisten für Kampfabstimmungen in der Hauptversammlung auf der Welt nur wenige das Wasser reichen können; Peter Weyland, Partner der Kanzlei Hengeler Mueller und ein ausgesprochen kluger Kopf; und last but not least Eric Müller, eines der vielversprechendsten jungen Talente unseres Unternehmens als Projektmanager.

Wir packten gerade unsere Sachen zusammen, als meine Assistentin Eva Maria den Raum betrat und mir mit besorgtem Blick ein Fax überreichte, das vor einer Minute eingetroffen war. Es stammte von einem Hedge Fonds, der uns darüber informierte, dass er 2 Prozent Aktien der Deutschen Börse halte und eine Aktionärsabstimmung über den geplanten Erwerb der LSE fordere: »Wir sind der unumstößlichen Ansicht, dass es in Anbetracht des Einflusses der geplanten Transaktion auf das gesamte Unternehmen und der öffentlichen Aussagen eines signifikanten Anteils der Aktionäre des Unternehmens die Pflicht der Geschäftsleitung ist, die Aktionäre in aller Form um ihre Zustimmung zu der geplanten Transaktion zu ersuchen.« Angespannt las ich weiter: »Darüber hinaus erwarten wir, dass das Unternehmen Deutsche Börse sich gemäß seiner Rolle als Flaggschiff unter den Aktiengesellschaften und als Symbol des Vertrauens in die Kapitalmärkte strikt an die Grundsätze einer guten Corporate Governance hält.« Dann folgte das übliche Blabla: Für weitere Gespräche stehen wir Ihnen gerne zur Verfügung, Grußfloskel, Unterschrift und so weiter.

Das war ein dickes Ding. Das Unternehmen hatte seinen Firmensitz irgendwo in den USA, hatte vielleicht ein paar Dutzend Angestellte und legte im Auftrag seiner Investoren Gelder in Höhe von einigen Milliarden an. Bis zu diesem Moment hätte ich geschworen, dass diese Firma keine einzige Aktie der Deutschen Börse besaß. Aber nun war es zu spät, diese Leute kennen zu lernen, ihnen die Vorteile einer Fusion mit der Londoner Börse LSE auseinander zu setzen oder in Ruhe zu erklären, dass nach deutschem Recht eine Aktionärsabstimmung über die vorgesehene Transaktion nicht vorgesehen ist. Es war nur die erste Heuschrecke eines größeren Schwarms, die gerade zum Sturzflug ansetzte.

In den nächsten anderthalb Stunden trafen per Mail oder Fax sechs Briefe von weiteren rebellischen Aktionären ein, die meisten davon so genannte Hedge Fonds. Die Schreiben waren alle an das Management der Deutschen Börse adressiert, aber auch an alle Mitglieder des Aufsichtsrates gesandt worden. Manche der Absender waren uns noch nicht einmal vom Hörensagen her bekannt. Der Ton ihrer Schreiben war unhöflich bis feindselig.

Unsere Hoffnungen auf ein entspanntes Wochenende waren dahin. Adrenalin verdrängte die Müdigkeit; wir befanden uns in höchster Alarmbereitschaft.

Seite um Seite kauten alle Faxe denselben Inhalt wieder: Sie richteten sich gegen unseren – bereits seit drei Monaten allseits bekannten – Plan, die LSE zu kaufen. Sie behaupteten, dass wir ihnen als Anteilseignern ihr Recht verweigerten, über dieses Vorhaben abzustimmen – und hatten sich offensichtlich noch nie ernsthaft mit dem deutschen Aktiengesetz beschäftigt. Sie betonten, wie notwendig es für die Deutsche Börse sei, als »leuchtendes Vorbild« im Sinne der Corporate Governance (also gemäß den Grundsätzen einer ethisch und moralisch guten Unternehmensführung) zu handeln – und benahmen sich selbst alles andere als vorbildlich. Einige ließen auch drohend anklingen, wie sie ihr Stimmrecht zu nutzen gedachten. Lautstark taten sie kund, dass es durchaus in ihrer Macht liege, den Vorsitzenden und einige Mitglieder des Aufsichtsrates auf der Hauptversammlung abzuwählen. Die nächste Hauptversammlung? Die stand quasi vor der Tür: Sie würde in elf Wochen in der Frankfurter Jahrhunderthalle stattfinden.

Wenn die sich mal nicht abgesprochen hatten! Das alles roch förmlich nach einer konzertierten Aktion. Auch wenn sich die Faxe in Details unterschieden, so waren ihre Kernaussage und ihr Ton doch identisch.

Eigentlich hatten wir ja vorgehabt, unsere Aktionäre auf der Hauptversammlung mit neuen Rekordergebnissen zu erfreuen. Genau wie in den Jahren zuvor auch schon. Nur dieses Mal hatten wir vorgehabt, all die gewohnt guten Nachrichten mit einer Top-Nachricht zu krönen: mit dem erfolgreichen Kauf der LSE.

Doch während wir unermüdlich für die Fusion gerackert hatten, war hinter unserem Rücken etwas Gravierendes passiert: Die Zusammensetzung unserer Aktionäre hatte sich dramatisch geändert. Unser Unternehmen gehörte jetzt Leuten, die wir gar nicht kannten.

Noch vor vier Jahren wäre dies vollkommen unmöglich gewesen. Da gehörte die Börse noch einem harten Kern von Aktionären – hauptsächlich den großen deutschen Banken, die 1993 die Deutsche Börse gemeinsam gegründet hatten. Zwar waren wir auch mit deren Vertretern im Aufsichtsrat nicht immer einer Meinung gewesen, aber wenigstens stand immer außer Frage, dass es ihnen primär um das Wohl des Unternehmens ging. Es ist ihr Verdienst, dass die Frankfurter Börse nicht mehr eine unter acht deutschen Regionalbörsen ist, sondern die größte weltweit. Sie schützten das Unternehmen. Unter ihrer Obhut wuchs die Deutsche Börse, wuchs und wuchs.

Da hatte es nahe gelegen, dass die Deutsche Börse selbst an die Börse ging, zumal sie professionell und profitabel gemanagt wurde. Als Aktiengesellschaft würden wir wesentlich günstiger an frisches Kapital gelangen und weiter expandieren können. Das waren die Vorteile eines Börsenganges. Die Risiken, die wir bei der Übernahmeschlacht kennen lernten, hatten wir damals alle nicht gesehen.

Nachdem die Banken zugestimmt hatten – einige von ihnen brannten förmlich darauf, ihre Anteile zu verkaufen, die dank der Unternehmensentwicklung mächtig an Wert gewonnen hatten –, begannen wir im Jahr 2000 mit den Vorbereitungen für unseren IPO – das so genannte Initial

Public Offering, den Gang an die Börse. Zu diesem Zeitpunkt waren nur die Börsen von Australien und in Stockholm selbst an Börsen notiert. Würden die Investoren anbeißen? Wir vertrauten ganz auf die Anziehungskraft unserer High-Tech-Systeme und unserer positiven Bilanzen. Und als dann die Investmentbanker ihre Gebote abgaben, zeichnete sich bald ab, dass wir mit einem Gesamtwert von über 3000 Millionen Euro rechnen konnten – nicht schlecht für ein Unternehmen, das noch 1993 nur 62 Millionen Euro wert gewesen war! Hätte ein Anleger damals Papiere im Wert von 1000 Mark kaufen können, wären sie keine zehn Jahre später knapp 50 000 Mark wert gewesen.

2001, als wir an die Börse gingen, war der Stern des Neuen Marktes bereits am Sinken und der Aktienboom der neunziger Jahre hatte sich ins Gegenteil verkehrt. Dennoch wurde es ein richtig erfolgreicher Börsengang. Die Investoren rannten uns förmlich die Tür ein – für jede Aktie, die wir ausgaben, hätten wir 23 Stück verkaufen können! Weltweit und über alle Industriesparten hinweg wurde unser IPO zum erfolgreichsten Börsengang des Jahres gewählt; die Aktien hatten Abnehmer in aller Herren Länder und bei jeder Anlegergruppe gefunden.

Durch den Börsengang hatte sich auch die Zusammensetzung unserer Aktionäre maßgeblich geändert. Unter ihnen waren viele traditionelle deutsche Investmentfonds wie Union Invest, DWS und Deka, aber auch internationale Vermögensverwalter wie Merrill Lynch, Fidelity und Capital. Diese Mischung war ganz normal für ein börsennotiertes deutsches Unternehmen. Aber dann, Anfang 2005, tauchte die zweite Generation von Aktionären auf. Und die würden unsere Pläne durchkreuzen und unseren Erfolgkurs stoppen – was wir damals noch nicht wissen konnten.

Theoretisch hätten wir es wissen können. Zumindest die Namen der Aktionäre hätten wir kennen können. Wir hatten nämlich so genannte Namensaktien ausgegeben, die jeden Aktionär verpflichten, dem Unternehmen nach einer kurzen Zeitspanne seinen Namen mitzuteilen. Soweit die

Theorie. In der Praxis zogen es knapp vierzig Prozent unserer Aktionäre vor, sich hinter ihren Custodians zu verstecken, das sind Treuhänder wie zum Beispiel Depotbanken, die ihre Aktien verwalten. Die Custodians jedenfalls sind nicht verpflichtet, den eigentlichen Aktionär zu offenbaren. Dank der Bemühungen unserer Investor Relation-Abteilung haben wir einen guten Teil der Besitzer in dieser Gruppe letztendlich doch ermitteln können.

Doch damit nicht genug. Weitere 40 Prozent unserer Aktionäre wählten einen dritten Weg. Weder meldeten sie sich bei uns, noch versteckten sie sich hinter Custodians. Nein, sie hielten ihre Anteile im freien Meldebestand – das ist ein Sammelreservoir, in dem sich Aktien befinden, die heute gekauft und morgen wieder verkauft werden. Die zweite Generation unserer Shareholder missbrauchte ihn eindeutig für ihre Zwecke. Aber so kam es, dass wir offiziell nie mehr als zehn bis zwanzig Prozent unserer Aktionäre namentlich kannten.

Wir hatten keinen blassen Schimmer, wer für und wer gegen uns war, als die Heuschrecken über die Deutsche Börse herfielen. Sie näherten sich rasend schnell. Und vollkommen inkognito. Jedenfalls kam es uns damals so vor. Im Rückblick betrachtet, schlichen sich die Heuschrecken über einen Zeitraum von wenigen Wochen peu à peu in die Deutsche Börse hinein.

Schon im Oktober 2004 hatte Chris Hohn, ein Teilhaber des Hedge Fonds mit dem irreführend freundlichen Namen The Children's Investment Fund (TCI), um ein Gespräch gebeten. Das war uns nicht ungewöhnlich erschienen – wir nahmen uns immer gerne Zeit für unsere Investoren. Zu diesem Zeitpunkt hielt TCI etwa ein Prozent unserer Aktien. Chris Hohn und ein enger Mitarbeiter kamen persönlich zu uns nach Frankfurt und wir führten ein angenehmes Gespräch über die Deutsche Börse und die Branche im Allgemeinen.

Am 13. Dezember 2004 gaben wir unser Kaufgebot für LSE öffentlich bekannt. TCI hielt zu diesem Zeitpunkt etwa

1,8 Prozent. Eigentlich noch kein Grund, sich als Aktionär wichtig zu nehmen. Dennoch rief TCI umgehend bei einem Mitglied des Beratungsteams der Deutschen Börse an und erklärte vollmundig, sie stünden auf unserer Seite und würden alles in ihrer Macht Stehende tun, um unseren Hauptkonkurrenten Euronext – den französischen Zusammenschluss mit der niederländischen und belgischen Börse – daran zu hindern, ebenfalls ein Gebot für die LSE abzugeben.

Mitte Januar 2005 war der Anteil von TCI an der Deutschen Börse schon auf fünf Prozent gewachsen. Noch waren sie weit davon entfernt, die Mehrheit der Aktien zu besitzen; sie waren noch nicht einmal der größte Anteilseigner. Dennoch forderten sie plötzlich eine außerordentliche Hauptversammlung mit dem Ziel, den Aufsichtsratsvorsitzenden abzuwählen und gegen die anderen Mitglieder des Gremiums ein Misstrauensvotum abzuhalten. Da hörten wir zum ersten Mal das Sirren der Heuschreckenflügel, wussten aber noch nicht, was dieses Geräusch zu bedeuten hatte.

Das Handelsvolumen unserer Aktie erreichte neue Rekordhöhen, der Aktienpreis stieg und stieg. Die alten Besitzer – also die Banken und die traditionellen Investmentfonds – verkauften ihre Anteile und strichen satte Gewinne ein. Und lieferten damit ahnungslos die Deutsche Börse einem Schwarm gieriger Heuschrecken aus.

Ende Februar hielt TCI dann acht Prozent der Deutsche-Börse-Aktien; ein weiterer Hedge Fonds namens Atticus besaß ebenfalls acht Prozent. Binnen weniger Tage bauten die beiden gemeinsam mit weiteren Hedge Fonds ihren Anteil an der Deutschen Börse auf etwa 30 Prozent aus. Erst die Fax-Briefe vom 4. März belegten, wie groß der Schwarm mittlerweile geworden war.

Sie nutzten ihren Einfluss als Aktionäre nicht, um unsere Geschäftsstrategie zu unterstützen oder um das Geschäftsmodell der Deutschen Börse zu stärken. Sie halfen uns nicht bei der Umsetzung unserer Vision für eine noch erfolgreichere Zukunft. Sondern sie konterkarierten mit ihren Möglichkeiten als Aktionäre eben diese Pläne.

Die treibende Kraft in dieser Allianz war Chris Hohn, ein interessanter Typ. Er ist erst Ende 30, aber englischen Zeitungen zufolge Multimillionär. Trotzdem führt er kein luxuriöses Leben. Er trägt nicht ständig Designerklamotten. Er fährt keinen Ferrari, sondern kurvt in einem normalen Auto herum. Was ihn bei seiner Arbeit neben dem Lohn am meisten antreibt, dürfte der Wettbewerb sein, der Sieg. Er sammelt Geld wie andere Pokale. Wenn man ihm statt Geld Gummibärchen gäbe, wäre er vermutlich auch damit zufrieden. Er ist kein besonderer Menschenfreund, auch wenn es in der Öffentlichkeit gelegentlich so scheint. Dass seine Geldmaschine The Children's Investment Fund genauso heißt wie die Stiftung seiner Frau, die Children and Investment Fund Foundation, ist unter Marketingaspekten ziemlich clever. Hohn ist ein Mensch, der gerne die Zügel in der Hand hält. Wer ihm begegnet, empfindet ihn in der Regel als einen wenig umgänglichen Zeitgenossen. Er kann unglaublich arrogant sein und ist ein typischer Einzelgänger. Auf einer Party würde man sich fragen, wer denn der komische Kauz da drüben in der Ecke ist. Selbst wenn er dort vermutlich nicht gleich auf den Gastgeber zugehen und die Haustürschlüssel verlangen würde, um als neuer Eigentümer aufzutreten.

Aber so in etwa hat er sich bei uns verhalten. Er lud sich per Aktienkauf selbst zu unserer Party ein und verlangte binnen kürzester Zeit nicht weniger als die Macht über unser Unternehmen. Als wir uns weigerten, scharte Hohn mit fragwürdigen Machenschaften und Methoden Alliierte um sich.

Wir hörten das Sirren, aber wir sahen sie noch nicht

Hohns frühe Kritik an unseren Fusionsplänen war nur das Sirren einer einzelnen Heuschrecke gewesen. Nun verdunkelte der gesamte Schwarm den Horizont, ausgehungert setzten sie zur Landung an. Sie wollten nicht nur an ein paar Ähren knabbern. Nein – sie wollten sich gleich die ganze Farm einverleiben!

Das wurde uns endgültig klar, als an jenem Freitagabend Anfang März die feindseligen Briefe der Hedge Fonds eintrafen.

Lange Zeit hatten wir Hohn und seine Strategie unterschätzt. Warum?, mögen Sie mich jetzt fragen. Weil niemand in Deutschland und bei der Deutschen Börse jemals ein solches Verhalten seitens eines Aktionärs erlebt hatte – das war zu neu, zu ausgefallen, zu geheimnisvoll. Und es widersprach diametral unserer Auffassung von einem vertrauensvollen Verhältnis zwischen einem Unternehmen und seinen Investoren.

Noch am Tag vor der geballten Fax- und Mail-Attacke der Heuschrecken war ein Team der Deutschen Börse zu einem Zwei-Tages-Trip nach London aufgebrochen. Zehn Meetings hatten unseren Terminkalender gefüllt. Unsere Leute waren voller Hoffnung und guten Mutes gewesen, die skeptischen Aktionäre in der britischen Hauptstadt umstimmen zu können.

Wenn man von der Kritik aus dem Lager der rebellischen Hedge Fonds und Investmentfonds absieht, ging es in diesen Tagen mit unserer geplanten Fusion gut voran. Regulierungsbehörden, Politiker und unsere Kunden erkannten die Vorteile. Und so setzte unser Team nun alles daran, auch die kritischen Eigentümer der Deutschen Börse zu überzeugen.

Zunächst sah es ganz so aus, als könnte uns das gelingen. Unser erster Gesprächspartner in London war ein Mitarbeiter vom Investmentfonds State Street. Er fand lobende Worte für die Deutsche Börse im Allgemeinen und begrüßte im Speziellen unsere Avancen an die LSE.

Kaum waren wir zu unserem nächsten Termin mit dem Hedge Fonds Citadel aufgebrochen, verbreitete der Bloomberg News Service schon die positiven Statements unseres Gesprächspartners bei State Street. Doch das war offenbar nichts als Öl ins Feuer unserer Gegner. Denn kurz darauf erhielt ich E-Mails von den großen und wichtigen Investmentfonds Fidelity and Merrill Lynch, deren Vertreter wir seit Jahren persönlich kannten und die wir bis Dezember als vernünftige Geschäftspartner erlebt hatten: Sie sagten unsere Meetings einfach ab. Ohne weitere Begründung. Das wollte ich so nicht auf sich beruhen lassen, deshalb rief ich an und fragte warum. Es gebe so lange keinen Gesprächsbedarf, bis ich den LSE-Deal abgesagt hätte, ließ man mich wissen.

Beim Abendessen ging auf meinem Blackberry eine Mail von Hohn ein: Inhalt und Ton ähnelten dem der Faxe, die ich 24 Stunden später in Frankfurt erhalten sollte. Er forderte eine Aktionärsabstimmung über den geplanten Erwerb der LSE und beschwerte sich über unsere Corporate Governance.

Außerdem kritisierte Hohn unseren Aufsichtsratsvorsitzenden und mich wegen unserer Kommunikationspolitik. Rüde warf er uns vor, kritische Meinungen bestimmter Aktionäre aus Eigennutz zu unterdrücken, und seine Mail gipfelte in dem Satz: »Ich möchte Sie nochmals darauf hinweisen, dass das Unternehmen letztendlich den Aktionären gehört und nicht Ihnen, Herr Seifert, und dass die Aktionäre ihre Rechte in Kürze ausüben werden.«

Er suchte kein Einvernehmen, er übernahm gleich das Kommando. Er klang, als sei er der alleinige Eigentümer und nicht nur einer unter vielen. Und es passte zu der Aussage eines früheren Kollegen von Hohn, der mir gesagt hatte: »Chris hetzt seine Feinde unermüdlich.« Mal abgesehen vom Tonfall entbehrten seine Anschuldigungen auch inhaltlich jeder Grundlage.

Zum einen: Aktiengesellschaften in Deutschland (wie auch in den USA) sind gesetzlich nicht verpflichtet, das Einverständnis ihrer Aktionäre für Übernahmen anderer Unternehmen in bar einzuholen. Eine solche Abstimmung nach deutschem Recht würde das Angebot ad absurdum führen, wie ich später noch ausführlich erläutern werde.

Zum anderen: Was die so genannten Investor Relations betraf – also das Verhältnis zu unseren Investoren –, so hatten weder das Unternehmen noch ich selbst uns etwas vorzuwerfen. Von Anfang an hatten wir immer ein offenes Ohr für unsere Aktionäre; wir hatten sie ja zum großen Teil von der Fusion mit der LSE überzeugen können. Auch unser Geschäftsmodell und unsere Strategie stießen bei ihnen auf breite Zustimmung.

Das Schlimmste an der Mail, die Hohn mir gerade geschickt hatte, war, dass er sie den Nachrichtenagenturen zuspielte – auf dass die Medien sich in den kommenden Tagen darauf stürzen mögen! Er begründete sein Vorgehen auf die ihm eigene Art: »Wir sind gezwungen, die Kommunikation mit Ihnen öffentlich zu führen, da wir nicht darauf vertrauen können, dass Sie sich für unsere Aussagen interessieren oder dass unsere Ansichten allen Mitgliedern des Aufsichtsrates zur Kenntnis gelangen.«

Es war perfide, dass Hohn von Vertrauen sprach – ausgerechnet er, dessen Umgang mit uns nie auf Vertrauen gründete. Normale Werte scheinen in seinem Universum nicht zu existieren. Größen wie »Macht« oder »Sieg« mögen da etwas zählen. »Vertrauen« weniger.

Das dämmerte mir an jenem März-Abend in jenem Londoner Restaurant, in dem ich seine Mail las. Vor mir stand ein köstliches indisches Gericht, aber der Appetit war mir gründlich vergangen. In der Nacht lag ich lange wach in meinem Bett in dem herrlich altmodischen Berkeley Hotel in Knightsbridge. Wie kamen wir aus dieser verfahrenen Situation nur wieder heraus? In der Hochfinanz wird oft mit harten Bandagen gekämpft. Ich war 27 Jahre lang immer wieder in den Ring gestiegen. Aber das war das erste Mal, dass es mir vorkam, als gälten keinerlei Regeln, als sei jede Waffe erlaubt, als sei kein Schiedsrichter weit und breit zu sehen.

Hohn war gegen den LSE-Deal. Es war auch völlig unmöglich, ihn zu bekehren, weil er eine ganz andere Strategie verfolgte; welche, erkannten wir erst später. Also setzte er uns unter Druck. Ihm müsste eigentlich klar gewesen sein, dass er Unrecht hatte und dass seine Argumente auf Sand gebaut waren. Aber Hohn ist clever. Er brauchte Futter für seine Medienshow. Und so bestand er auf Rechten, von denen er wissen musste, dass er sie nicht besaß. Wie ein Fußballspieler warf er sich auf den Boden, schrie »Foul!« und hielt sich das Schienbein, obwohl wir ihn noch nicht einmal berührt hatten.

Natürlich würden die Journalisten seinen Köder gierig schlucken. Sie wären keine ordentlichen Journalisten, wenn sie sich eine solche Geschichte entgehen ließen: Aktionäre beschuldigen das Management der Deutschen Börse – egal mit was, egal wie berechtigt. So etwas ist immer eine Nachricht. Wenn es jemand wagt, eine Person von öffentlicher Bedeutung anzugreifen, wittern die Medien einen großen Skandal. Wo Rauch ist, ist auch Feuer, sagt der Volksmund. Hier gab es Rauch. Wo genau brannte aber das Feuer und warum war es überhaupt ausgebrochen? Wir glaubten, den Feuerlöscher auf die Stelle halten zu müssen, auf die Hohn schreiend deutete. Wir antworteten mit Argumenten gegen seine Vorwürfe. Doch wie bei der Hydra aus der griechischen Mythologie wuchsen jedem abgeschlagenen Kopf zwei neue Köpfe nach. Hatten wir ein Argument widerlegt, fuhr Hohn zwei neue auf. Erst als vor lauter Rauch kaum noch jemand durchblickte, begriffen wir: Das Feuer brannte ganz woanders, als alle dachten. Aber da war es schon zu spät.

Am nächsten Morgen kam unser Team in Frankfurt zusammen, wo unser Aufsichtsratsvorsitzender Breuer uns bereits erwartete. Was hatten wir für Möglichkeiten?

Um die Rebellen zu beschwichtigen, schlug einer unserer Berater vor, könnten wir sofort einen massiven Aktienrückkauf starten. Das ist ein üblicher und einfacher Weg, Geld an seine Aktionäre auszuschütten. Indem ein Unternehmen die eigenen Aktien zurückkauft und sie dann einzieht, steigt in der Regel der Wert der übrigen Aktien. Die Idee dahinter war klar: Durch die Wertsteigerung der Aktien und die Ausschüttung an die Aktionäre hoffte der Berater die Geldgier der Rebellen um Hohn zu befriedigen, um dann ohne weitere Störungen die bisherige Unternehmensstrategie fortzusetzen. Die Deutsche Börse konnte es sich zu diesem Zeitpunkt leisten, für eine Milliarde Euro Aktien zurückzukaufen – und hätte noch immer genug gehabt, um die LSE zu erwerben.

Ein anderes Teammitglied, das den Nervenkrieg mit unseren Investoren täglich zu spüren bekam, lehnte diese Möglichkeit sowie andere Zugeständnisse an Hohn und Konsorten ab. »Alles oder nichts« war seine Devise – entweder den ursprünglichen Plan durchziehen oder das Gebot zurückziehen. Scheinbar war er des Verhandelns müde. Verständlich, der Druck nahm immer mehr zu.

Die deutsche Regierung stünde noch immer hinter dem LSE-Deal, teilte Breuer uns mit. Außerdem habe er zahlreiche Hinweise erhalten, dass sich führende deutsche Wirtschaftsunternehmen über das Benehmen der Hedge Fonds sorgten, zumal sie befürchteten, selbst die nächsten Opfer zu werden. Also bis zum Letzten weiter kämpfen?

Auch das Management der London Stock Exchange war »not amused«, dass ihre so sorgfältig geplante Auktion ins Wasser zu fallen drohte. Es hatte fest mit mindestens zwei Bietern gerechnet, mit uns und mit der französischen Börse Euronext, und sich gewiss schon darauf gefreut, dass ihr Preis bei einem Wettbieten ordentlich steigen würde. Die Franzosen waren schon im Dezember, kurz nachdem wir unser Kaufinteresse bekundet hatten, aufgetaucht. Zwar hatten sie nie einen Preis genannt, aber es stand außer Zweifel, dass sie mitziehen würden, sobald wir Ernst machten.

Am Nachmittag schickte die LSE uns eine Nachricht, die gemischte Gefühle bei uns erzeugte: Ihr Management erklärte sich bereit, ihren Aktionären zu empfehlen, unser Kaufangebot anzunehmen, und zwar ohne die Entscheidung des Office of Fair Trading (OFT), der britischen Wettbewerbsbehörde, abzuwarten. Allerdings zum Preis von circa 600 Pence pro Aktie.

Das war prinzipiell eine gute Nachricht: Die LSE war bereit, den Verkauf zu empfehlen! Doch der Wermutstropfen war der Preis, den wir noch nicht einmal in unseren wildesten Träumen würden zahlen wollen. Aufgrund der TCI-Kampagne war es Tag für Tag schwer genug geworden, unsere Aktionäre davon zu überzeugen, dass unser ursprüngliches Gebot von 530 Pence nicht galoppierenden Wahnsinns war. 600 Pence ...!

Dieses ganze Hickhack war zermürbend.

Wir saßen in dem kleinen Konferenzraum im dritten Stock. Er ist drei mal sechs Meter groß und an den Wänden hängen beeindruckende Fotografien von Barbara Klemm. Eine davon sprach mich besonders an: Sie zeigt Leonid Breschnew und Willy Brandt bei den Verhandlungen über die Verträge zwischen der Sowjetunion und Deutschland in den frühen Siebzigern – der Anfang der Ostpolitik, der Entspannung und Annäherung zwischen den Blöcken. Wann immer ich mit einem schwierigen Problem zu kämpfen hatte, sah ich dieses Bild an und sagte mir, dass diese beiden Männer viel größere Widrigkeiten überwunden hatten.

Mein klitzekleines aktuelles Problem sah so aus: Über viele Jahre hinweg hatten wir zufriedene Aktionäre gehabt, die unsere Strategie und deren Ergebnisse zu schätzen wussten. Sie hatten unsere Annäherung an die LSE unterstützt. Unsere Kampagne war flott vorangekommen, bis wir unter Beschuss aus den eigenen Reihen gerieten. TCI, Atticus und andere Fonds trieben unseren Aktienpreis in die Höhe, sie kauften Tag um Tag und ließen unseren alten Aktionären nach ökonomischen Kriterien keine andere Wahl, als die Gewinne mitzunehmen und ihre Pakete zu verkaufen. Das konnte ich ihnen kaum verübeln. Die Aktionäre hatten sich um ihre Geschäfte zu kümmern – und ich mich um das meine.

Die Attacke der Heuschrecken hatte die bisherigen Machtverhältnisse mit einem Schlag verändert. Unseren Schätzungen zufolge kontrollierten sie mittlerweile gut dreißig Prozent des Unternehmenskapitals. Siebzig Prozent der Aktionäre standen wohl noch hinter uns, aber das würde uns nicht viel nützen. Erfahrungsgemäß erscheinen bei den jährlichen Hauptversammlungen großer deutscher Aktiengesellschaften nur um die dreißig Prozent der Stimmberechtigten. Demzufolge wäre es den Heuschrecken schon jetzt ein Leichtes, die Hauptversammlung für ihre Zwecke zu nutzen. Trübe Aussichten also. Es hatte ganz den Anschein, als würden die Rebellen die Oberhand gewinnen. Ein Rückzug unseres LSE-Gebots stand ernsthaft zur Debatte.

Wir mussten etwas unternehmen, aber an diesem Nachmittag war uns allen der Kampfgeist abhanden gekommen. Wenige Stunden später bestätigten die Faxe der Hedge Fonds unsere schlimmsten Befürchtungen.

Die Insekten sind da! Lauft um euer Leben!

An diesem Freitag arbeiteten wir bis tief in die Nacht. Wenn wir schon klein beigeben mussten, so sollte es wenigstens ein geordneter Rückzug werden. Nach stundenlangen Konsultationen mit unseren Rechtsanwälten und einer mehr oder weniger schlaflosen Nacht war uns schließlich klar, was zu tun war.

Wir trafen uns Samstagmorgen mit dem gesamten Team, diesmal in einem größeren Konferenzraum. Ich wies auf einen Artikel der aktuellen *Financial Times* hin: Demnach hatten sich weitere Aktionäre den Rebellen angeschlossen. Nach diesem unerfreulichen Einstieg fasste ich die wichtigsten Fragen für unser weiteres Vorgehen zusammen.

Unser Team wog ausführlich alle Handlungsoptionen mit den jeweiligen Vor- und Nachteilen ab und kam zu folgendem Schluss: Eine Rücknahme des Gebots, begleitet von einem Aktienrückkauf, war nach unserem Verständnis aktionärsfreundlicher Unternehmensführung der einzig mögliche Weg. Der Kauf der LSE konnte auch zu einem späteren Zeitpunkt erfolgen – sofern die neuen Aktionäre von dessen Vorzügen überzeugt werden könnten. Drei Ziele wollten wir dabei im Auge behalten:

Erstens: Falls wir das Kaufgebot zurückzogen, würde im schlimmsten Fall unser stärkster Konkurrent Euronext seine Chance ergreifen und mit der LSE fusionieren. Um ihre strategische Position gegenüber Euronext zu sichern, musste die Deutsche Börse sich also eine Hintertür aufhalten, um gegebenenfalls wieder in eine Auktion um die LSE einsteigen zu können.

Zweitens: Die Interessen der neuen Eigentümer waren ganz offensichtlich nur kurzfristig. Dagegen musste sich die Deutsche Börse wappnen. Unser strategischer Plan für die Jahre 2005 bis 2007 sollte nach wie vor umgesetzt werden, trotz der anstehenden massiven Aktienrückkäufe.

Drittens: Unseren Vorsitzenden oder andere Mitglieder des Aufsichtsrats zu verlieren wäre für das Unternehmen weder akzeptabel noch gut. Das Unternehmen musste das Risiko einer Abwahl des Aufsichtsrats minimieren, sei es auf der regulären oder einer außerordentlichen Hauptversammlung, die möglicherweise nachher stattfinden würde.

Sonntagmorgen dann besuchten Breuer, Moore und Hlubek mich zu einem Arbeitsfrühstück. Dabei wurde Breuer unser Vorschlag erläutert. Er stimmte zu, aber er gefiel ihm ebenso wenig wie mir. Vor allem die Absage des LSE-Deals bereitete uns Bauchschmerzen. Es war ärgerlich, dass so viel Engagement und sorgfältige Vorbereitungen für die Katz gewesen sein sollten. Insbesondere, wenn man bedachte, wie mager die Argumente der Kritiker waren, die behaupteten, der LSE-Deal sei zum Nachteil der Shareholder.

Einige Stunden später – wir bereiteten die Neuigkeiten gerade für die Pressemitteilungen und die Branchendienste auf – mussten wir mit großem Befremden feststellen, dass es in der Deutschen Börse offenbar eine undichte Stelle gab.

Anscheinend hatte jemand bereits die Medien informiert, denn ein Journalist rief an und wollte mehr über die geplanten Aktienrückkäufe wissen. Kurz darauf, gegen 21 Uhr, veröffentlichten wir die offizielle Verlautbarung und informierten somit auch den Rest der Welt von der Entscheidung der Deutschen Börse.

Die Rebellen hatten gesiegt. Aber für eine Entwarnung bestand noch kein Anlass. Der Kampf war noch lange nicht zu Ende.

Zunächst einmal reagierten die Wertpapiermärkte auf die Meldungen des Wochenendes: Der Preis für die LSE-Aktie war nach unserem Gebot Mitte Dezember nach oben geschossen und hatte sich bis Mitte Februar bei circa 570 Pence gehalten. Am vergangenen Freitag, dem 4. März 2005, hatte die LSE-Aktie noch mit 539 Pence geschlossen, beinahe schon in Reichweite unseres Angebots von 530 Pence. Montagmorgen eröffnete sie mit 490 Pence, hatte also nahezu zehn Prozent verloren, fiel dann auf einen Tagestiefststand von 480 Pence, erholte sich zum Abend hin ein wenig und schloss bei 497 Pence. Seitdem die LSE an der Börse notiert war, war dies ihr schwärzester Tag – noch nie hatten ihre Aktien an einem Tag so stark an Wert verloren. Die Gründe lagen auf der Hand. Viele Investoren hatten sich von dem Erwerb der LSE-Aktien einen schnellen Gewinn versprochen. Nun, da die Aussichten auf einen Verkauf der LSE verpufft waren, hatten die Aktien viel von ihrer Anziehungskraft eingebüßt.

Mit der Aktie der Deutschen Börse ging es an diesem Montag auf und ab – trotz all der durchgesickerten Informationen wussten die Marktteilnehmer wohl noch immer nicht so recht, wie sie die neuen Entwicklungen bewerten sollten. Die Aktie eröffnete mit einem Plus von sechs Prozent und bestätigte damit anscheinend Hohns Einschätzung. Er hatte nämlich vorhergesagt, dass der Aktienpreis der Deutschen Börse kräftig steigen würde, sobald der LSE-Deal abgeblasen sei. Aber auf den zweiten Blick hatte er Unrecht. Bei genauerer Betrachtung lag der neue Eröffnungspreis nur ein Prozent über dem Höchstwert vom Freitag. Am Ende des Handelstages hatte die Aktie wieder fünf Prozent verloren und lag damit knapp unter dem Schlusspreis vom Freitag. Diese Marke sollte sie bis Ende März auch nicht wieder übersteigen. Es gab also keine spontanen und positiven Reaktionen der Marktteilnehmer auf die Aufkündigung des LSE-Gebots. Im Gegenteil: Viele Investoren bedauerten den Entschluss, der der Deutschen Börse von den Heuschrecken aufgezwungen worden war. Also war unsere Strategie doch nicht so falsch gewesen. Dass die Aktien von Mai an wieder stark zulegten, ist fast ausschließlich der Tatsache geschuldet, dass es mit deutschen Aktien generell aufwärts ging und die Deutsche Börse mehr Geschäft verzeichnete, als unsere kühnsten Prognosen hergaben.

Am selben Montag informierte ich Bundesfinanzminister Hans Eichel und den hessischen Ministerpräsidenten Roland Koch über unseren Entschluss. Ihre Reaktionen waren schwer einzuschätzen. Beide schienen enttäuscht, äußerten aber angesichts der Hintergründe Verständnis für unsere Entscheidung.

Nachmittags um halb fünf rief mich Clara Furse, CEO (Chief Executive Officer) der LSE, an. Sie bedauerte die Rücknahme des Angebots, wünschte sich eine Fortführung des Dialoges und hoffte, dass die Deutsche Börse eine Neuaufnahme eines Gebots erwäge.

Clara konnte nicht glücklich darüber sein, dass nun nur noch Euronext als potentieller Bieter übrig war. Deren Chef Jean-François Théodore hatte sich bisher ziemlich bedeckt gehalten und nur ganz allgemein sein Interesse bekundet. Möglicherweise würde er der LSE nun ein konkretes Angebot unterbreiten, möglicherweise aber auch nicht. Bestimmt überdachte Clara in diesem Moment auch die Strategie ihres Managements: Deren Verzögerungstaktik hatte sich gegen sie selbst gewandt. Vielleicht ärgerte sie sich, unser angemessenes Angebot nicht gleich angenommen zu haben? Wie unvorhersehbar doch unser Geschäft ist: Ihre Strategie hätte ebenso gut aufgehen und von phänomenalem Erfolg gekrönt sein können. Dann hätte sie einen hohen Verkaufspreis für die Aktionäre und das Management herausholen können. Sie hatte ganz auf eine Strategie gesetzt, die auf jeden Fall sehr riskant und nur möglicherweise sehr lohnend war. Nun hatte sich ihr Traumszenario von zwei Bietern mit einem Schlag in Luft aufgelöst.

Die Gefahr ist noch nicht gebannt

Anfangs hatte es den Anschein, als ob die Rücknahme des Gebotes wenigstens einen Keil in die Reihen der Rebellen treiben würde, als ob dieses Zugeständnis die blaublütigen Investmentfonds wie Merrill Lynch, Capital and Fidelity von den hitzköpfigen Emporkömmlingen wie TCI oder Atticus spalten könnte. Ein Analyst von Fidelity sagte mir, dass sein Investmentfonds mit der neuen Situation vollkommen zufrieden sei. Später stellte sich heraus, dass er falsch lag. Der amerikanische Anlagegigant beabsichtigte keineswegs, seine Attacken gegen uns einzustellen.

Ähnliche Nachrichten deuteten darauf hin, dass wir auch TCI nicht so bald loswerden würden. Am nächsten Tag, am Dienstag, den 8. März, rief mich ein für gewöhnlich gut informierter Freund von einer großen deutschen Finanzgruppe an. Er war gerade in London gewesen, und da war ihm so einiges zu Ohren gekommen: TCI und andere Rebellen verkauften ihre Deutsche-Börse-Aktien keineswegs. Einige von ihnen kauften sogar. Das überraschte mich nicht. Schließlich hatte Hohn noch nicht alle seine Ziele erreicht. Er wollte Breuer und mich loswerden. Die Heuschrecken wollten mehr Kontrolle. Und sie wollten noch mehr Geld. Erst am Vortag hatte Atticus öffentlich verkündet, sie erwarteten von der Deutschen Börse eine Ausschüttung in Höhe von zwei Milliarden Euro an ihre Shareholder.

Ein Interview mit Hohn in der *Wirtschaftswoche,* das schon am nächsten Tag erschien, bestätigte meine schlimmsten Befürchtungen: Er bezeichnete sich als langfristigen Aktionär und verlangte Veränderungen im Aufsichtsrat.

Die Invasion der Heuschrecken war erfolgreich gewesen. Was tut man in einer solchen Situation? Man besichtigt den Schaden, repariert ihn so gut wie möglich und trifft Vorkehrungen für den nächsten Angriff. Genau das taten wir.

2

Warum die Deutsche Börse? Heuschrecken stürzen sich immer auf die üppigsten Felder

Warum in aller Welt wurde ausgerechnet die Deutsche Börse zum Ziel der Heuschrecken? Die Antwort ist simpel: Heuschrecken sind verfressene Tierchen und suchen sich immer die sattesten Weiden aus.

In Deutschland gibt es zahlreiche Unternehmen mit schlechtem Management und schlechten Bilanzen. Für sie wäre es ein Segen, wenn engagierte Investoren sie auf Vordermann brächten. Genau das taten in den achtziger Jahren die »Raider«, die Unternehmensräuber, darunter beispielsweise Carl Icahn oder die Firma KKR: Sie pickten sich einen schlecht geführten Betrieb heraus, setzten die Unternehmensleitung auf die Straße, krempelten das Unternehmen um und brachten den Rubel ins Rollen. Die Konsequenzen ihres Vorgehens waren meist positiv – für das jeweilige Unternehmen ebenso wie für die Volkswirtschaft insgesamt.

Heuschrecken aber gehen ganz anders vor als die Raider. Sie bedienen sich zwar derselben Methoden, greifen aber eine ganz andere Sorte von Firmen an. Die Deutsche Börse war ja kein abgewirtschaftetes Unternehmen, sondern eines der erfolgreichsten in ganz Europa. Der Wert börsennotierter Unternehmen bemisst sich an ihrer Marktkapitalisierung. Und die konnte sich sehen lassen: Die der Deutschen Börse betrug Ende 2004 fünf Milliarden Euro.

Seit ihrem Börsengang im Februar 2001 hat die Deutsche

Börse mehr Wert für ihre Aktionäre geschaffen als fast jede andere im Dax 30, CAC 40 oder Dow Jones notierte Firma. Sie ist international das mit Abstand größte und wertvollste Unternehmen ihrer Branche und verzeichnet in nahezu allen Geschäftsbereichen beeindruckende Zuwächse. Im Jahr 2004 nahm die Deutsche Börse in den Sparten Umsatz, Gewinn und Marktkapitalisierung weltweit den Spitzenplatz ein.

Während meiner Amtszeit als Vorstandsvorsitzender hat die Deutsche Börse ihren Gewinn um das 15fache gesteigert; der Wert des Unternehmens stieg um mehr als das 30fache. Obwohl viele deutsche Großunternehmen in diesem Zeitraum Personal abbauten, konnten wir zahlreiche neue Mitarbeiter einstellen. Trotz einiger Rückschläge bin ich stolz auf diese Bilanz unserer Arbeit – umso mehr, als ich mir selbst nie hätte träumen lassen, jemals eine Börse zu leiten.

Das erste Zusammentreffen mit Rolf-E. Breuer

»Will denn kein Deutscher den Chefsessel der Börse?«, fragten einige deutsche Zeitungen im April 1993, nachdem publik geworden war, dass ich – ein deutschsprachiger Schweizer – zum Vorstandsvorsitzenden der Deutschen Börse berufen worden war. Derartige Kommentare brachten mich zum Grinsen. Eine Börse genoss damals noch geradezu einen mythischen Status. Sie wurde als Feldherrnhügel der Volkswirtschaft betrachtet, als Herzstück der »Deutschland AG« und als Heiliger Gral der Kapitalmärkte. Sie war so deutsch wie Schwarz-Rot-Gold, die Nationalhymne oder Franz Beckenbauer.

Ehrlich gesagt hätte ich mich als Journalist über etwas ganz anderes aufgeregt: Dass der neue CEO nicht den leisesten Schimmer vom Börsengeschäft hatte. Ich besaß nicht mal eine Aktie.

Ich wurde als Sohn eines Ingenieurs im schweizerischen

Winterthur geboren. Mein Vater war für Honeywell und Brown Bovery tätig. Zur Schule ging ich zunächst in meiner Schweizer Heimat, später auch in Österreich und Deutschland. Dann studierte ich Wirtschaftswissenschaften in Frankfurt und Hamburg. 1978 fing ich bei der amerikanischen Unternehmensberatung McKinsey & Company an.

Das war eine tolle Zeit. Bei McKinsey hatte ich die Möglichkeit, ein paar grundlegende Dinge schneller zu begreifen, als wenn ich die übliche Laufbahn in einem Unternehmen eingeschlagen hätte. Dort gewann ich Einblicke in Versicherungsunternehmen, Banken und Bausparkassen; ich beriet Automobilhersteller und Chemiekonzerne; ich trug dazu bei, Fotokopierer besser zu verkaufen und Kaffeemaschinen profitabler herzustellen, und sprang jederzeit gern ein, wenn es darum ging, »Die Firma« (wie sich McKinsey schon lange vor dem gleichnamigen Film intern nannte) auch in Deutschland zu etablieren.

McKinseys Personalpolitik ist knallhart. Sie lautet: top oder hop. Wer nicht binnen sechs Jahren zum Partner aufsteigt, kann seine Siebensachen packen und sein Glück andernorts versuchen. Ich konnte bleiben. Aber schon bald nach meiner Wahl zum Partner bekam ich große Lust, nun selbst mal richtig anzupacken, so wie einst mein Vater. Mir genügte die Rolle als Berater nicht mehr. Ich wollte eigenständig Entscheidungen treffen und die volle Verantwortung für ein Unternehmen tragen. Und das kann man nur als Manager.

1986 gab mir das Schicksal eine Chance. Der Verwaltungsratspräsident eines Klienten bot mir an, in seinem Unternehmen, der Schweizer Rückversicherung, einen wichtigen Unternehmensbereich aufzubauen und dessen Leitung zu übernehmen. Gerne willigte ich ein.

Von nun an war es meine Aufgabe, intern und unter den Vertriebskräften die Effizienz zu steigern. Außerdem kaufte ich weitere Versicherungsunternehmen auf, um die geografische Reichweite der Schweizer Rück zu erhöhen. Mehr als 20 000 Angestellte in einem halben Dutzend Ländern standen unter meiner Leitung. Es gab viel zu tun und darum war ich über viele Jahre hinweg mit diesem Job sehr zufrieden.

Eines Tages rief ein Headhunter aus München an. Ich suchte keine andere Stelle und brannte nicht wirklich darauf, was er mir zu sagen hatte. Doch siehe da, er hatte spannende Neuigkeiten: Rolf-E. Breuer, damals im Vorstand der Deutschen Bank, war gerade zum Aufsichtsratsvorsitzenden der Deutschen Börse gewählt worden – und wollte mich sprechen. Breuer eilte damals der Ruf voraus, sich für einen Ausbau der Sparte Investmentbanking bei der Deutschen Bank und die Stärkung des Finanzplatzes Frankfurt einzusetzen. Zwar wollte ich meinen Arbeitsplatz nicht wechseln. Aber Breuer wollte ich unbedingt kennen lernen.

Wir trafen uns in den schimmernden Türmen der Deutschen Bank, die die Skyline von Frankfurt dominieren. Die Räume der Geschäftsleitung liegen im 31. Stock. Dort ist der Teppich so dick, dass man seine eigenen Schritte nicht hört. Ich trage sehr ungern Anzüge und Krawatten; Breuer aber ist immer perfekt gekleidet, und so kam er mir bei unserer ersten Begegnung wie Cary Grant vor, der in einem Hollywood-Film der fünfziger Jahre einen Geschäftsmann spielt – groß und sonnengebräunt, mit perfekt sitzendem Jackett und einem gefalteten Taschentuch in der Brusttasche. Eine imposante Erscheinung.

Breuer kam gleich zur Sache. Die Deutsche Börse war gerade erst auf Drängen der großen Banken gegründet worden. Anders als in den meisten anderen Ländern gab und gibt es in Deutschland nicht nur eine, sondern mehrere Börsen, und zwar neben Frankfurt auch in Düsseldorf, Stuttgart, Berlin, Hamburg, München und Bremen. Die Deutsche Börse baute auf der Tradition der jahrhundertealten Frankfurter Wertpapierbörse auf, deren Wurzeln wiederum bis auf einen Vorgänger im Jahre 1585 zurückreichen. Das Unternehmen war in keinem guten Zustand; Gewinne nicht vorhanden, die Pensionsverpflichtungen umfangreich.

Ich fiel aus allen Wolken, als Breuer mir anbot, Vorstandsvorsitzender der Deutschen Börse zu werden. Meinen Einwand, ich hätte nicht die geringste Ahnung von Börsen und Kapitalmärkten, wischte er mit einem Lächeln beiseite: »Genau deswegen sind Sie der richtige Mann. Verwandeln Sie die Börse in ein ganz normales, profitables Unternehmen!« Wäre ich an seiner Stelle gewesen, hätte ich mir diesen Job wahrscheinlich nicht angeboten.

Doch Breuer war weitsichtig und ein kluger Stratege. Er suchte jemanden, der den Klüngel der Börsenmakler aufscheuchte, der das ganze Unternehmen von Grund auf neu strukturierte, es auf Profit ausrichtete, es effizienter gestaltete und die Deutsche Börse fit für weiteres, zukünftiges Wachstum machte.

Die Position selbst und eine Zusammenarbeit mit Breuer erschienen mir äußerst verlockend. Die Vorstellung, etwas ganz anderes zu tun, gefiel mir. Ebenso war ich begeistert von der Aussicht, mich in eine vollkommen neue Branche einzuarbeiten. Ich sagte mir: »Du kannst gar nichts falsch machen. Der deutsche Kapitalmarkt ist so unterentwickelt ... der kann sich nur in eine einzige Richtung bewegen, und das ist aufwärts.« Wir kamen überein, dass Breuer mich für den Posten als CEO vorschlagen würde.

Dieses Treffen hoch über Frankfurt war der Beginn einer äußerst produktiven Zusammenarbeit. Schon bald erkannte ich, dass Breuer ein hervorragender Stratege ist, aber darüber hinaus auch die Fähigkeit besitzt, zu delegieren. Im Gegensatz zu mir verliert er nie die Ruhe. Mit schlafwandlerischer Sicherheit zieht er die relevanten Seiten aus einem großen Stapel Papier, stellt präzise Fragen und trifft klare Entscheidungen, sobald die Antworten ihn zufrieden stellen. Breuer ist außerdem ein begnadeter Redner – er notiert nur rasch ein paar Worte auf einen Block und bestreitet damit aus dem Stand eine eloquente, kurzweilige Rede von einer halben Stunde, sei es auf Deutsch oder auf Englisch. Rolf-E. Breuer wurde einer der Hauptgründe, warum ich so gerne für die Deutsche Börse arbeitete.

Was ist eigentlich eine Börse?

Wir alle kennen das Bild, das jeden Tag mehrmals über unsere Fernsehschirme flimmert: In einer großen Halle, ausgestattet mit Marmor und Edelhölzern, schreien ernst blickende Menschen mit hochgekrempelten Hemdsärmeln einander an oder verständigen sich durch eine kryptische Zeichensprache, die ihnen vollen Körpereinsatz abverlangt.

Etwa das war damals mein Kenntnisstand über das Geschehen an der Börse. Ich musste mich also dringend schlau machen ... – Und so weiß ich aus eigener Erfahrung, wie viele Bücher sich mit der Frage beschäftigen, was eine Börse ist und was sie tut. Um Sie nicht mit Details zu langweilen, lassen Sie uns »dem Geld folgen«, wie es Dustin Hoffman und Robert Redford als Journalisten in dem Watergate-Film *Die Unbestechlichen* tun.

Stellen Sie sich einfach vor, Sie sind Aktienbesitzer – vielleicht haben Sie ja ein paar Telekom-Anteile erworben, die Manfred Krug uns einst allen so ans Herz gelegt hat. Was Sie in diesem Fall in den Händen halten, ist ein 08/15-Produkt. Es besagt lediglich, dass Sie einen bestimmten Anteil eines Unternehmens besitzen – verbunden mit dem Recht, an den zukünftigen Gewinnen dieses Unternehmens teilzuhaben. Selbstverständlich können Sie dieses Blatt Papier jederzeit verkaufen, sei es, weil Sie das Geld selbst benötigen oder weil Ihnen eine andere Aktie oder ein anderes Wertpapier besser gefällt.

Hier kommt die Börse ins Spiel. Wann immer Leute zusammenfinden, um Handel zu treiben, muss jemand klare Regeln definieren, muss ihre Rechte beschützen oder auch ausrechnen, wie all die Transaktionen – in der Börsenwelt spricht man von »Orders« – sich auf den Preis niederschlagen. Nicht mehr und nicht weniger tun Börsen: Sie stellen den Raum zur Zusammenkunft und ein dickes Regelwerk. Ursprünglich einmal waren Börsen Treffpunkte in normalen Gebäuden und ihre Vorschriften galten für Börsenmakler. Heutzutage sind Börsen meist virtuelle Treffpunkte in einem Netzwerk, deren Regeln von Software-Algorithmen gesteuert werden.

Es gibt Börsen für alle erdenklichen Dinge, von Schweinebäuchen bis zu Öl, von Hypotheken bis zu Wertpapieren. Mittlerweile existiert auch ein breites Sortiment von Finanzprodukten, die an speziellen Börsen gehandelt werden, beispielsweise festverzinsliche Wertpapiere, Währungen und Derivate, also hochspekulative Finanzinstrumente, deren Preise sich nach den Kursschwankungen oder den Preiserwartungen von anderen Investments richten.

Aber zurück zu Ihrer Aktie, die Sie loswerden wollen. Im Normalfall rufen Sie Ihre Bank oder Ihren Börsenmakler an und dieser kauft oder verkauft die Aktie in Ihrem Auftrag. Die Bank, die Mitglied der Börse ist und daher dort zum Handel zugelassen ist, wird dann eine Order platzieren und Ihren Willen in die Tat umsetzen. Da Sie aber nicht der Einzige sind, der sein Portfolio verändert, herrscht ein ständiges Kaufen und Verkaufen, was dazu führt, dass Ihre Aktie zu verschiedenen Zeitpunkten einen unterschiedlichen Wert hat.

Erst kommt der Handel. Und dann ...?

So weit, so gut. Börsen sind im Grunde genommen recht simple Gebilde. Allerdings ist es mit dem bloßen Verkauf Ihrer Aktie noch lange nicht getan. Haben Sie sich mal Gedanken darüber gemacht, dass Ihr Blatt Papier ja noch irgendwie zu Ihrem Handelspartner gelangen muss, und wie das Geld für die Aktien, die sie soeben verkauft haben, bei Ihnen landet?

Hier kommt das nächste Glied der Prozesskette ins Spiel, und wieder wird ein Unternehmen für Sie und Ihren Handelspartner aktiv. Wir nennen diese Phase »Clearing«, also Verrechnung, und das Unternehmen, das sich darum kümmert, heißt dementsprechend »Clearing House«. In Wirklichkeit handeln Sie ja nicht direkt mit Ihrem Handelspartner; vielmehr verkaufen Sie über Ihre Bank Ihre Aktie an das Clearing House, und Ihr Handelspartner kauft sie dem Clearing House ab. Das Clearing House ist also die zentrale Drehscheibe des Handels. Es garantiert Ihnen und Ihrem Abnehmer, dass die Transaktion zustande kommt, dass Ihre Aktie gegen sein Geld getauscht wird. Das ist übrigens ein ganz schön riskantes Geschäft. Was, wenn Ihr Käufer das Geld, das Ihnen zusteht, gar nicht hat? Dieses Risiko trägt das Clearing House – es addiert sich jeden Tag zu Milliardenbeträgen. Daher verlangt das Clearing House von den Banken, die in Ihrem Auftrag handeln, eine gewisse Marge, um sich gegen das Risiko abzusichern, dass einer der beiden Handelspartner seinen Teil des Vertrages nicht erfüllt.

Als nächster Schritt in der Prozesskette muss der physische Austausch Aktie gegen Geld organisiert werden. Das nennen wir »Settlement«, also Abwicklung. Sie haben bestimmt ein Girokonto bei einer Bank und ein anderes Konto, auf dem die Bank ihre Aktie verwahrt. Banken haben ebensolche Konten, und zwar bei einer so genannten »Settlement Organisation«. Sobald der Handel beschlossen ist, übernimmt die Settlement Organisation die Buchung und den physischen Transfer auf die Konten, die Ihre Bank dort eingerichtet hat. Abschließend belastet Ihre Bank Ihr Portfolio mit der Aktie, die Sie verkauft haben, und schreibt Ihnen gleichzeitig die eingegangene Summe auf Ihrem Girokonto gut. Das mag recht einfach klingen, aber in Wirklichkeit ist es ein höchst komplizierter Prozess, der nicht die geringste Abweichung von exakt vorgegebenen Zeitspannen und Werten toleriert.

Last but not least muss irgendwer Ihre Aktien irgendwo sicher aufbewahren und sich darum kümmern, dass Sie zum Beispiel Ihre jährliche Dividende erhalten. Diese Funktion übernimmt eine »Custodian Bank«, zu Deutsch »Verwahrer« oder Depotbank. Custodians verwahren buchstäblich Tausende von Milliarden von Euros und Dollars in ihren Büchern. Im Auftrag von Unternehmen wie Daimler oder Deutsche Telekom führen sie alle Transaktionen mit deren Aktionären aus, beispielsweise zehn neue Aktien für eine alte auszugeben.

Das ist also die Prozesskette der Börsenindustrie: Trading (Handel) – Clearing (Verrechnung) – Settlement (Abwicklung) – Custody (Verwahrung).

In Europa gibt es Dutzende von Börsen, eine Hand voll Clearing Houses und Settlement-Organisationen sowie einige Custodians. Die meisten dieser Institutionen sind klein und daher ineffizient, viele sind schlecht geführt. Ihre Manager verlassen sich auf den guten Ruf ihrer Unternehmen und Nationalstolz, anstatt sie auf Effizienz auszurichten.

Ein Riese bewegt sich: Der Aufbau der wertvollsten Börsenorganisation der Welt

In meinen ersten Tagen bei der Deutschen Börse sah ich einen Cartoon, in dem ein Reporter von der Wall Street berichtete: »An der New York Stock Exchange wurde heute nicht gehandelt. Jeder war glücklich mit dem, was er hatte.« Das ist die Art von Witzen, die einem den Schlaf rauben, wenn man eine Börse leitet – was, wenn die Leute einfach aufhören mit dem Kaufen und Verkaufen?

Gründe dafür gäbe es genug. Die Handelskosten sind erschreckend hoch, und zwar überall. Und gehandelt wird viel mehr, als uns die Ökonomen plausibel machen können. Der amerikanische Milliardär Warren Buffett hat das einmal nachgerechnet: Für drei Dollar, die eine große US-Firma an einen Aktionär ausschüttet, fällt ein ganzer Dollar an Handelskosten an. Und tatsächlich: Von den 334 Milliarden Dollar, die die Aktien 1998 an Gewinn abwarfen, fanden nur 250 Milliarden Dollar den Weg in die Taschen der dortigen Shareholder – der Rest ging für Handelsgebühren, Kommissionen, Verwaltungskosten und dergleichen drauf. Wenn Sie als deutscher Investor hundert Telekom-Aktien erwerben, kostet das Ihre Bank nur zwei bis drei Euro. Sie aber werden mit zwanzig bis dreißig Euro zur Kasse gebeten, um all die anderen Kosten abzudecken (inklusive die der Bank).

Selbst wenn man noch nicht mit allen Geheimnissen einer Branche vertraut ist, so kann man doch ohne weiteres erkennen, wenn etwas zu teuer ist. Und die Handelskosten waren eindeutig zu teuer. Daher erklärte ich es zu unserem Ziel, sie in den Bereichen zu senken, wo es in unserer Macht lag: Trading, Clearing, Settlement und Custody. Unter dieser Prämisse bauten wir die Deutsche Börse in den kommenden zwölf Jahren zur größten und profitabelsten Börsenorganisation weltweit auf; wir führten sie sozusagen von der Regionalliga zum Weltmeistertitel.

Dabei ging nicht immer alles glatt. Wir machten einige Fehler. Der gravierendste war wohl der Neue Markt: der Versuch, einen deutschen Aktienmarkt für High-Tech-Unternehmen zu etablieren. Aber wir trafen auch einige gute Entscheidungen: Wir entwickelten neue Produkte und Dienstleistungen, was maßgeblich zum Wachstum des Unternehmens beitrug. Und vor allem waren wir bei den neuen Technologien unserer Konkurrenz immer eine Nasenlänge voraus.

Eine echte Revolution: Das elektronische Handelssystem

Wir schrieben das Jahr 1997, als folgende Anzeige erschien. Zu sehen war die Frankfurter Börse, am Ende eines Handelstages. Überall lagen Papierfetzen verstreut, aber keine Menschenseele weit und breit. Die Bildunterschrift lautete: »An dem Parkett herrscht Ruhe«. Im Text wurde dann erklärt, dass Andersen Consulting soeben das modernste elektronische Handelssystem der Welt bei der Deutschen Börse installiert hatte. Das Geschäft der Händler aus Fleisch und Blut auf dem Parkett würde, so die Botschaft der Anzeige, über kurz oder lang, vollkommen den effektiven und lautlosen Computern weichen.

Als diese etwas übertriebene Werbung von Andersen erschien, hatten schon anderswo elektronische Handelssysteme die eingespielten Abläufe an den Börsen aufgemischt. In den vorangegangenen zehn Jahren war die Einführung von Internet und Computern schon hier und dort als Revolution bejubelt worden. Unser System aber war wirklich revolutionär.

Seit dem 16. Jahrhundert hatten Börsen nach demselben Schema funktioniert, unabhängig von der Örtlichkeit. Anfangs trafen sich die Händler an praktischen und zwanglosen Orten wie Kaffeehäusern, später dann errichteten die Börsen eigene Gebäude und Zulassungsbeschränkungen. Hier wie dort feilschten die Leute um die Preise, oder jemand errechnete den aktuellen Preis anhand der Kaufs- und Verkaufsgebote. Man schrie dabei, man kannte sich gut, man hatte seinen Spaß. Daran änderte sich über die Jahrhunderte kaum etwas. Die meisten Börsenmakler in Frankfurt, Paris, London, New York oder Chicago führten ein recht angenehmes Leben – egal, in welcher Epoche sie lebten. Indem sie zum rechten Zeitpunkt mit Papieren herumwedelten und sich zur Ausübung ihrer Profession einer Art Zeichensprache bedienten, konnten sie ein Vermögen verdienen. Die Börsen waren ihre Clubs. Sie bestimmten, wo es langging.

Irgendwo unten im Keller aber saß jemand, der nach Abschluss des Handels die Papierarbeit erledigte. Er musste sich darum kümmern, dass Geld und Wertpapiere zum richtigen Zeitpunkt übergeben, dass Konten belastet und Portfolios gutgeschrieben wurden. Das war nicht halb so lustig wie das Treiben der Jungs auf dem Parkett, sondern monotone, mittelmäßig bezahlte Fleißarbeit. An einem guten Tag gab es bei der Frankfurter Abwicklungsorganisation, dem Kassenverein, nur wenige Fehler. An regulären Tagen gab es viele.

Dann, Mitte der 1980er Jahre, änderte sich etwas: Die Londoner Börse naschte zunehmend von den schön angerichteten Tellern der anderen europäischen Börsen. Schon in den sechziger Jahren war es ihr gut bekommen, dass Kennedy absurde Steuergesetze erlassen hatte und daraufhin viele US-Amerikaner in Übersee eine neue Heimat für ihre Vermögen suchten. Und nun profitierte die London Stock Exchange (LSE) vom »Big Bang«, der Deregulierung der Finanzwirtschaft durch Margaret Thatcher.

Alle großen europäischen und amerikanischen Banken waren an der Themse vertreten, und so wurden an der LSE Aktien aus allen erdenklichen Ländern gehandelt, insbesondere auch vom europäischen Festland. Um den Handel weiter anzukurbeln, führte die LSE auch ein relativ simples elektronisches Informationssystem ein, das den aktuellen Preis einer Aktie an der LSE an institutionelle Investoren und Banken übermittelte. Schon wenige Jahre später wurden an der LSE mehr italienische Aktien gehandelt als in Mailand. Die anderen europäischen Länder ahnten, dass dieses Schicksal auch ihnen drohte. So konnte das nicht weitergehen!

Als die LSE im Zenit ihrer Macht stand, zerbrachen sich all die Verlierer an den anderen Börsen die Köpfe, wie sie London mit den eigenen Waffen schlagen konnten. In einigen Staaten, wie in Frankreich, schaltete sich der Staat ein: Das Finanzministerium zwang die Pariser Börse zu Modernisierungen und übte Druck auf die Banken aus, ihre Geschäfte doch lieber unter dem Eiffelturm als nahe dem Tower abzuwickeln. Und tatsächlich entwickelte die Pariser Börse ein bemerkenswert gutes elektronisches Handelssystem. In Frankfurt nahmen die Banken das Heft in die Hand und finanzierten der dortigen Börse ebenfalls ein elektronisches Handelssystem, das allerdings noch reichlich simpel war.

Mitte der neunziger Jahre dann geschah etwas völlig Unerwartetes: Die Börsen auf dem europäischen Festland entwickelten und installierten auf einmal erstklassige elektronische Handelssysteme. Sie waren denen der Amerikaner oder Briten haushoch überlegen! Und so kam es, dass der Handel mit europäischen Aktien über SEAQ, das recht primitive Computerhandelssystem der LSE, abnahm. Endlich gab es ein High-Tech-Gebiet, auf dem die Europäer die Nase vorn hatten (und noch immer haben).

Früher mussten neue Leute eingestellt und neue Räumlichkeiten angemietet werden, wenn man als Börse expandieren wollte. Das war teuer, und zudem sind hohe Fixkosten in einem zyklischen Geschäft wie diesem ein echtes Problem. Eine Umstellung auf Computer schien daher äußerst lohnenswert. Wenn das System erst mal lief, war es schließlich egal, ob man fünf Milliarden oder hundert Milliarden Euro im Monat umsetzte. Die Informationstechnologie (IT) eröffnete dem Management einer Börse völlig neue Perspektiven.

Für die Kunden wären mit den Neuerungen nur Vorteile verbunden. Die Banker könnten von ihren eigenen Büros aus alle Transaktionen mit Mausklicks erledigen. Das wäre schneller, einfacher und sehr viel günstiger, zumal sie die zusätzlichen Kosten für die Börsenmakler einsparten. Wenn die Computer die Arbeit der Kellerkinder übernähmen, würde das Zeit sparen und die Fehlerquote erheblich senken, von den Kosten ganz zu schweigen; die Differenz zwischen Kauf- und Verkaufspreis würde sich verringern, die Übersicht über den Markt würde erheblich einfacher ... – alle waren begeistert! Nur die alteingesessenen Börsenmakler nicht.

Vom verstaubten Klub zum prosperierenden Unternehmen: Die Deutsche Börse von 1993 bis 1997

Von heute aus betrachtet ist die Umstellung der Deutschen Börse auf IT ein logischer Schritt. Damals war das nicht so, zumindest nicht für uns – wir mussten die Strategie grundsätzlich festlegen, dabei die Alternativen abwägen, gegen festgefahrene Meinungen ankämpfen, mit Lokalpolitikern debattieren und so fort. Wir brachten die elektronische Revolution zwar letztlich erfolgreich über die Zielgerade, aber der Weg dahin war zuweilen recht steinig.

Im April 1993 ernannte der Aufsichtsrat der Deutschen Börse mich zum Vorstandsvorsitzenden. In den folgenden vier Monaten pendelte ich zwischen mehreren Büros, die ich bei der Schweizer Rück nutzte, und Frankfurt. Dort traf ich mich auch mit ein paar alten Freunden von McKinsey und bat sie um ihre Meinung zu den Aufgaben, die vor mir lagen. »Was du da vorhast, ist unmöglich«, war der allgemeine Tenor.

Ein erstklassiges Computerhandelssystem einrichten zu wollen war damals noch ein gewagtes Vorhaben. Es kostete immens viel Geld und niemand konnte garantieren, dass die Investition sich lohnen würde. Das elektronische Taurus-System, das die LSE in den frühen Neunzigern hatte entwickeln lassen, kostete sie 400 Millionen Pfund – und nichts funktionierte. Das Projekt war ein einziges Desaster, nicht ein Pence der Investition hatte sich gelohnt. Um auf Nummer sicher zu gehen, engagierte ich für die Programmierung Andersen Consulting, heute bekannt als Accenture, und McKinsey als Projektmanager. Unser Ziel war es, die beste Handelssoftware der Welt zu produzieren: Xetra – mit nahezu unbegrenzter Kapazität, hundertprozentig zuverlässig und günstig. Während das Team an Xetra arbeitete, bauten wir gezielt die IT-Abteilung der Deutschen Börse auf, um möglichst viel an Datenpflege und Wartung im eigenen Haus erledigen zu können. Die Aussicht, nur von externen Spezialisten abhängig zu sein, war mir ein Greuel.

Technisch war es nun machbar, Marktteilnehmer und Finanzzentren weltweit miteinander zu verbinden. Doch diese Möglichkeiten wurden nicht überall genutzt, um ortsansässige Firmen zu schützen und nicht dem globalen Wettbewerb auszusetzen. Die Frankfurter Börsenmakler jedoch profitierten von dem neuen System. Sie konnten nun Orders platzieren, die sie aus London oder Dublin erhielten, und machten damit einen guten Teil ihres Geldes. Das war schön für sie, aber teuer für die Anleger. In meinen Ohren, der ich mit dem Wertpapiergeschäft bis dato nichts zu tun gehabt hatte, klang der Schlachtruf der Makler – »Keine Computerbildschirme außerhalb Frankfurts« – reichlich absurd.

Letzten Endes konnten wir uns mit Hilfe des unerschütterlichen Beistands der Großbanken gegen die Makler durchsetzen. Nun konnten wir unsere Computerbildschirme in jedem Land der Welt aufstellen, das uns die Türen öffnete. Und das waren mit Ausnahme der USA so ziemlich alle. Binnen zehn Jahren vernetzten wir mehrere tausend Handels-Computer in über einem Dutzend Ländern rund um den Globus.

Damit war der erste Schritt gelungen, die Deutsche Börse zu einem modernen und effizienten Unternehmen zu machen. Doch es gab noch viel zu tun.

Ein weiterer Schlüssel zum Erfolg sollte die so genannte »vertikale Integration« werden. Unter dem Dach der Deutschen Börse existierten auch Clearing- und Settlement-Abteilungen, die ebenfalls schon auf Computer umgestellt worden waren. Dort konnten wir erheblich sparen. Unser Plan sah vor, sämtliche Informationen und Papiere, die vom Abschluss eines Handels über seine Verrechnung bis hin zur Abwicklung anfielen, von nun an zentral zu bearbeiten. Bei dieser vertikalen Integration machten wir uns viele Synergieeffekte zunutze, reduzierten die Kosten und nebenbei auch gleich noch die Fehlerquote.

Dann war da noch der Handel mit Derivaten. Die Deutsche Börse hatte bei ihrer Gründung 1993 von den Großbanken die Deutsche Termin Börse (DTB) geerbt, die vor allem Kontrakte auf Bundesanleihen handelte. Dabei schätzen Kunden, was deutsche Bundesschatzanleihen mit Fälligkeit in zehn Jahren demnächst wert sein werden. Die DTB fuhr damit nicht schlecht, in London aber wurden vier- bis fünfmal so viele »Bund-Futures« umgeschlagen wie in Frankfurt. Die DTB hatte sich bereits als ausgesprochen findig entpuppt, als es galt, ihr Netzwerk auszuweiten. Schon bald hatte sie mehr Kunden weltweit an ihr Computersystem angeschlossen als unser Aktienmarkt.

Als die DTB dann 1998 mit der Schweizer Derivatebörse zur Eurex fusionierte, nahm das Handelsvolumen auf ihrem virtuellen Forum zu. Selbst in London zeigten die Händler plötzlich Interesse: Männer, die noch bis vor kurzem überzeugt gewesen waren, dass man als Derivatehändler lediglich in einem bunten Jackett herumlaufen und möglichst laut schreien müsse, drückten wieder die Schulbank und lernten eifrig für den computerisierten Handel mit Zertifikaten.

Eurex baute seinen Marktanteil weiter aus, zunächst noch etwas schleppend, aber im Sommer 1998 war dann der Wendepunkt erreicht: Binnen weniger Monate steigerte Eurex seinen Anteil am Handel mit deutschen Bundesschatzanleihen auf 80 Prozent; Ende 1998 lag er dann bei fast einhundert Prozent. Damit hatten die Emporkömmlinge vom Kontinent den wichtigsten Derivatekontrakt der Welt repatriiert.

Aufstieg in die Weltliga

Ende 1997 hatten mein Team und ich viele der Ziele erreicht, die wir uns vier Jahre zuvor gesetzt hatten. Unser Unternehmen machte Gewinne und nahm mit seinem erstklassigen elektronischen Handelssystem eine unbestrittene Vorreiterposition ein. Das Handelsparkett in Frankfurt gab es noch immer, aber die Umstellung auf Computer war irreversibel. Der Derivatehandel wuchs rapide, ebenso der Neue Markt. Es schien ganz so, als könnte sich der Neue Markt als lebendiges Pendant zum amerikanischen NASDAQ etablieren. Im Zuge des High-Tech-Booms hatte sich auch die Haltung der Deutschen geändert: Man ließ sich bereitwillig von den strahlenden Zukunftsperspektiven des Internets und den atemberaubend erfolgreichen Börsengängen junger IT-Firmen blenden.

Für die Finanzbranche waren es rosige Zeiten. Die Aktienmärkte waren ständig in Bewegung und die Dotcom-

Blase trieb das Handelsvolumen in beachtliche Höhen. Gemeinsam mit der Eurex fuhr die Deutsche Börse Jahr um Jahr Rekordgewinne ein.

Wir hatten also mit unseren grundsätzlichen strategischen Entscheidungen richtig gelegen. Nach und nach setzte sich dann auch in der übrigen Branche die Erkenntnis durch, dass Börsen durchaus als rentable Unternehmen geführt werden können und dass Computertechnologie dafür äußerst hilfreich war.

Aber ich war noch nicht ganz zufrieden. Unser Unternehmen war einfach nicht so gut, wie es sein könnte. Zum einen waren die einzelnen Abteilungen über ganz Frankfurt verteilt – die Leute in der Zentrale waren zusammengepfercht im Gebäude der alten Börse im Stadtzentrum, die IT-Ingenieure und Clearing-Settlement-Spezialisten waren über die Außenbezirke verstreut. Zum anderen hatte ich den Eindruck, dass die Aufteilung in Geschäftsbereiche dazu führte, dass diese wie kleine Fürstentümer geführt wurden.

1999 beschlossen wir, das gesamte Personal unter einem Dach zu vereinen. Die Deutsche Börse ließ am Rande Frankfurts, im wenig vornehmen Industriebezirk Hausen, einen Bürokomplex in bester Bauhaus-Tradition errichten. Hinter den eleganten Fassaden aus Stahl und Glas lagen freundliche Großraumbüros, die die Kommunikation unter den Mitarbeitern fördern sollten. Als unsere Leute dort einzogen, stieß dieses Konzept auf wenig Gegenliebe. Wo war die Tür, die man mal hinter sich zumachen konnte? Nach ein paar Monaten aber waren die meisten bekehrt, denn nun war Schluss mit den endlosen Koordinationsmeetings. Und wer wirklich mal Ruhe brauchte, konnte sich in eines der schalldichten »Denkzimmer« zurückziehen.

Das Ambiente passte nun zu unserem Selbstverständnis, die Unternehmensstruktur aber noch nicht. Die Aufteilung in Geschäftsbereiche hatte ihren Zweck lange Zeit gut erfüllt, aber mittlerweile war sie schlicht veraltet. Nach gründlichen Überlegungen entschied das Management der

Deutschen Börse sich für ein grundlegend neues Organisationsmodell. Die Lösung sah dann so aus, als wären wir vom neuen Gebäude inspiriert worden. Form folgt der Funktion, hatten die Architekten der Moderne gepredigt. So machten wir es mit der Gliederung der Abteilungen. Anstatt den Betrieb nach Bereichen wie Aktien, Derivate etc. zu führen, an deren Spitze jeweils ein verantwortlicher Manager stand, sollte es drei Aufgabengebiete geben: build, load, operate.

- »Build« war die Aufgabe der IT-Leute: Sie sollten absolut zuverlässige und kostengünstige Computersysteme entwickeln.
- Für das »Load« waren die Marketing- und Finanzspezialisten zuständig: Sie sollten Kunden werben, sie zur Nutzung von Xetra über das hauseigene, globale Netzwerk der Deutschen Börse bewegen und neue Produktideen entwickeln, die für diese Kunden interessant waren.
- Im Bereich »Operate« musste dafür gesorgt werden, dass die Computer fehlerfrei liefen und regelmäßig alle Daten gesichert wurden, falls doch mal etwas schief ging. Dies war die so genannte »Fabrik«, die jede Wertpapierorder schnellstens, billigst und sicherst abzuwickeln hatte, von ihrer Eingabe ins System bis hin zu den einzelnen Konten der verschiedenen Banken.

Was auf dem Papier gut aussah, funktionierte auch in der Praxis. Während meiner gesamten Amtszeit war die Deutsche Börse nicht einmal gezwungen, den Preis für auch nur eine ihrer Dienstleistungen zu erhöhen – während so ziemlich alles andere Jahr für Jahr teurer wird! Dennoch machten wir gute Gewinne, indem wir die Effizienz und den Umfang unserer Geschäfte weiter steigerten.

2004 waren unsere Gewinnspannen so groß, dass wir uns bei Spezialisten Rat holten, ob solche Ertragsraten überhaupt noch rechtmäßig waren. Wir wollten für den Fall gewappnet zu sein, dass unsere Erfolgsstory die Aufmerksamkeit der Wettbewerbsbehörden erregte. Aber die wunderbare Geldmaschine war ja nicht nur dazu gedacht, Bares auszuspucken. Das Management hatte eine viel bessere Verwendung dafür im Sinn: die Konsolidierung in Europa. Indem wir die europäische Börsenlandschaft veränderten, würden wir nicht nur unsere eigenen Gewinne weiter steigern, sondern, so hofften wir, auch den Aktienhandel über die Ländergrenzen hinweg erleichtern. Und das war dringend notwendig.

3

Wer rastet, der rostet

Warum wollt Ihr eigentlich die London Stock Exchange (LSE) kaufen? Mit dieser simplen Frage bin ich oft konfrontiert worden – von meinem Management-Team, vom Aufsichtsrat, von meiner Mutter. Auch ich selbst habe diese Frage oft genug gestellt:

Warum war die LSE so wichtig, dass wir all diese Risiken in Kauf nahmen? Risiken, die mit einem Deal dieser Größenordnung nun mal einhergehen (zum Beispiel auch, dass man sich sein eigenes Grab schaufelt)?

Nun, die Führungsetage der Deutschen Börse war einhellig der Meinung, das Richtige zu tun. Ich konnte mir morgens beim Rasieren im Badezimmerspiegel in die Augen blicken und wusste: Eine Übernahme der LSE ermöglicht der Deutschen Börse weiteres Wachstum und noch größere Gewinne. Und: Wir brauchen die LSE, um endlich die europäischen Kapitalmärkte zu einigen. Sogar meine Mutter ließ sich überzeugen.

Wie das, fragen Sie, was hat denn das eine mit dem anderen zu tun? Nun, das möchte ich gerne erklären und mich dabei an eine Weisheit halten, die oft Einstein zugeschrieben wird: »Mache alles so einfach wie möglich, aber mache es nicht noch einfacher.«

Obwohl ich als Schweizer ja kein Bürger der EU bin, glaube ich an die Idee eines geeinten Europas und vor allem an die Notwendigkeit einer stärkeren wirtschaftlichen

Integration. Man mag geteilter Ansicht darüber sein, ob eine gemeinsame Politik so vieler Staaten sinnvoll ist, aber vor drei ökonomischen Tatsachen sollte niemand die Augen verschließen: Erstens hat die EU mehr Einwohner und ein höheres Bruttosozialprodukt als die USA. Zweitens ist ihre Arbeitslosenrate beängstigend und drittens hinkt ihre Kapitalproduktivität beträchtlich hinterher. Am meisten ärgert mich Punkt drei.

»Kapitalproduktivität« – kaum jemand weiß überhaupt, was das bedeutet; dabei ist es leicht erklärt: Genauso wie Arbeitsproduktivität misst, wie viele Güter und Dienstleistungen, also Leistung, eine Arbeitskraft bringt, misst die Kapitalproduktivität, wie viele Güter und Dienstleistungen pro eingesetztem Kapital produziert werden.

Kapitalproduktivität ist damit der wichtigste Indikator für die Effizienz der Kapitalmärkte: Je schneller Kapital dort investiert werden kann, wo es die höchsten Gewinne für die Eigentümer erbringt, umso höher ist die Kapitalproduktivität. Im Vergleich zu den USA ist sie bei uns miserabel. Eine florierende Wirtschaft braucht aber Geld, braucht Investitionen. Wo würden Sie als Finanzier ihr Geld investieren: dort, wo viel, oder da, wo wenig dabei heraus kommt? Eben! Wenn wir in Europa das Niveau erreichen würden, das jenseits des Atlantiks herrscht, könnten wir davon mehr profitieren als von jeder anderen Maßnahme zur Belebung der Wirtschaft. Selbst die so oft gepriesene Deregulierung des Arbeitsmarktes könnte da nicht mithalten.

So weit, so schlimm

Wenn Sie meinen, Kapitalproduktivität ginge sie nichts an, das sei ja nur was für »die Reichen« oder interessiere nur die »großen Kapitalisten« oder dergleichen – dann irren Sie, aber gründlich! Angenommen, Sie treffen Vorsorge für Ihre Absicherung im Alter, geben Ihr Geld beispielsweise einem Investment- oder Pensionsfonds, der es für Sie möglichst gewinnbringend anlegt – dann dürfte es Sie doch interessieren, wie viel Ihr Geld abwirft, wenn Sie in Rente gehen, oder wie riskant die Anlageform ist, was die Vorteile von Aktien gegenüber festverzinslichen Wertpapieren sind und dergleichen. Und schon sind Sie als Anleger auf dem Kapitalmarkt aktiv.

Andere Teilnehmer des Kapitalmarktes sind die Emittenten, also Unternehmen, die Aktien ausgeben, um ihr Kapital aufzustocken und damit zu expandieren und Arbeitsplätze zu sichern oder zu schaffen. Oder auch die Regierung, die ihr Haushaltsdefizit finanzieren muss.

Und dann sind da noch die so genannten Intermediäre. Dazu gehören die Börsen, aber auch Banken sowie die Investmentfonds selbst, die die Ersparnisse ihrer Kunden in deren Auftrag bei den Emittenten anlegen.

Früher (und leider auch heute!) galten in jedem Staat andere Regeln für den Finanzmarkt. Die Unterschiede waren (und sind) gravierend. Ein Anleger sollte viel Zeit für die Abwicklung und Geld für diverse Gebühren mitbringen, wenn er in Wertpapiere eines anderen Landes investieren möchte. Dasselbe gilt für einen Emittenten, der es sich in den Kopf setzt, seine Aktien im EU-Ausland verkaufen zu wollen. Die Intermediäre aber verdienen nicht schlecht an diesem grenzüberschreitenden Finanzverkehr.

Einen einheitlichen europäischen Markt für Güter, Dienstleistungen und Kapital – das hatte die Europäische Kommission im Rahmen des »1992«-Programms zum wichtigsten Ziel der neunziger Jahre erklärt. Was das anging, herrschte eine unglaubliche Zuversicht, ja geradezu Enthusiasmus. Selbst der meist skeptische *Economist* verkündete vollmundig, das Jahrzehnt der EU sei herangebrochen: »This is the decade the European Community was invented for!«

Heute, nach Ablauf dieses bejubelten Jahrzehnts, gibt auch die Kommission zu, dass nur wenige der versprochenen Segnungen tatsächlich eingetreten sind. Die Lissabon-Agenda, die 2001 mit viel Tamtam verabschiedet wurde, enthält im Grunde genommen dieselbe Liste gebrochener

Versprechen wie die Einheitliche Europäische Akte von 1987. Nirgends tritt das Versagen deutlicher zutage als bei einem Blick auf die europäischen Kapitalmärkte: Anstatt einen grenzenlosen, einheitlichen Finanzmarkt zu schaffen, besteht Europa noch immer aus einem Flickenteppich nationaler Kapitalmärkte – jeder mit eigenen Regeln und Vorschriften, eigener Anlagekultur und ungeschriebenen Verhaltensregeln, eigenen Börsen und Regulierungsbehörden.

Es hätte kaum schlimmer kommen können. Die Aktienhandelsvolumina über die Grenzen hinweg sind sehr gering. Dabei gibt es viele stichhaltige Gründe anzunehmen, dass internationale Investitionen für die Anleger überaus nützlich wären. Angesichts der seit Jahrzehnten forcierten verstärkten Integration durch die EU sollte man annehmen, dass die Kluft zwischen der Wirtschaftstheorie und der Finanzrealität wenigstens in Europa kleiner ist. Doch leider belegen Zahlen des Internationalen Währungsfonds, dass die Bürger der EU weniger Aktien in ihren Nachbarländern besitzen, als das sonst irgendwo auf der Welt der Fall ist. Die jahrzehntelangen Bemühungen der EU sind fruchtlos geblieben. Jedenfalls legt eher ein Australier sein Geld in Neuseeland an, als dass ein Franzose in Deutschland investiert – obwohl wir direkte Nachbarn sind.

Um zu verstehen, warum so hochfliegende Pläne der EU eine solche Bruchlandung erlitten, müssen wir einen kurzen Ausflug in die Niederungen der Kapitalmarktregulierung machen: Es existiert noch immer kein in ganz Europa gültiger Übernahmekodex. Das heißt: Theoretisch gibt es ihn, denn über seine Grundlagen wurde bereits sorgfältig und ausführlich verhandelt. Allerdings sahen sich bisher weder die Deutschen noch die Franzosen in der Lage, diese zu akzeptieren. Schließlich geht es darum, politische Spielräume zu sichern. Und um nationale Interessen: Sowohl die französische als auch die italienische Regierung haben es bisher erfolgreich zu verhindern gewusst, dass Banken anderer EU-Staaten eines ihrer Geldinstitute aufkaufen. 2005 wurde der Präsident der italienischen Zentralbank auf frischer Tat dabei ertappt, wie er am Telefon detaillierte Anweisungen erteilte, wie das Kaufgebot der niederländischen Bank ABN AMRO zu vereiteln sei. Trotz dieses Skandals hielt er sich noch monatelang im Amt.

Kein Wunder also, dass es noch kein einfaches, anwendbares, geschweige denn ausformuliertes Statut für Aktiengesellschaften in Europa gibt. In diesem Fall liegt die Krux in der Implementierung. Die Anpassung in Europa folgt nämlich in allen Bereichen – von der Anerkennung ausländischer Abschlüsse bis zur Harmonisierung des Urheberrechts – dem Subsidiaritätsprinzip: Brüssel erlässt Direktiven, deren Umsetzung obliegt den Mitgliedsstaaten. In einigen Bereichen klappt das ganz gut. In anderen ist es eine ausgemachte Katastrophe.

Nehmen wir doch nur mal den so genannten »Europa-Pass« für Akteure auf den Kapitalmärkten, eine Kernidee des 1992-Programms. Demnach muss ein Unternehmen, das auf den Finanzmärkten operiert, sich nur in einem EU-Staat regulieren lassen; alle anderen Staaten müssen dies als ausreichend akzeptieren. Diese Vorschrift wird durchaus beachtet – allerdings mehr durch Verstöße als durch ihre Befolgung.

Alle EU-Staaten sehen es lieber, wenn diejenigen, die auf ihren Kapitalmärkten agieren, in ihrem Staat ansässig sind oder sich wenigstens an die bei ihnen geltenden Regeln halten müssen; notfalls helfen sie mit etwas sanftem Druck nach. Darum muss beispielsweise die Dresdner Bank, wenn sie in Frankreich handelt, sich noch immer dort mit Firmensitz ansiedeln und regulieren lassen, anstatt einfach ihren deutschen »Pass« zu zücken. Ganz ohne Grund ist das nicht – die jeweiligen nationalen Rechtssysteme in Europa sind oft grundverschieden und teilweise widersprüchlich, wie die Vorfälle im Rahmen der Übernahmeschlacht um London immer wieder gezeigt haben. Solange diese Unterschiede fortbestehen, bleibt es bei den exorbitant hohen grenzüberschreitenden Handelskosten innerhalb Europas.

Der innereuropäische Wertpapierhandel verursacht jährlich zusätzliche Kosten in Höhe von circa fünf Milliarden Euro. Berappen müssen dieses stolze Sümmchen letztlich die Anleger. Achtzig Prozent der Kosten entstehen, weil Kapitalmarktrecht und Steuersysteme in den Mitgliedsstaaten sich beträchtlich unterscheiden, weil es keine europaweit einheitliche Rechtsform für Aktiengesellschaften gibt, weil die Rechtsgrundlagen für die Unternehmensführung so verschieden sind, und weil zwei der wichtigsten europäischen Kapitalmärkte noch nicht zur Eurozone gehören, nämlich Großbritannien und die Schweiz. Die unterschiedlichen Gepflogenheiten an den Kapitalmärkten treiben die Kosten ebenso nach oben wie die Sprachbarrieren.

Angesichts dessen muss man sich doch wundern, dass nationale Regierungen und die EU-Kommission sich nicht stärker für die Konsolidierung der zersplitterten europäischen Börsenlandschaft einsetzen. Und genau darum müssen die Börsen selbst die Initiative ergreifen! Sie sind es, die die Einigung des europäischen Kapitalmarkts vorantreiben können.

Seitdem ich das vor ungefähr zehn Jahren begriffen habe, habe ich sehr viel Energie in die Umsetzung dieser Idee gesteckt. Treibt mich also europäischer Idealismus? Ja, aber nicht nur: Bei alldem hatte ich selbstverständlich auch immer das Wohlergehen der Deutschen Börse im Hinterkopf. Schließlich kommt das eine dem anderen zugute. Beide Ziele ergänzen einander in idealer Weise.

Nationaler Chauvinismus und europäisches Wunschdenken

Was hält Politiker und Intermediäre eigentlich davon ab, solche Pläne mit fliegenden Fahnen zu unterstützen? Nun, Politiker werden in ihrem jeweiligen Land gewählt und sind grundsätzlich erst mal skeptisch, wenn es um Konsolidierung jenseits der Grenzen geht – egal ob es um Börsen,

Gasversorger oder Wasserunternehmen geht. Das schmälert ihren Einfluss als Volksvertreter zu Hause, wo die Wähler sind. Mit derselben Motivation machen sie sich zuweilen für Konsolidierungen auf nationaler Ebene stark. Dann zückt die Politik die Knute und zwingt ganze Industriezweige zum Zusammenschluss.

So war die britische Automobilindustrie einmal europaweit führend. Jeder Autofan denkt mit glänzenden Augen und liebevoll an die Roadster und Limousinen, die in den sechziger Jahren dort hergestellt wurden: Morris, Austin-Healey, Rover, Jaguar und Vanden Plas – insgesamt 16 klangvolle Marken, jede für sich eine Berühmtheit. Doch dann mussten sich die Firmen auf Druck der Regierung zu British Leyland zusammenschließen. Was für ein genialer Schachzug! Man denke nur an die Kostenersparnis bei der Entwicklung und beim Händlernetz, wie viel einfacher sich nun die Beschaffung von Komponenten und Ersatzteilen gestalten würde und an die Vorteile gemeinsamer Exportoffensiven. »Nothing can stop us now«, tönte der Werbeslogan. Aber dieses neue Imperium stieg nicht zu neuem Glanze auf – es zerbröselte. Die Innovationsrate fiel gen Null, der Qualitätsverfall war zum Haareraufen. Letzten Endes wurde die gesamte Branche zugrunde gerichtet.

Wenn die Politiker derart üble Fehler bei der Integration des europäischen Kapitalmarktes vermeiden wollen, dann müssen sie sich an die Regeln der Marktwirtschaft halten. Allerdings sieht es zuweilen so aus, als liebäugelten sie mit einem planwirtschaftlichen Ansatz, als wollten sie die Struktur des Kapitalmarktes mit der Brechstange einen und die Börsen wieder in gemeinnützige Vereine verwandeln. Das hieße auch, dass Trading, Clearing und Settlement entflochten und jeweils wieder separat abgewickelt würden – mit entsprechenden Auswirkungen auf deren jetzige Besitzer und die Unternehmensphilosophie. Wie schon bei den grenzüberschreitenden Zahlungen, spielen die Politiker mit dem Gedanken, die Preise für den Handel über Grenzen hinweg zu deckeln. Eine solche Maßnahme aber würde die Effizienz beeinträchtigen, die Kosten erhöhen, den Handel lähmen und die Investitionsbereitschaft hemmen. Wer sich derartigen Zwängen beugen muss, dem vergeht die Lust darauf, Verantwortung zu übernehmen und Eigeninitiative zu zeigen. Die Versuchung, zu dermaßen dirigistischen Maßnahmen zu greifen, ist für Politiker groß. Schließlich sind Börsen und Settlement-Organisationen relativ klein und abhängig von Regierungsbeschlüssen; sie eignen sich somit gut als Objekte politischer Machtdemonstration.

Wie immer gibt es eine Alternative, die allerdings mehr Weitblick verlangt. Sie heißt Ordnungspolitik. Wenn der Kern des Problems die widersprüchlichen nationalen Vorschriften sind, na, dann müssen eben die in Einklang gebracht werden. Schließlich ist es gelungen, auf 80 000 Seiten das »acquis communautaire« zu verabschieden, das Regelwerk, das alle neuen Mitgliedsstaaten der EU implementieren müssen. Da müsste es doch auch möglich sein, allgemein verbindliche Regeln für die Wertpapiermärkte zu entwickeln!

Klar gibt es dabei heikle Themen wie zum Beispiel die Besteuerung. Aber die Finanzminister wären gut beraten, dabei mal fünfe gerade sein zu lassen: Die positiven Folgen für ihre Volkswirtschaften sind auf längere Sicht wesentlich größer als die eventuell verlorenen Steuereinnahmen. Solch ein Rahmenwerk zu erstellen erfordert Ausdauer – aber auch nicht mehr als die Einführung des Euro. Und es dürfte sich lohnen. Die Märkte sind bessere Lehrmeister als Behörden. Insofern besteht noch Hoffnung, dass die europäische Kapitalmarktpolitik in Zukunft sowohl unternehmerische Freiheit als auch den freien Wettbewerb respektieren wird.

Aber wenn das doch alles auf der Hand liegt – warum sieht die Wirklichkeit dann so anders aus? Und warum ist die Deutsche Börse mit ihrer Annäherung an die LSE gescheitert? Schauen wir uns an, was im Vorfeld unseres Kaufgebots für die LSE geschah.

Es gab Kritiker, die meinten, wir hätten einfach in Frankfurt bleiben und unser erfolgreiches Unternehmen langsam, aber beständig ausbauen sollen. Wir hätten doch einfach mit derselben Geschwindigkeit wie der Markt weiterwachsen können – ohne Hast und vor allem ohne Risiko. Wir hätten uns darauf konzentrieren können, neue Produkte und Dienstleistungen einzuführen, neue Kunden zu werben und spannende Märkte im Ausland zu erschließen. Sagen die Kritiker – und irren sich. Das alles hätten wir eben gerade nicht tun können.

»Only doing nothing is fatal.« Das ist mein Lebensmotto. Selbst wenn es in gewisser Weise bei dieser ganzen Geschichte mein Verhängnis wurde. Doch ich bleibe dabei: Das Schlimmste ist, nichts zu tun. Das gilt insbesondere im Börsengeschäft. Wer hier nichts tut, wird ganz schnell aufgekauft und entmachtet. Fressen oder gefressen werden ist die Devise. Für uns war klar: Wir wollten das Heft in die Hand nehmen und durch den Erwerb anderer Börsen selbst eine Schlüsselrolle auf den Kapitalmärkten des Kontinents und schließlich global erringen.

Für den heimischen Markt waren wir damals schon zu groß. Der Aktienmarkt in Deutschland ist überschaubar groß und wächst nur langsam. Das zu ändern lag außerhalb unserer Macht. Währenddessen profitierten unsere europäischen Konkurrenten von der Größe und der Dynamik ihrer Heimatmärkte. Der größte, dynamischste und in gewisser Weise auch beste Aktienmarkt Europas war und ist der in London.

Außerdem – und das klingt dann schon weniger defensiv – ging es uns darum, weiterhin für Anleger interessant zu blieben. Unser Unternehmen verkaufte sich bei seinem Gang an die Börse als »Wachstumsmodell«, der Markt nahm uns das ab, und folglich kaufte er auch unsere Aktien. Das Wort »Wachstum« war für uns keine Marketing-Sprechblase, im Gegenteil:

Über mehrere Jahre hinweg hatten wir unsere Umsätze um jeweils zehn Prozent steigern können, unseren Gewinn sogar um 15 Prozent. Sobald sich daran etwas änderte, würde uns der Markt schmerzlich strafen, unser Aktienpreis abstürzen. Daher musste die Deutsche Börse weiter wachsen. Die Konsolidierung würde dies ermöglichen. Auf diese Weise würde das Unternehmen noch mehr Gewinn bringen und infolgedessen der Shareholder Value weiter steigen. Und das ist wichtig. Übrigens ist das ein Punkt, bei dem Chris Hohn und ich einer Meinung sind.

Für eine Konsolidierung der europäischen Börsenlandschaft gab es aus unserer Sicht mehrere Optionen. Wir haben sie alle probiert.

Da war zum Beispiel Eurex: 1998 bündelten wir unsere Kräfte mit denen der Schweizer. Wir legten unsere Derivatebörsen zusammen und bauten Eurex binnen weniger Jahre zum globalen Marktführer auf. Dabei floss kein Geld; es gab keinen Sieger und keinen Unterlegenen. Es war eine gleichberechtigte Verschmelzung von Strategien und Ressourcen.

Dann kam Clearstream. 2002 kaufte Deutsche Börse diese Clearing-Gesellschaft, die Wertpapiere verwahrt und Wertpapiertransaktionen abwickelt, und zwar gegen erheblichen Widerstand der restlichen Finanzwelt. Ein so dreistes Vorgehen hatte es in der Geschichte der Branche noch nicht gegeben! Unser Plan verlangte uns einen langen Atem ab: Zunächst einmal legten wir die beiden Settlement-Unternehmen der Deutschen Börse – den Deutschen Kassenverein und den Deutschen Auslandskassenverein – zusammen und nannten die neue Firma »Deutsche Börse Clearing« (DBC). Dann verschmolzen wir in Luxemburg die Unternehmen DBC und CEDEL zu Clearstream und schufen damit einen starken Konkurrenten zu Euroclear, der Clearing-Stelle von Euronext und anderen Handelsplätzen. Dies war der riskanteste Schritt, weil wir die Kontrolle aus der Hand geben und uns über mehrere Jahre mit einem Anteil von nur fünfzig Prozent an Clearstream begnügen mussten. Dann schließlich, im Jahr 2002, konnten wir für 1,6 Milliarden Euro auch noch die andere Hälfte von Clearstream kaufen und den Giganten unter dem Dach der Deutsche-Börse-Gruppe aufnehmen. Um diesen Coup zu finanzieren, bedienten wir uns der Mittel, die durch unseren Börsengang gerade reichlich hereingeschwemmt worden waren.

Der nächste folgerichtige Schritt war der Griff nach der LSE. Doch die Entscheidung dazu fiel nicht über Nacht. Auf der Suche nach dem richtigen Konsolidierungspartner in Europa widerfuhren uns Irrungen und Wirrungen, von denen ich Ihnen kurz erzählen will.

Sommer 2003: Hoch über den Wolken und dann doch eine Bruchlandung – das Project »Antibes«

Ein Hotel in der Nähe des Flughafens Charles de Gaulle, Sommer 2003: Jean-François Théodore und ich diskutierten mal wieder in einem dieser endlosen Meetings, zusammen mit unseren beiden Aufsichtsratsvorsitzenden, ob und wie »seine« Drei-Länder-Börse Euronext und »meine« Deutsche Börse wohl zueinander fänden.

Die Unterschiede zwischen uns hätten kaum größer sein können, zumindest äußerlich: Ich zog an meiner Pfeife und bemühte mich nach Kräften, dem Bild eines Topmanagers zu entsprechen, trug dunklen Maßanzug, Manschettenknöpfe und (widerwillig) eine Krawatte. Théodore, seit drei Jahren Aufsichtsrats- und Vorstandsvorsitzender von Euronext, hatte in den vergangenen Jahren zwar etwas abgenommen, aber nichts von seinem Faible für die angenehmen Seiten des Lebens eingebüßt. Seine Anzüge zeichneten sich durch eine gewisse verknautschte Eleganz aus. Einer meiner Mitarbeiter hatte mal treffend bemerkt, Théodore erinnere ihn an Peter Falk in seiner Paraderolle als Inspector Columbo, der sein gerissenes Spiel mit seinem Gegenüber treibt. »Mich erinnert er eher an Inspector Clouseau«, hatte ein anderer aus dem Team lachend nachgesetzt, den Théodores bemerkenswerter Akzent mehr an Peter Sellers in seiner Rolle als wuseliger französischer Kommissar erinnerte.

Wir besprachen rechtliche Aspekte, technische Probleme, Führungsansprüche, Eigentumsverhältnisse und vieles mehr – wie schon so oft in den vergangenen Jahren. In einigen Punkten erreichten wir eine Annäherung, in anderen nicht. Zu meiner Überraschung verkündete Théodore irgendwann unvermittelt, er müsse nun nach London, und packte prompt seine Sachen zusammen. Ich war etwas konsterniert, aber da ich selbst ebenfalls vorhatte, am selben Abend nach London zu fliegen, fragte ich nach: Bei welcher Airline er denn gebucht sei? Womöglich nahmen wir ja dieselbe Maschine? Dann könnten wir unser Gespräch ja noch ein wenig fortsetzen? Nun, das konnten wir tatsächlich. Nach einer angenehmen Fahrt in seiner Limousine stiegen wir eine knappe halbe Stunde später die Gangway hinauf zu Théodores Charterjet, einem Dassault. Théodore bat seinen persönlichen Assistenten, sich zu dem Piloten zu setzen, damit er mit mir ungestört weiter über das Projekt »Antibes« diskutieren konnte.

Auf dem Papier – und davon gab es mittlerweile einige Stapel – sah es so aus, als seien unsere beiden Börsen füreinander bestimmt. Beide verstanden etwas vom elektronischen Handel, beide waren Aktiengesellschaften, beide besaßen Derivatebörsen und beide hatten kürzlich Fusionen mit ausländischen Firmen gestemmt.

Euronext war aus dem Zusammenschluss der Börsen von Frankreich, Holland und Belgien hervorgegangen. Später dann hatte sie LIFFE, die einst in Europa führende Londoner Derivatebörse, dazu gekauft. Die Deutsche Börse wiederum hatte gerade mit Clearstream fusioniert, dem zweitgrößten Dienstleister für Settlement und Custody Europas. Außerdem machten wir ein gutes Geschäft mit elektronischen Handelsplattformen für kleinere Börsen wie Helsinki, Wien oder Dublin, verkauften unsere eigenen IT-

Produkte und besaßen gemeinsam mit den Schweizern die größte Derivatebörse der Welt, Eurex.

Eine Fusion würde viele Vorteile bringen. Im Doppelpack könnten wir die LSE in echte Bedrängnis bringen und es mit der Konkurrenz in den USA aufnehmen. Doch so ähnlich sich unsere Geschäftsstruktur und unsere jüngste Geschichte auch waren – in einem Punkt unterschieden wir uns gewaltig: beim Geld. Die Deutsche Börse war etwa doppelt so viel wert wie Euronext, und zwar großteils, weil sie eine eigene Clearing- und Settlement-Organisation besaß.

An diesem Punkt gerieten unsere Verhandlungen jedes Mal ins Stocken. So auch diesmal. Théodore bestand auf Parität, selbst wenn er nicht ernsthaft damit rechnen konnte, eine 50-prozentige Beteiligung an unserem gemeinsamen Unternehmen für seine Aktionäre herauszuschlagen. Ich hingegen erinnerte ihn immer wieder höflich an die finanziellen Realitäten und machte deutlich, dass ich mich nur auf eine Aufteilung einlassen würde, die dem tatsächlichen Wert der beiden Börsen entsprach. Je mehr Zeit verging, desto klarer wurde, dass Théodores Position nicht haltbar war. Nach einigen Anläufen verständigten wir uns endlich auf eine für beide Seiten annehmbare Lösung, die Théodore erlaubte, das Gesicht zu wahren.

Über dem Ärmelkanal, hoch über den Wolken, brachte Théodore noch ein nahe liegendes Thema zur Sprache: die seine und die meine Zukunft. Ihm schwebte vor, dass zwei Vorstandsvorsitzende gemeinsam an der Spitze unseres gemeinsamen Unternehmens stehen sollten. Ich hingegen hielt gar nichts davon, die Verantwortung aufzuteilen; ein solches Modell wäre geradezu verantwortungslos. Es ist schon für eine Person kompliziert genug, ein Unternehmen zu leiten; zu zweit könnte es leicht in Chaos ausarten und zu einer Katastrophe führen. Doppelspitzen sind meistens zum Scheitern verurteilt. Und ganz besonders eine mit zwei so dickköpfigen und führungsstarken Menschen. Von mir aus konnte er den Job haben. Théodore aber lehnte die komplexe Aufgabe, die beiden Unternehmen zu integrieren, ab. Die Verhandlungen kamen zum Stillstand und sein Aufsichtsrat sprach sich im Juni 2003 gegen eine Fusion aus.

Was diese Geschichte mit unserer Offerte an die LSE zu tun hat? Nun, ein Zusammenschluss mit Euronext hätte uns zwar ganz andere Vor- und Nachteile gebracht, aber er wäre durchaus eine plausible Alternative gewesen. Die Tage der Dreierkonstellation LSE – Euronext – Deutsche Börse waren auf jeden Fall gezählt. Drei sind immer einer zu viel.

Obwohl die Gespräche mit Théodore immer ein wenig von gegenseitiger Skepsis geprägt waren, haben wir uns stets redlich um eine Einigung bemüht. Auch nach unserer Verhandlungsbruchlandung trafen wir uns wieder, als sei nichts geschehen. Schließlich wurden wir nicht dafür bezahlt, empfindsam zu sein. Außerdem mag ich Jean-François Théodore. Er ist ein wirklich angenehmer Mensch, gewandt und gebildet, geistreich und bescheiden, und ich bewundere seine geschickten Winkelzüge. Wir ahnten beide, dass die Sache noch nicht ganz vom Tisch war. Und tatsächlich saßen wir ein knappes Jahr später wieder einander gegenüber.

Frühjahr 2004: Codename »Edelstein« – der letzte Walzer mit Paris

Bis Anfang 2004 hingen die Konsolidierungsbemühungen noch immer in der Luft, genau so wie wir damals während unseres Flugs. Da erschienen am Horizont von Frankfurt erste Rauchzeichen – Théodore wollte die Verhandlungen wieder aufnehmen. Das Team entstaubte die alten Aktenordner und Charts und machte sich ans Werk.

Wir nannten das Projekt »Edelstein«, wegen seiner viel versprechenden und strahlenden Zukunftsaussichten. Diesmal schafften Théodore und ich es bis knapp zehn Meter vors Ziel. Anfangs waren wir beide skeptisch, gebrannte

Kinder der bisherigen erfolglosen Manöver. Aber als wir uns im Mai 2004 übers Wochenende in einem nicht ganz einfachen und idyllischen Hotel im Burgund trafen, entdeckte ich bei ihm eine neue Kompromissbereitschaft. Anstatt wie sonst mit einer ganzen Armee von Managern anzurauschen, erschien er nur in Begleitung seines Investmentbankers. Und er ging in einer zentralen Frage auf uns zu: Die Besitzverhältnisse sollten der jetzigen Marktkapitalisierung unserer Firmen entsprechen, unsere Aktionäre also zwei Drittel des neuen Unternehmens besitzen. Damit hatte er sich abgefunden. Aber für diese Konzession versuchte er, bei der Strukturierung des neuen Unternehmens seine Ideen durchzusetzen: Der Vorstand sollte zu gleichen Teilen von der Deutschen Börse und Euronext besetzt werden, seine engsten Vertrauten Posten im Management erhalten und die wichtigsten Abteilungen in London und Paris angesiedelt werden. In der Führungsfrage einigten wir uns auf einen guten Kompromiss: Die ersten drei Jahre wollten wir uns den Vorsitz teilen, dann würde Théodore (der damals 57 Jahre alt war) in Rente gehen und ich alleinige Verantwortung übernehmen. Unser Hauptsitz sollte in Amsterdam sein, ebenso unser Rechtssitz.

Ich wunderte mich, warum das gescheiterte Projekt »Antibes« wie Phoenix aus der Asche auferstand. Ich kannte natürlich Théodores Motive nicht, doch dann fiel mir eine mögliche Erklärung ein: Er saß in der Sackgasse. Er wollte die LSE kaufen und wusste, dass ich dasselbe vorhatte. Durch ein Bündnis mit uns hätte er eine teure Auktion in London verhindern können. Nun rückte die endgültige Entscheidung über die Zukunft der Europäischen Börsen näher. Mir war das bewusst, und ihm offenbar auch.

Am nächsten Morgen besprach ich Théodores Vorschläge ausführlich mit meinem Aufsichtsratsvorsitzenden. Breuer gab seine Zustimmung, dass unser Team die Details des Deals weiter verhandelte. Wir wollten sehen, wie sich die Dinge entwickelten. Wir hatten ja nichts zu verlieren, solange wir auf der Hut waren und uns immer vor Augen hielten, wie schlau unser Verhandlungspartner war. Und solange wir die Alternativen nicht vernachlässigten.

20. August 2004: Darf ich bitten? Aber die Schweizer zieren sich

Neben Euronext wären für die Deutsche Börse noch die LSE und die Schweizer Börse SWX als Partner in Frage gekommen. Mit beiden hatte es bereits Gespräche gegeben. Im Sommer 2004 fand ich, dass wir diese viel versprechenden ersten Kontakte unbedingt vertiefen sollten. Zwar war die SWX sehr viel kleiner, besaß keine lukrative Abwicklungsorganisation und verdiente ihr Geld nicht im Aktienhandel, aber sie hielt einen Anteil an unserer überaus erfolgreichen Derivatebörse Eurex.

Eurex überwies der SWX regelmäßig ihren Gewinnanteil nach Zürich. Da die SWX keine Aktiengesellschaft war, ging das Geld letztlich an ihre Eigentümer, zumeist Banken und Investmenthäuser. Dank der Finanzspritzen aus Frankfurt konnten diese größeren und kleineren Geldinstitute absolut sicher sein, dass ihre Schweizer Börse niemals klamm würde; sie hatten dank der Fusion mit der DTB im Jahr 1998 ausgesorgt. Eine ähnliche Partnerschaft könnte auch im Bereich des Aktienhandels zu beiderseitigem Nutzen sein, aber die Verhandlungen zogen sich hin. In vielen nach Schweizer Sicht »nützlichen und ermutigenden« Meetings ging es um die üblichen Themen, die Fusionsverhandlungen eben so mit sich bringen: Geld, Personal, Strukturen, Standorte. Dabei machten uns weniger real existierende Hindernisse zu schaffen als die unzureichende Bereitschaft seitens der SWX, den Status quo ernsthaft in Frage zu stellen.

Wir legten ein großzügiges Angebot auf den Tisch, das den Eigentümern der Schweizer Börse deutlich entgegenkam: Ihnen sollten zwanzig Prozent der Aktien an unserem gemeinsamen Unternehmen gehören. Im Gegenzug würde die Deutsche Börse Zugang zum Schweizer Aktienmarkt erhalten. Dieser war zwar für ein so kleines Land wie die Schweiz recht groß und zudem auf dem neusten Stand der Computertechnologie, aber angesichts der zu erwartenden Einnahmen war unser Angebot eigentlich großzügig. Um es anzunehmen, würden die Schweizer auf die Reserven zurückgreifen müssen, die ihnen der Goldesel Eurex bescherte. Positiver Nebeneffekt für die Deutsche Börse: Wir hätten einen verlässlichen und schützenden »harten Kern« von Aktionären gehabt. Banken sind in der Regel nicht auf kurzfristige Gewinne aus, sondern haben ein Interesse an der langfristigen Stabilität eines Unternehmens. Angesichts dessen, was uns nur wenige Monate später bei der Invasion der Heuschrecken widerfuhr, war die Idee gar nicht so schlecht, die Schweizer Banken als Hauptaktionär zu gewinnen. Schade, dass es nicht geklappt hat. Chris Hohn hätte sonst auch auf einer schlecht besuchten Hauptversammlung nicht die geringste Chance gehabt, die Macht an sich zu reißen, gegen die Opposition eines 20-Prozent-Großaktionärs. Doch leider blieb das Ganze nur ein Plan.

Ich flog im Sommer 2004 immer wieder in die Schweiz, um mit meinen Landsleuten zu verhandeln. Einige Zeitungen wie die *Neue Zürcher Zeitung* erkannten schnell die Vorteile einer solchen Fusion. Wir hofften, dass für die Schweizer nach dem Niedergang der Swissair Unabhängigkeit um jeden Preis kein Thema mehr war. Ich stieß bei vielen Bankern auf offene Ohren. Unser Vorschlag hatte einiges für sich, und so schien sich über viele Wochen hinweg alles prächtig zu entwickeln.

Daher traf es uns wie ein Blitz aus heiterem Himmel, als die Schweizer bei einem Meeting am 20. August 2004 bekannten, lieber ihren Herzen zu folgen anstatt ihren Brieftaschen. Sie wollten nun doch unabhängig bleiben. Aus ökonomischer Sicht ist dies kaum zu verstehen. Aber da ich selbst Schweizer bin, brachte ich ihrem Entschluss sogar eine gewisse Sympathie entgegen. Ihre Unabhängigkeit ist den Schweizern eben doch heilig – und diese Einstellung hat sich ja über die vergangenen 700 Jahre bewährt.

Neues Gesellschaftsspiel an der Börse: Die Reise nach Jerusalem

Haben Sie als Kind auch so gern »Die Reise nach Jerusalem« gespielt? Alle rennen zur Musik um eine Gruppe Stühle herum, und wenn die Musik abbricht, muss sich jeder ganz schnell auf einen Stuhl setzen. Da aber ein Stuhl zu wenig dasteht, geht immer ein Kind leer aus. Es scheidet aus, ein weiterer Stuhl wird entfernt, und die Musik geht wieder los.

Wir fühlten uns im Herbst 2004 so, als würde uns ein Stuhl nach dem anderen weggezogen. Die Schweizer waren erst mal ausgeschieden; immerhin liefen die Gespräche mit Euronext noch, und die Neuigkeiten von dort klangen wesentlich optimistischer. Alle bisherigen Probleme waren gelöst. Théodore hatte sich flexibler gezeigt als in all den Jahren zuvor.

Doch dann überbrachten uns unsere Wettbewerbsanwälte niederschmetternde Nachrichten: Das Direktorat Vier der Europäischen Kommission, das für Wettbewerbsfragen zuständig ist, würde einen Zusammenschluss von Euronext und Deutsche Börse nicht gutheißen. Es sei denn, wir erfüllten strenge Auflagen. Sehr strenge Auflagen! Wir müssten eine unserer beiden Derivatebörsen verkaufen, ebenso einen Teil unserer Clearing- und Settlement-Gesellschaft. Ein Blick auf die Zahlen, und es war klar: Das rechnete sich nicht mehr. Für die Deutsche Börse war die vertikale Integration mit Clearstream erfolgsnotwendig; und der Verlust von LIFFE oder Eurex hätte das restliche Geschäft vollkommen verändert. Nicht nur, dass ein Großteil der erhofften Synergieeffekte bei einer Fusion mit der erzwungenen Abspaltung von Unternehmensteilen hinfällig war: Wir müssten ausgerechnet unsere potentiellen Wachstumskandidaten opfern. Der Derivatehandel war nämlich eines der Segmente, das noch starke Einkommenszuwächse versprach.

Doch Brüssel blieb stur. Die letzte Besprechung mit Théodore im Dezember 2004 wurde deshalb abgesagt. Alle

Aussichten, gemeinsam mit Euronext eine Vormachtstellung unter den Börsen auf dem europäischen Kontinent einzunehmen, waren damit zunichte.

Erste Avancen an die attraktive Britin

Also blieb uns nur noch die eine Option: eine Fusion mit der LSE. Zwei von drei verführerischen Möglichkeiten waren binnen zweier Monate gestorben – die eine an der Provinzialität der Wohlhabenden, die andere an einem starren europäischen Vorschriftenkatalog. Als die Wettbewerbsanwälte mir ihre Hiobsbotschaft überbrachten, waren meine Gedanken sofort zur LSE gewandert.

In meinem Tagebuch spielte ich mit einer kleinen Analogie: »Beim großen Ball der europäischen Konsolidierung ist die LSE das hübsche Mädchen, das auf Distanz bleibt. Die anderen haben alle bereits ihre Jungfräulichkeit verloren; jede hat sich schon mal auf eine Vereinigung eingelassen – die Schweizer bei der Eurex-Fusion, die Deutschen mit Eurex und Clearstream, die Franzosen mit Euronext. An Verehrern hat es der LSE nie gemangelt. Die meisten gefielen ihr aber nicht, und diejenigen, die sie doch interessant fand, wurden regelmäßig von ihren Beschützern abgewimmelt. Als sie sich endlich aufraffte und selbst auf einen möglichen Partner zuging – LIFFE hieß der Glückliche –, ließ sie ihren Charme nur zögerlich spielen und stellte ihm zu wenig Verlockendes in Aussicht. Und musste wieder alleine nach Hause gehen. Dabei ist sie ausgesprochen attraktiv. Wenn die Schweizer Börse die Tochter eines reichen Großbauern ist, dann ist die LSE eine hochmütige, urbane Schönheit mit langen Beinen und großem Vermögen. Ihre Herkunft ist makellos. Sie besitzt exzellente Beziehungen und ein ausgesprochen kluges Köpfchen in Form eines guten Managements.«

Dieses hübsche Ding und ich hatten schon so einiges zusammen erlebt. Sie hatte mich bereits zwei Mal vor dem Traualtar versetzt.

Das erste Mal im Jahr 2000, als wir uns zur iX (International Exchange) vereinigen wollten. Damals war plötzlich ein anderer Verehrer aufgetaucht: OMX, das skandinavische Börsen- und High-Tech-Unternehmen. OMX gab ebenfalls ein Gebot ab, hat die Auktion dann aber mit Pauken und Trompeten verloren. Doch sein Erscheinen, gepaart mit dem aggressiven Lobbyismus einiger Makler und skeptischen Stimmen aus den Reihen der Politik, führte dazu, dass sich die LSE vom bereits unterschriebenen Deal zurückzog.

Dabei wäre es ein so schöner Deal gewesen! Bis zuletzt sah es so aus, als würde uns mit der iX ein Coup gelingen. Noch heute muss ich lächeln, wenn ich an die Schlagzeile auf der ersten Seite der *Financial Times* denke: Sie verkündete die Gründung einer Börse, die wahrlich die ganze Welt umspannte. NASDAQ wollte sich uns anschließen! Das große US-Computerhandelssystem für Wachstumswerte vor allem aus den Branchen Computer, Internet, Biotech und Software war gewillt, seine überseeischen Pendants – den deutschen Neuen Markt und den britischen AIM – mit seiner geballten Erfahrung dabei zu unterstützen, sich weiterzuentwickeln und zu internationalisieren.

Die Aufsichtsräte von LSE und Deutscher Börse hatten mir die Stelle als Vorstandsvorsitzender von iX angeboten. Ich hatte schon eine Wohnung in London gesucht und meine Hunde mit einem Chip versehen lassen, um ihnen die Quarantäne bei der Einreise nach Großbritannien zu ersparen.

Für iX hätten wir auch ein paar Kröten geschluckt. Wir hätten eine ganze Reihe von Kompromissen akzeptieren müssen, beispielsweise das gesamte Aktiengeschäft unter Londoner Regeln zu betreiben. Nur der Neue Markt sollte in Frankfurt bleiben. Wenn man bedenkt, wie flau sich die High-Tech-Aktien seitdem entwickelt haben, wäre das für die Finanzplatz-Chauvinisten am Main eine traurige Angelegenheit geworden.

Das zweite Mal fand ich mich 2003 alleine vor dem Altar wieder, und da lagen die Dinge etwas komplizierter. Dieses Mal verhinderte nicht die Ankunft eines schwedischen Prinzen den Vollzug der Vereinigung, sondern die Eltern erhoben in letzter Sekunde Einspruch. Dabei hätte die Schöne sich gar nicht mit Haut und Haaren hingeben müssen; das Projekt »Larissa« sah gar keine Verschmelzung vor. Die LSE hätte sich ihre Unabhängigkeit bewahrt, gut versorgt mit Schecks aus Frankfurt. Der Ehevertrag war komplex: Die LSE sollte einen zwanzigprozentigen Anteil an Eurex erhalten. Eurex sollte dann auf dem britischen Aktienmarkt seine Clearing-Dienstleistungen zu einem Preis weit unter dem der vorherrschenden LCH.Clearnet, an der Euronext einen großen Minderheitsanteil hielt, anbieten. Und dann sollte Eurex ein eigenes Derivategeschäft in Großbritannien aufbauen und damit neue Handelsprodukte für die Kunden der LSE schaffen.

Zu diesem Zeitpunkt bewerteten Deutsche Börse und ihre Berater diesen zwanzigprozentigen Anteil der LSE an Eurex, inklusive Clearing-Geschäft und britisches Derivatesegment, auf mehr als 730 Millionen Euro. Im Gegenzug sollte sich die LSE durch Klauseln an die Deutsche Börse binden und sich dazu verpflichten, in guten wie in schlechten Zeiten jegliche Übernahme- oder Fusionsangebote von anderer Seite abzulehnen. Sie wurde also reich mit Eurex-Gewinnen beschenkt, musste sich dafür aber einen Keuschheitsgürtel umschnallen. Über die Jahre hätte sich die LSE dann wohl auch unserem Wunsch nach einer umfassenderen Bindung fügen müssen. Das Management der LSE war zwar ganz versessen darauf, einen Fuß in die Tür zum Derivatehandel zu bekommen, und unsere Brautgeschenke konnten sich wahrlich sehen lassen. Dennoch stimmte ihr Aufsichtsrat am Abend vor der Trauung gegen die Ehe, obwohl sich sowohl ihr CEO als auch ihr Aufsichtsratsvorsitzender dafür ausgesprochen hatten. Eine Erklärung dafür mag in der Zurückhaltung großer Investmentbanken liegen, die eine Schmälerung ihres Einflusses auf die LSE fürchten mussten.

Hier was gewonnen, da was verloren. Unterm Strich hatte die Deutsche Börse bei der Konsolidierung in Europa schon viel erreicht – schließlich war es uns gelungen, Clearstream zu übernehmen und in Kooperation mit den Schweizern Eurex aufzubauen. Aber auf diesen Lorbeeren wollten wir uns nicht ausruhen. Es war höchste Zeit für den nächsten Schritt, und der Schnellste war: die Übernahme der LSE.

4

Jetzt oder nie – London muss es sein!

Ich rauche Pfeife wie Sherlock Holmes. Und ich habe eine Schwäche für die britischen Automobile der fünfziger und sechziger Jahre. Diese Eleganz, dieser Stil – denken Sie nur an Jaguar, Aston Martin, Austin Healey ... Diese Vorlieben waren jedes Mal, wenn wir uns um die London Stock Exchange bemühten, ein gefundenes Fressen für Journalisten, die mich dann als leidenschaftlichen Anglophilen darstellten.

Als im Jahr 2000 unser Zusammenschluss zur iX scheiterte, mutmaßten einige dieser Leute, nun würde ich erst recht von der fixen Idee »besessen« sein, die LSE eines Tages zu übernehmen, sie sei zu meinem Lebenstraum geworden. Nun ja: Wie so oft, wenn Gerüchte sich hartnäckig halten, steckt wohl ein Körnchen Wahrheit darin.

Ich schätze eine gute Tasse Tee. Das ist das eine. Ich halte die Übernahme der Londoner Börse für absolut notwendig für die Deutsche Börse, für den Finanzplatz Frankfurt und für den europäischen Kapitalmarkt. Das ist das andere. Aber dabei spielen persönliche Neigungen eine weitaus geringere Rolle, als man mir nachsagt. Die Vorstellung, von Frankfurt nach London umzuziehen, erschien mir offen gesagt nicht besonders verführerisch. Ich hätte gerne darauf verzichtet, der LSE immer wieder den Hof zu machen.

1999: Der Plan reift. Warum ausgerechnet London?

Im Sommer 1999 hatte ein kleines Team von McKinsey-Beratern (darunter auch Hans-Joachim Voth, mein Koautor bei diesem und anderen Büchern) eine umfassende Untersuchung über die drei größten Finanzzentren Europas erstellt: London, Paris und Frankfurt. Wir wollten wissen, wo Frankfurt stand, und damit auch wir. Daher sammelten wir alle verfügbaren Daten über Größe, Struktur und Entwicklung der wichtigsten Finanzplätze, sozusagen der »capital cities«. Geplant war, die Studienergebnisse auch als Buch herauszubringen.

Hans-Joachim saß mir gegenüber. Ich versuchte, in seiner Miene einen Hinweis darauf zu erkennen, was auf den 250 Seiten des Manuskripts stand, das er mir gerade übergeben hatte. Er blickte grimmig drein. Mit gutem Grund. Das Fazit war weitaus vernichtender, als wir beide vermutet hatten.

Zeile um Zeile, Seite um Seite belegten, dass wir zu London standen wie David vor Goliath – nur ohne Steinschleuder. Wie sieht's beim Handel mit ausländischen Wertpapieren aus? Sieben zu eins für London. Und bei den Wertpapieranalysten? Zehn zu eins. Mergers and Acquisitions? Vier zu eins. Und so ging es weiter. Diese 250 Seiten waren Öl ins Feuer der Spötter, die behaupten, London habe mehr Finanzfachleute als Frankfurt Einwohner. Wir hatten fest mit besseren Neuigkeiten gerechnet, damit, dass die Studie die Fortschritte Frankfurts weitaus deutlicher belegen würde, damit, dass die Impulse aus einem Jahrzehnt steilen Wachstums durchschlagende Wirkung zeigten. Dass wir London nicht das Wasser reichen konnten, war uns durchaus klar gewesen, aber wir wähnten uns immerhin in Sichtweite. Diese Studie zerschmetterte alle Illusionen: Alles bei euch ist schön und gut, sagte sie, aber euer Platz ist eindeutig in der zweiten Liga. Immerhin stand Paris auch nicht besser da.

Natürlich hatte sich schon eine Tendenz abgezeichnet, als die Ergebnisse der Einzeluntersuchungen eingingen, aber eine so negative Gesamtbeurteilung hatte ich wirklich nicht erwartet. Und nun füllte sie Seite um Seite des Papierstapels, der vor mir lag.

Einen winzigen Moment lang spielte ich mit dem Gedanken, das Manuskript ganz hinten in den Safe der Deutschen Börse zu stopfen, auf dass niemand je erfahren möge, was für eine riesengroße Kluft noch immer zwischen London und seinen Rivalen vom Kontinent herrschte. Vor meinem inneren Auge erschienen schon die hämischen Schlagzeilen der britischen Zeitungen: »Frankfurts Träume zerplatzen wie Seifenblasen« oder »Frankfurt hinkt weit abgeschlagen über die Zielgerade«. Wie bestürzend für all jene, die sich so dafür engagiert hatten, Frankfurts Position gegenüber London zu verbessern. Wie sollte ich das nur Petra Roth erklären, der charmanten Oberbürgermeisterin, die uns immer mit Rat und Tat zur Seite gestanden hatte?

Schlussendlich entschied ich mich doch gegen den Safe. Wir veröffentlichten die Studie und stellten ihre Ergebnisse der Presse vor. Zwar hatten wir beim Ausbau der Börse immer im Hinterkopf gehabt, dass unser Wachstum auch dem Finanzplatz Frankfurt zugute kommen sollte; aber nun mussten wir uns eben eingestehen, dass unser Optimismus der neunziger Jahre nur kleine Blüten getragen hatte.

Es gibt nämlich drei Arten von Finanzzentren: Die einen sind Dreh- und Angelpunkte der globalen Finanzströme. Die anderen kümmern sich um die finanziellen Belange ihres Heimatlandes. Und dann gibt es noch den großen Rest. Zur ersten Kategorie dürfen sich mit Recht nur zwei Orte zählen: London und New York. Dort arbeiten die hellsten Köpfe aller bedeutenden Banken, sei es in der Abteilung Mergers and Acquisitions, die Fusionen und Übernahmen erwägt und prüft, oder als IPO-Experten, die Unternehmen beim Gang an die Börse (Initial Public Offer) begleiten. Dort werden innovative Ideen und Konzepte geboren, dort werden die lukrativsten Deals eingefädelt und die dicksten Abschlussprämien gezahlt, dort sind alle wichtigen Journalisten und die Crème de la Crème der großen Investmentbanken versammelt.

Ein auf den Heimatmarkt konzentriertes Finanzzentrum hingegen ist schon gut dran, wenn es einen Großteil seiner eigenen Belange selbst erledigen kann, also wenn dort auch Leute tätig sind, die mal hier eine Aktienemission oder dort eine Fusion stemmen.

Und dann gibt es da noch die Möchtegern-Zentren. Sie bestehen im Grunde genommen nur aus ein paar Büros, auf deren Messingschildern die Namen der großen Banken prangen. Sollte einmal etwas Interessantes passieren, fliegen die Spezialisten aus London und New York ein und sitzen dort einen Monat lang an ihren Laptops.

Frankfurt, rieb uns die Studie unter die Nase, war in den frühen Neunzigern ein solch trauriger Fall gewesen. Durch den Dotcom-Boom auf dem Neuen Markt und die Auswirkungen der Privatisierungswelle, wie etwa den Börsengang der Telekom, war die Börse in Frankfurt gewachsen und gediehen und zum wichtigsten Finanzplatz Deutschlands avanciert, der mit allen erdenklichen Dienstleistungen aufwarten konnte. Doch noch immer war London uns in jeder Hinsicht haushoch überlegen.

Was daran besonders niederschmetternd war: Alle strukturellen Nachteile Frankfurts waren längst beseitigt. All die veralteten und engstirnigen Vorschriften – wie zum Beispiel das Handelsverbot für Derivate, das während der Wirtschaftskrise der dreißiger Jahre erlassen worden war und noch bis in die späten Achtziger hinein galt – waren aufgehoben worden, nicht zuletzt, weil die Deutsche Börse beim Verfassen der so genannten »Finanzmarktförderungsgesetze« eng mit dem Bundesfinanzministerium zusammengearbeitet hatte. Unsere Infrastruktur war erstklassig, möglicherweise sogar besser als die Londons. Der regulatorische Rahmen war ausgezeichnet und die Markt- und Handelsüberwachung mittlerweile auch ziemlich gut. Irgendwie war es unfair, dass wir noch immer zweite Wahl waren.

Doch die Gründe dafür lagen auf der Hand:

Banker zieht es dorthin, wo andere Banker sind! Dahin, wo es Klatsch und Tratsch über den neuesten Deal und den attraktivsten Bonus gibt. Dahin, wo man heute seinen Job in der einen Firma hinschmeißt und morgen bei seinen alten Kumpels im Laden auf der anderen Straßenseite anfängt. Die U-Bahn mag ja ein Alptraum sein, die Immobilienpreise lächerlich hoch, die öffentlichen Schulen ein Graus – aber an London führt kein Weg vorbei, wenn man es als aufstrebender Investmentbanker zu etwas bringen will. Zu diesem Schluss kam auch unsere Studie. Sofern Großbritannien nicht wieder einen Einkommenssteuer-Spitzensatz von 97 Prozent einführte, waren sowohl Frankfurt als auch Paris auf ewig in die zweite Liga verdonnert.

Trotzdem war ich davon überzeugt: Es wäre unverantwortlich gewesen, mich damit zufrieden zu geben. Wenn Frankfurt nicht in der Champions League spielen kann, muss die Deutsche Börse ihre Ursprünge eben ein Stück weit hinter sich lassen. Das Unternehmen musste raus aus dem heimischen Nest, um sein ganzes Potential entfalten zu können. Also mischten wir uns ins Londoner Getümmel: Wir warfen unsere Netze aus und angelten nach Geschäften, die wir von Deutschland aus abwickeln konnten. Und hatten Erfolg. Wir fassten Fuß in der »City«! Es war die reinste Zauberei: Schon Mitte 2000 war der Umfang unseres Aktien- und Derivatehandels in London größer als in Frankfurt.

Aber wir wollten mehr. Es ging ja nicht nur um Wachstum, es ging um den europäischen Kapitalmarkt. Also standen wir 2004 wieder vor der Tür der bislang so abweisenden Braut. Mit – wie wir fanden – unwiderstehlichen Brautgeschenken und Zukunftsperspektiven.

Herbst 2004: Die Übernahme der LSE rechnet sich – unsere Aktionäre sollten jubeln!

Wenn ein Unternehmen plant, ein anderes zu übernehmen, sollte es sich ein paar essentielle Fragen stellen: Wie groß ist der Markt und wie schnell wird er wachsen? Sind die Produkte der anderen auf dem neuesten Stand und kompatibel mit den unseren? Wie gut sind die Manager der anderen Firma? Auf welche Weise können wir die beiden Unternehmen vereinen? Wie können wir die dabei entstehenden Synergieeffekte nutzen und ein besseres, profitableres Gesamtunternehmen schaffen? In dieser Hinsicht ist der Zusammenschluss von Daimler mit Chrysler zweifelsohne ein negatives Beispiel; ein glückliches Händchen scheint dagegen Vodafone gehabt zu haben, als es Ende der neunziger Jahre Mannesmann aufkaufte.

Sich in ein prosperierendes Unternehmen einzukaufen, klingt zunächst verlockend. Aber es hat seine Tücken. Wenn jedermann willens ist, einen hohen Preis zu bezahlen, weil die Wachstumsperspektiven so sagenhaft viel versprechend sind, dann kann man keinen Blumentopf gewinnen, indem man ebenfalls kauft.

Die LSE war kein Schnäppchen. Sie würde mindestens eine Milliarde britische Pfund kosten. Ihre neue Chefin Clara Furse hatte die Londoner Börse in die schwarzen Zahlen gebracht und verfolgte diesen Weg stringent weiter. Ich kenne Clara recht gut und schätze sie sehr. Sie lässt sich die Butter nicht vom Brot nehmen, ist gebürtige Kanadierin mit deutschen Vorfahren und die erste Frau im Chefsessel der LSE – ein echter Gewinn für das Unternehmen. Wir haben schon häufiger zusammengearbeitet, und dabei haben mich ihre Intelligenz und Entschlusskraft beeindruckt. Als gewiefte Managerin ließ sie sich dabei nie in die Karten schauen, spielte aber immer fair und einfallsreich. In den zwei, drei Jahren unter ihrer Ägide hatte sie die Börse entstaubt, die Kosten reduziert, einen hervorragenden Plan für die technologische Aufrüstung entworfen, und nun heckte sie bestimmt gerade weitere kluge Schachzüge aus.

Fassen wir zusammen: a) Die Zukunftsperspektiven der LSE waren rosig. b) Die LSE ist für die Finanzwelt, was der Petersdom für die Katholiken ist. Ergo: Das würde teuer werden!

Die Deutsche Börse aber hatte einen Vorteil gegenüber den meisten unserer Mitbewerber: Effizienz. Und die schlug sich in barer Münze nieder. Das ging eindeutig aus der Analyse der beiden zu fusionierenden Unternehmen hervor. Dazu hatten wir die voraussichtlichen Gewinne beider Unternehmen für die kommenden Jahre prognostiziert und davon die eigenen Kapitalkosten abgezogen, also den Gewinn, den die Aktionäre als Gegenleistung dafür erwarten, dass sie einem Unternehmen ihr Geld geben. Das Ergebnis belegte, dass eine Fusion erkleckliche Synergieeffekte mit sich brächte, insbesondere im IT-Bereich, aber auch durch andere Kosteneinsparungen und neue Geschäftszweige. Obendrein hatten wir ja schon bei der Integration von Clearstream in die Unternehmensgruppe Deutsche Börse erfolgreich Erfahrungen dabei sammeln können, wie man in den Planungspapieren prognostizierte Synergien in die Tat umsetzt.

Die LSE war ohne Frage ein attraktives Projekt, und für attraktive Projekte, die noch dazu eine Wertsteigerung versprechen, lässt sich immer irgendwo Geld auftreiben. Und das Beste: Wir mussten gar nichts auftreiben. Wir hatten das Geld!

Wie die meisten anderen Börsen gab die LSE jedes Jahr viele Millionen für IT-Dienstleistungen und die Weiterentwicklung ihres elektronischen Handelssystems aus. Ein Großteil davon floss in die Taschen externer IT-Berater. Hier setzte unser Plan an: Dieses Geld konnte man einsparen, zumindest den Löwenteil davon. Die Deutsche Börse hatte schließlich eine eigene IT-Tochter, die Deutsche Börse Systems, die in Zukunft auch bei der LSE nach dem Rechten sehen konnte. Noch stärker fiel ein weiterer Punkt ins

Gewicht: Nach einer Fusion würde es nur noch ein Handelssystem geben anstatt bisher zwei. Und wenn erst mal alle Londoner Aktien über das Softwaresystem der Deutschen Börse liefen, konnten wir die Ausgaben für Entwicklung und Instandhaltung der LSE-IT-Plattform ersatzlos streichen.

Schöner kann der Nutzen einer Fusion doch gar nicht sein! Zum einen sind die zu erwartenden Ersparnisse »handfest« – sie basieren nicht auf wildem Jonglieren mit Fantasiezahlen oder absurden Schätzungen, sondern stehen schwarz auf weiß im aktuellen Ausgabenbudget (von wo sie binnen weniger Jahre ganz verschwinden). Zum zweiten müssten wir kaum Arbeitsplätze streichen, weil die meisten Dienstleistungen, die durch die Zusammenlegung überflüssig werden, bei der LSE ohnehin von außen kommen. Und drittens sparen auch die Kunden Geld. Sie hätten weiterhin Zugang zu einer Handelsplattform von Weltklasse. Doch im Gegensatz zu früher, als sie bei jeder IT-Verbesserung der LSE oder der Deutschen Börse ihre eigenen Computersysteme mit der jeweiligen neuen Software aktualisieren mussten – was Zeit und Geld kostete – können sie nun zwei Fliegen mit einer Klappe schlagen. Das dürfte sie freuen.

Die finanzielle Logik zur Verschmelzung von Börsen ist überzeugend. Die Investmentbank Goldman Sachs, unser langjähriger Berater bei Unternehmenskäufen, stellte detaillierte Angaben zusammen, bis zu welchem Höchstgebot wir uns den Kauf der LSE leisten könnten. Bis zu zwanzig ihrer und unserer besten Leute arbeiteten monatelang daran, die Vorteile einer Fusion quantitativ zu ermessen, ihre Kosten zu kalkulieren und zu schätzen, wie teuer uns der Ausstieg aus den laufenden IT-Verträgen der LSE zu stehen käme.

Nach umfangreicher und sorgfältiger Recherche ergab die vorsichtigste Schätzung, dass wir nach der Fusion circa 100 Millionen Euro jährlich einsparen könnten. Und als Sahnehäubchen obendrauf gäbe es womöglich noch etwas, was Investmentbanker und Managementberater »Revenue Synergies« nennen, also zusätzliche Umsätze, da ein Gemeinschaftsunternehmen beim Angebot und Einsatz seiner Dienstleistungen aus einer stärkeren Position heraus agiert als alleine.

Nun fragen Sie sich vielleicht, wie eine solche Einschätzung seriös zustande kommen kann, ohne einen Blick in die Gewinn-und-Verlust-Bilanz des Zielunternehmens werfen zu können. Nun, zum einen muss die LSE ihre Geschäftszahlen vierteljährlich der Öffentlichkeit vorlegen, so wie es bei den meisten börsennotierten Unternehmen der Fall ist. Zum anderen hatten wir die Entwicklung der LSE mit Argusaugen beobachtet und waren darüber zu LSE-Experten gereift. Zudem würden wir ja bald, sobald unser Angebot bei der LSE auf dem Tisch lag, Gelegenheit bekommen, unsere im stillen Kämmerlein zusammengetragenen Schätzungen mit den echten Zahlen abzugleichen, und zwar im Rahmen des so genannten Due-Dilligence-Prozesses. Es gehört nämlich zu den Spielregelen, dass das Zielunternehmen seine Bücher öffnet und der Käuferfirma Einblick gewährt, sobald einige Vorbedingungen erfüllt sind. Auf diese Art und Weise kann man einen ziemlich fairen und objektiven Eindruck vom Zielobjekt bekommen.

Während all der vorbereitenden Meetings stiegen nicht nur dicke Tabakschwaden aus meiner Pfeife auf – uns rauchten auch ganz schön die Köpfe, wenn wir die neuesten Erkenntnisse studierten, die die Investmentbanker von Goldman an uns verteilten. Aber die Zahlen sahen gut aus: Aus betriebswirtschaftlicher Sicht war eine Fusion sinnvoll. Aber das wäre sie auch schon im Jahr 2000 gewesen, als der iX-Deal dann doch scheiterte. Ein bisschen Skepsis blieb also.

Im Herbst 2004 verfügten wir über die Grundvoraussetzungen für einen guten Deal, nämlich ein gutes Gespür für mögliche Kostenersparnisse und Umsatzsteigerungen. Allerdings reicht das noch nicht ganz, um eine Fusion durchzuziehen. Dafür braucht man noch zwei Dinge: den richtigen Preis und die Zustimmung der Regulierungsbehörde.

Das mit dem Preis ist eine knifflige Angelegenheit. Das Unternehmen LSE an sich war schon eine Stange Geld wert – bei einem Kurswert von 350 Pence im Oktober 2004 circa 900 Millionen Pfund, also um die 1,3 Milliarden Euro. Doch wenn man Aktien im großen Stil erwerben will, reicht es nicht, den aktuellen Preis zu bieten. Damit ist kaum die Mehrheit der Aktienbesitzer hinter dem Ofen hervorzulocken und zum Verkauf zu motivieren. Als Käufer muss man schon noch eine »Premium for Control«, wörtlich: »Kontrollprämie«, obendrauf legen. Diese »Premium for Control« ist in der Welt der Mergers and Acquisitions ein entscheidender Punkt. Im Zusammenhang mit den Vorgängen um die Deutsche Börse ist dieser Punkt besonders bemerkenswert, weil TCI die Macht an sich reißen wollte, ohne eben diese Kontrollprämie zu bezahlen.

Lassen Sie mich deswegen mit einem kleinen Rechenbeispiel verdeutlichen, was man unter einer »Premium for Control« versteht:

Die LSE hatte einen aktuellen Marktwert von 900 Millionen Pfund, was 350 Pence pro Aktie entsprach. Den hatte sie ganz alleine erreicht und würde ihn wohl auch halten, wenn sie ihren Weg weiter verfolgte. Das war auch ihren Aktionären klar. Die Deutsche Börse – ebenso wie andere potentielle Käufer – aber erwartete sich hübsche Synergien nach einer Unternehmensverschmelzung. Lassen Sie uns mal annehmen, die Synergien seien noch mal 150 Pence pro Aktie wert. Dann stellt sich die Kernfrage, nämlich: Wie verteile ich diesen zu erwartenden Mehrwert von 150 Pence sinnvoll zwischen den Aktionären des Käufers und den Aktionären des Gekauften? Angenommen, ich splitte die 150 Pence einfach halbe-halbe auf. Dann würde jede LSE-Aktie den Käufer 425 Pence kosten. Die 75 Pence Differenz zum eigentlichen Preis wären dann die berühmte »Premium for Control«.

Außerdem wissen die gegenwärtigen LSE-Aktionäre, dass ihr Unternehmen im Verbund mit einer anderen Börse wertvoller sein wird als wenn es alleine bleibt und deswegen wollen sie an den zukünftigen Kostenersparnissen partizipieren. Andernfalls verkaufen sie einfach nicht. Und schließlich war uns daran gelegen, dass die LSE-Manager die Übernahme befürworteten. Clara und ihre Kollegen sollten sich damit einverstanden erklären, ihre Unabhängigkeit zu verlieren. Auch das würde man ihnen vergolden müssen!

Unterm Strich würde also ein guter Teil der Kostenersparnisse und Zusatzgewinne in den Taschen der LSE-Aktionäre verschwinden. Das ließ sich nicht vermeiden. Warum dann überhaupt fusionieren? Gesteigerte Effizienz schön und gut, aber was haben die Aktionäre der Deutschen Börse davon? Es gibt ja schließlich auch andere Wege, einen großen Haufen Geld sinnvoll loszuwerden. Wenn ein Unternehmen wie die Deutsche Börse mehr Mittel zur Verfügung hat, als es für den laufenden Unterhalt, für Investitionen und für Expansion benötigt, dann ist beispielsweise ein Aktienrückkauf immer eine gute Alternative.

Lassen Sie uns den Taschenrechner zücken und konkrete Zahlen einsetzen: Blieb die LSE solo, war sie ungefähr 400 Pence wert (der Marktpreis im Oktober 2004 lag sogar etwas darunter). Unser Team ging davon aus, dass wir es uns dank der Einsparungen leisten konnten, 250 bis 300 Pence pro Aktie auf diesen so genannten »Stand alone«-Preis drauflegen zu können. Das wären dann also 650 bis 700 Pence pro Aktie, das heißt, den LSE-Aktionären würde eine »Premium for Control« von 60 bis 75 Prozent zufließen. Das wäre eindeutig zu viel. Dann wären ja die LSE-Aktionäre die alleinigen Nutznießer gewesen.

Wir mussten also einen Preis finden, der hoch genug war, uns den Weg zu den Herzen der LSE-Manager und zu den Geldbeuteln ihrer Aktionäre zu ebnen. Gleichzeitig musste er niedrig genug sein, um unsere eigenen Aktionäre zu erfreuen.

Monatelang grübelten wir über Bergen von Papieren. Und kamen zu einem klaren Ergebnis: 620 Pence. Das war die Obergrenze. Bis zu diesem Höchstpreis wäre der Erwerb der LSE für unsere Aktionäre mittelfristig lukrativer, als wenn wir ihnen die Barbestände der Deutschen Börse kurzfristig durch einen Aktienrückkauf ausschütteten.

Zugleich mussten auch noch einige andere Aspekte bei der Preiskalkulation berücksichtigt werden. Es war sehr wahrscheinlich, dass auch andere Börsen um die LSE werben würden, was auch beim Preisangebot einkalkuliert werden musste. Der Preis musste deutlich signalisieren, wie ernst wir es meinten, vor allem um opportunistische Mitbieter abzuschrecken, die ein Schnäppchen witterten. Tatsächlich erklärte, nur ein paar Tage nachdem wir unser Gebot für die LSE veröffentlicht hatten, auch Théodore sein Interesse, allerdings eher prophylaktisch, ohne einen konkreten Preis zu nennen – einfach um sich alle Optionen offen zu halten.

Es gibt zwei Wege, ein Kaufangebot zu machen: Entweder das Management und der Aufsichtsrat eines Zielunternehmens wissen von den Absichten des Kaufinteressenten und unterstützen sie. Dann stehen die Chancen für eine konstruktive Zusammenarbeit nach der Übernahme gut, was einer raschen Integration beider Unternehmen zugute kommt. Oder der Interessent wendet sich – an der Unternehmensleitung vorbei – direkt an die Aktionäre. In den Medien wird diese Art des Vorgehens gerne als »feindliche Übernahme« bezeichnet. In einem solchen Fall ist davon auszugehen, dass das Management nach der Fusion passiven Widerstand leistet. Und das ist Gift für eine schnelle Umsetzung der erhofften Synergien.

Wir schätzten Clara und ihr Team und wünschten uns ihre konstruktive Unterstützung. Darum suchten wir ihre Zustimmung und mussten unser Gebot also entsprechend kalkulieren.

Was also war der »richtige« Gebotspreis? Er musste irgendwo zwischen dem Minimum von 400 Pence des »Stand alone« und dem Maximum von 620 Pence liegen, bei dem die Deutsche-Börse-Aktionäre noch immer profitieren würden. Aber wo? Das verrät einem kein Lehrbuch der Welt. An dieser Stelle endet die Wissenschaft – und die Kunst beginnt.

Letzten Endes entschieden wir uns für 530 Pence. Ein höheres Gebot hätte uns gewiss erlaubt, den Überraschungseffekt noch weiter für uns zu nutzen. Was wir anboten, war ein ebenso unkompliziertes wie faires Geschäft: 530 Pence, das beinhaltete eine respektable »Premium for Control« im Vergleich zum derzeitigen Aktienpreis, wobei der erwartete Mehrwert durch Kostenersparnis und Einkommenssteigerung ziemlich gerecht zwischen den Aktionären der Londoner und der Frankfurter Börse aufgeteilt wurde. Wenn man es nicht allzu wissenschaftlich sah, war unser Gebot sogar mit der Spieltheorie vereinbar und entsprach dem »Nash Equilibrium«, benannt nach dem Mathematiker und Nobelpreisgewinner, den Russell Crowe in dem Film *A beautiful mind* so hervorragend verkörpert hat.

Dezember 2004: Und los geht sie, unsere Charme-Offensive

An einem bitterkalten Morgen im Dezember 2004 rief ein alter Freund an. Wir unterhielten uns über dies und das, über meine Lehrtätigkeit an der European Business School nahe Frankfurt, über die Hunde. Dann erwähnte ich, es wäre gut möglich, dass ich in einem Jahr auf der Straße stünde, sollte die Sache mit der LSE schief gehen.

Lachend antwortete er: »So ein Quatsch, Werner. Du bist doch nicht Dick Grasso [der sich über hundert Millionen Dollar hatte zahlen lassen und 2003 von der New York Stock Exchange gefeuert worden war]. Man kann dir doch nicht kündigen, nur weil du das Richtige versuchst.«

Ich aber schätzte die Chancen, meinen Job zu behalten, auf fifty-fifty. Zu viele Leute würden mir ein weiteres Scheitern mit der LSE persönlich ankreiden. In ihren Augen wäre dann meine »Strategie« falsch, weshalb ich die Konsequenzen tragen und zurücktreten müsste.

Das klingt jetzt sehr vorausschauend, geradezu weise; als hätte ich damals schon geahnt, was kommen würde. Leider stimmt das nicht. Ich hatte keinen blassen Schimmer. Niemand ahnte, dass die Probleme dieses Mal von einer ganz anderen Seite kommen würden. Niemandem schwante, dass einige Aktionäre auf die Barrikaden steigen würden. Wie der Schwimmer in *Der weiße Hai* konzentrierte sich unser Team auf andere potentielle Gefahren. Wir schwammen in die richtige Richtung, glaubten wir zumindest. Das Wasser war warm, die Sonne lachte. Es war zuweilen etwas anstrengend, aber es machte Spaß. Wir ahnten ja nicht, dass unter uns schon der Hai seine Kreise zog. Unsere Aktionäre würden so offensichtlich von der Fusion profitieren, was sollte da schief gehen? Damals sorgte ich mich viel mehr darum, die holde Prinzessin LSE könne einen anderen »weißen Ritter« finden, also einen Mitbieter, der sie davor erretten würde, von der Deutschen Börse übernommen zu werden.

Wir setzten alles daran, das Kaufangebot bis ins letzte Detail vorzubereiten. Wir erwarteten Befragungen im Londoner Parlament und im Berliner Bundestag, rechneten mit allerlei absurden Berichten und abgeschmackten Witzen über die »Krauts« in den unsäglich niveaulosen Blättern der britischen Yellow Press. Damit würden wir schon klarkommen.

Unser Plan sah auch vor, dass wir uns möglichst oft in der Londoner Finanzwelt blicken ließen. Sobald sich eine Chance ergab, mit den wichtigen und mächtigen Persönlichkeiten der City zu plaudern, nutzten wir sie. Dabei ging es selten um Substantielles. Wir wollten nur ein Gefühl dafür bekommen, was sie über die Konsolidierung der Börsenlandschaft in Europa dachten und was sie davon hielten, wenn die Deutsche Börse sich in »ihrer« City niederließ. Natürlich hofften wir auch, neue Verbündete zu finden, auf die wir zählen konnten, sobald unsere Kaufabsichten publik wurden.

Im Sommer und Herbst 2004 reisten unser Management-Team und unsere Investment-Berater etwa dreißig Mal nach London, um dort Journalisten, Banker und Kunden zu treffen. Die »City« gibt sich ausgesprochen international und offen. Doch dem britischen Establishment schmackhaft zu machen, dass ausgerechnet Deutsche eine Institution wie die London Stock Exchange erwerben wollen, war ein harter Brocken. In ihren Augen ist die LSE der Heilige Gral der City, und der muss in britischen Händen sein. Interessanterweise war die LSE zu diesem Zeitpunkt nicht wirklich in britischen Händen – ihre Aktionäre kamen, ebenso wie die der Deutschen Börse, aus aller Herren Länder. Aber was können Argumente schon ausrichten gegen Emotionen?

Eines Tages stattete ich Mervyn King – er ist Governor der Bank of England und als solcher eine der grauen Eminenzen der City – einen Höflichkeitsbesuch ab. Zwar wollte er nicht direkt über die LSE sprechen. Doch dann entdeckten wir, dass wir beide die Entwicklung der Spieltheorie verfolgen. Das ist ein relativ neuer Wissenszweig, eine Spielart der angewandten Mathematik und Ökonomie, die sich der Erklärung von Interaktionsmustern zwischen Menschen, Staaten oder Firmen widmet. Wissenschaftler wie Reinhard Selten, John Nash, John Harsanyi (Nobelpreis 1992), Robert Aumann und Thomas Schelling (Nobelpreis 2005) haben die Disziplin kräftig nach vorn gebracht. So verstehen wir heute besser, welche Verhandlungsstrategien funktionieren können, wann Kooperation mehr bringt als Konflikt oder – in einer berühmten Anwendung von Schelling – unter welchen Umständen Staaten mit Nuklearwaffen eher nicht auf den roten Knopf drücken. Wir verbrachten eine sehr angenehme Stunde mit relativ obskuren akademischen Erwägungen, zu deren besserer Illustration wir meine LSE-Pläne als Fallbeispiel heranzogen.

Den Höhepunkt erreichte unsere Charmeoffensive im November 2004. Ich war zum Lord Mayor's Banquet in der restaurierten Guildhall geladen, die in mittelalterlicher Pracht erstrahlte. Wer dort ankam, blieb erst mal beim Herold stehen und wartete darauf, dass dieser den bereits Anwesenden den Neuankömmling ankündigte. Von ihren

Marmorsockeln blickten Lord Nelson und Pitt der Jüngere auf das Who is Who der europäischen Hochfinanz hinab, das in der leicht überheizten Halle brav Schlange stand.

Clara Furse und ihr Mann Richard waren nur ein paar Meter hinter mir. Wir tauschten Höflichkeitsfloskeln aus und unterhielten uns über Richards Oldtimer. Obwohl ich Clara schon seit Jahren kannte, hatte ich ihr kein Sterbenswörtchen von unseren Plänen verraten – das hätte ihr ja die Chance gegeben, schnell zu reagieren und uns eins auszuwischen! Aber mir schien, dass sie etwas ahnte. Ich freute mich jedenfalls aufrichtig, ein bekanntes Gesicht zu sehen, denn ich fühlte mich in dieser Umgebung einfach nicht wohl.

Als die Reihe an mir war, tat der Herold, was er bei allen Gästen tat: Er stampfte mit seinem Stab auf den Holzboden und verkündete meinen Rang und Namen. Hunderte von Augenpaaren richteten sich auf mich. Als ich an den Gästen vorbeischritt, die bereits Platz genommen hatten, bekam ich eine Ahnung davon, wie sich ein Model auf dem Laufsteg fühlt. Nur statt mit der neuesten Haute Couture lief ich in einem Frack herum, in dem ich aussah wie ein Pinguin. Grässlich!

Nach dem Dinner wurde ich zu einem Treffen mit Premierminister Tony Blair in einen Vorraum geleitet. Ich nutzte diese Gelegenheit, um ihm in groben Zügen die Vorteile einer Konsolidierung der europäischen Börsen zu skizzieren. Blair aber war an diesem Abend irgendwie müde und teilnahmslos. Wahrscheinlich war er mit seinen Gedanken ganz woanders. Immerhin sagte er, dass er ausländische Investitionen in der City durchaus begrüße.

Dass dieses kurze Treffen überhaupt stattfand und dass es von einem der Big Boys der Londoner City arrangiert worden war, wertete ich jedenfalls als gutes Zeichen. Bei unseren früheren Werbungsversuchen um die LSE waren wir nie bis zum britischen Regierungschef vorgedrungen.

Ganz in der Nähe der Londoner Guildhall hatte dereinst Winston Churchill seine berühmte Rede nach der Schlacht von El Alamein gehalten: »Dies ist nicht das Ende. Es ist noch nicht einmal der Anfang vom Ende. Aber es ist vielleicht das Ende vom Anfang.«

Diese Beschreibung traf auch ganz gut auf den Stand unserer Kampagne zu, fand ich. Alle Vorbereitungen waren soweit abgeschlossen, und wir hatten alles Erdenkliche getan, um eine uns gewogene Atmosphäre zu schaffen.

Unsere vielen Gespräche in London sorgten natürlich für wilde Spekulationen, auch in der Presse. Ich vermutete zudem eine undichte Stelle in unserem eigenen Lager. In der Folge war der Aktienpreis der LSE gestiegen, von 350 Pence am 22. Oktober auf 410 Pence Ende November. Investoren springen heutzutage rasch auf derartige Gerüchte an. Erscheinen sie ihnen plausibel, erwerben sie Aktien des Zielunternehmens – in der Annahme, auf die Schnelle ordentlich abzusahnen, sobald das Gebot förmlich vorliegt, denn dann kaufen auch die anderen, der Preis schnellt hoch und sie können ihr Paket gewinnbringend abstoßen.

Am 22. Oktober 2004 war in der *Financial Times* ein auf Vermutungen basierender Artikel erschienen, der andeutete, wir könnten ein Auge auf die LSE geworfen haben. Sechs Tage später brachte der *Observer* einen Beitrag mit sehr viel mehr Substanz: Unter der Überschrift »Börse strebt weiterhin Fusion mit London an« berichtete er von unserer »Charmeoffensive«.

Anfang Dezember gab der Aufsichtsrat der Deutschen Börse dann grünes Licht. Der Zeitpunkt war gekommen, die Kugel ins Rollen zu bringen.

12. Dezember 2004: Ein wichtiger Telefonanruf

Anfang Dezember 2004 suchten wir also den direkten Kontakt mit der Chefetage der LSE. Ich rief ihren Verwaltungsratsvorsitzenden Chris Gibson-Smith an, einen vornehmen und sympathischen Gentleman. Er hatte das Amt 2003 von seinem Vorgänger übernommen und die LSE wieder in ruhiges Fahrwasser gebracht, vielleicht zu ruhiges.

Als Neuling im Unternehmen hatte er die LSE auf den Prüfstand gestellt. Er hatte ihre Konkurrenten besucht und sich einen Eindruck von deren oft sehr unterschiedlichen Zukunftsaussichten verschafft und seine Schlüsse daraus gezogen. Und dann nichts verändert.

Unter normalen Umständen ist ein Dinner mit Chris ein besonderes Ereignis, denn er versteht es, die geschäftlichen Belange auf ein Minimum zu reduzieren, und erfreut seine Gäste lieber mit faszinierenden Geschichten aus seinem Leben und seiner privaten Leidenschaft des Jagens und Sammelns. Diesmal aber war es erstaunlich schwierig, überhaupt einen Termin mit ihm zu vereinbaren. Als wir kurz vor der Sitzung des Aufsichtsrates am 6. Dezember 2004 miteinander telefonierten, merkte ich schon, dass er etwas ahnte. Dennoch mimte er den Überraschten, als ich um ein Treffen mit ihm und Clara Furse bat, und gab dann vor, leider keinen Termin frei zu haben ... Vielleicht im Januar? Ich hielt es für möglich, dass die LSE-Leitung sich um ein Treffen drückte: Immerhin musste sie befürchten, dass wir gleich Nägel mit Köpfchen machen wollten.

Gibson-Smith warnte mich auch davor, ihm einen formellen Brief zu schicken. Dies würde den Prozess unumkehrbar machen; sie müssten dann sowohl das »Takeover Panel« informieren (das in Selbstkontrolle über den fairen Ablauf von Übernahmen wacht) als auch die mächtige britische Regulierungsbehörde Financial Service Authority (FSA). Außerdem würden sich die Medien sofort darauf stürzen. Es klang wie eine Bitte.

Was sollte das? Was für eine Taktik verfolgten Chris und Clara? Warum versuchten sie den Prozess zu verzögern? Wofür wollten sie Zeit gewinnen? Auf die Dauer hatte ich doch gar keine andere Wahl: Früher oder später musste ich diesen Brief abschicken, um das Gebot der Deutschen Börse auf den Weg zu bringen. Konnte es angehen, dass die LSE »nicht vorbereitet« war? Nein. Jeder, der regelmäßig die *Financial Times* las, hatte doch mitbekommen, was sich da anbahnte. Augenscheinlich hatte sich die LSE also für eine

Hinhaltestrategie entschieden – was unsere Pläne, noch vor Weihnachten Verhandlungserfolge zu verbuchen, ganz schön ausbremste.

Aber was steckte dahinter? Gewiss, in solchen Situationen tendiert man dazu, Gespenster zu sehen. Aber was, wenn die LSE sich gegen unsere Avancen zur Wehr setzen wollte? Dann hätte sie dazu ein ganzes Arsenal vortrefflicher Waffen zur Verfügung, bis hin zur heimlichen Zusammenarbeit mit den Regulierungs- und Kartellbehörden.

Ich hatte von der LSE keinerlei Signale bekommen, dass sie auf Defensivmaßnahmen verzichten würde. Womöglich würden die Medien solche Schritte sogar bejubeln. Bestimmt würden sich ein paar Kunden dem anschließen, und mit Sicherheit auch gewisse »Patrioten« im Parlament. Oder, noch schlimmer: Die LSE könnte sich unserer Umarmung entziehen, indem sie in eine Ehe mit Euronext einwilligte oder einer Verbindung mit OMX zustimmte, dem nordeuropäischen Börsen- und Technologieunternehmen, das bereits bei der nicht zustande gekommenen Fusion unter dem Stichwort iX im Jahr 2000 mitgemischt hatte.

Wenn aber Clara und Chris wirklich so überrascht gewesen waren, wie sie vorgaben, dann hatten wir womöglich auch Jean-François Théodore kalt erwischt. Mit dem illustren und schlauen Chef von Euronext hatte ich ja schon oft über eine Annäherung unserer Unternehmen gesprochen. Aber vielleicht rechnete er nicht damit, dass wir ein Kaufangebot für die LSE unterbreiten würden? Vielleicht spekulierte die LSE auf ein Gegengebot von Théodore und spielte deshalb auf Zeit? In diesem Fall hätten wir einen unserer beiden Trümpfe eingebüßt: Schnelligkeit. Dann bliebe uns nur noch ein As im Ärmel, um Euronext auszustechen: Unsere dickere Brieftasche. Wir durften also den Fuß nicht vom Gaspedal nehmen!

Wo immer ich war, was immer ich tat, zerbrach ich mir den Kopf darüber, was die LSE wohl im Schilde führte. Selbst wenn ich Jazz spielte. Wie an jenem Sonntag, dem 12. Dezember 2004. Unsere Band »BigBrazzPack« war mit dem Weihnachtsprogramm »Santa Claus is jammin' into town« auf einer kleinen Wochenend-Tournee von Stadt zu Stadt. Ich bin der Produzent dieser neunzehn hervorragenden Musiker und spiele selbst die Hammondorgel, wenn es die Zeit erlaubt. Es war kurz nach halb elf abends und ich bereitete mich gerade auf unseren Auftritt im legendären Berliner Jazzklub Quasimodo vor.

Drei Minuten vor unserem Late-Night-Gig in dem ausverkauften Club rief mich Clara Furse auf dem Handy an. Der Soundtechniker maulte, dass er wegen meiner »dämlichen Telefoniererei« die Verstärker nicht richtig einstellen konnte. Aber dieser Anruf war wichtig, sogar wichtiger als »all that jazz«.

Vor ein paar Stunden erst hatte ich Chris Gibson-Smith einen kurzen und klaren Brief zugefaxt. Darin stand, dass die Deutsche Börse die LSE gerne kaufen würde und dafür einen Preis von 530 Pence pro Aktie biete. Nachdem er es über die vergangenen Tage hinweg mehrmals abgelehnt hatte, ein förmliches Angebot entgegenzunehmen, hatte er nun sogar darum gebeten. Schließlich hatte er keine andere Wahl mehr, denn der Markt (und vielleicht auch das Takeover Panel) signalisierte ihm, dass er und sein Aufsichtsrat auf unser Gebot, über das so viel gemunkelt wurde, reagieren mussten.

Würde Clara unserem Vorschlag zustimmen?

Mein Puls schlug schneller. Würden jetzt die Worte fallen, die mein Team und mich für all unsere Arbeit entlohnten? Aber kaum hörte ich Claras Stimme, war mir klar, dass wir uns einen schnellen Triumph abschminken konnten. Sie war freundlich, kam aber schnell zum Punkt: »Werner, dein Preis wird dem wahren Wert unseres Unternehmens nicht gerecht.«

Der Aufsichtsrat der LSE hatte vor wenigen Stunden das Übernahmeangebot der Deutsche-Börse-Gruppe in Höhe von 1,5 Milliarden Pfund abgelehnt. Eine Pressemitteilung mit Datum vom 13. Dezember betonte außerdem, dass die LSE als allein stehende Börse eine viel versprechende Zukunft habe. Nicht jeder fand, dass unser Angebot von 530 Pence zu knauserig gewesen war. Citywire, der Londoner Nachrichtendienst für die Finanzwelt, ließ wissen, dass viele Beobachter in der City ein Konkurrenzangebot von Euronext nun ausschlössen, da wir einen sehr großzügigen Preis angeboten hätten.

Auch Claras Abfuhr war nicht kategorisch. Sie bot an, eine Serie von Meetings für mich und mein Team zu organisieren, um unseren britischen Kollegen bei der LSE unsere Pläne darzulegen. Aus Claras Munde klang es wie ein immenses Zugeständnis, dass sie überhaupt mit uns reden würden, wenn wir mehr bezahlten – dann würden sie uns auch Details aus ihren Geschäftsplänen, IT-Investitionen, Verträgen und so weiter zur Verfügung stellen. Was ich damals noch nicht wusste: Erst sechs Wochen später sollten wir wirklich Zugang zu diesen Informationen erhalten, die wir so dringend brauchten, um unsere Analyse zu überprüfen, die ja auf öffentlich zugänglichen Daten basierte.

Alle weiteren Diskussionen in den kommenden zweieinhalb Monaten waren ebenfalls von dieser zermürbenden Verhandlungstaktik des »Zwei Schritte vor, einen zurück« geprägt sowie von den weitgehend nebulösen Erklärungen der LSE darüber, wie viel sie denn eigentlich wert sei.

Als ich verdaut hatte, was Clara Furse mir gerade mitgeteilt hatte, bekam ich dann doch richtig gute Laune. Wenn sie kein doppeltes Spiel spielte, hatte die LSE sich gerade zum Kauf angeboten. Wie ich darauf kam? Hätte die LSE einen Deal wirklich und absolut nicht gewollt, hätte Chris Gibson-Smith wohl kaum um ein schriftliches Kaufgebot gebeten. Und Clara hätte sich nicht über den Preis beschwert, sondern mich schlichtweg heruntergeputzt und ein für allemal klargestellt, dass ihr Unternehmen nicht zum Verkauf stand und dass unsere einzige Chance, an die LSE zu kommen, in einer »feindlichen Übernahme« läge. Das hatte sie aber nicht gesagt.

Als wir unsere jazzige Version von »Have yourself a merry little christmas« anstimmten, fiel es mir schwer, mich auf die Noten zu konzentrieren. Es gab so viel, was jetzt bedacht werden musste: Wir mussten die Kartellämter überzeugen, dass durch eine Übernahme kein Monopol entstand, und von den Regulierungsbehörden deren Zustimmung einholen.

14. Januar 2005: »Sie haben Post«

Mitte Januar 2005 standen wir im Zentrum der Aufmerksamkeit. Kurz nachdem ich Chris Gibson-Smith am Sonntag, dem 12. Dezember, unser Gebot schriftlich unterbreitet hatte, hatten wir ein Statement dazu herausgegeben, und die LSE hatte das Gebot öffentlich bestätigt. In zahlreichen Interviews hatte ich die Hintergründe und Motive für unseren Schachzug erläutert; die Medien waren voll davon. Auf den Cocktailparties in London und Frankfurt waren wir das Gesprächsthema Nummer eins. Die meisten Beobachter schienen überzeugt davon, dass die Deutsche Börse die Übernahme der LSE zustande bringen würde, und befürworteten diese Entwicklung. Selbst Konkurrenten wie der CEO von OMX, dem einstigen Spielverderber im Jahre 2000, sagten mir unter vier Augen: »Das schafft ihr!« In der Presse kamen wir also recht gut weg, und selbst die Wettbewerbsbehörden schienen mitzuspielen.

Nur die britische Financial Service Authority (FSA) erhob vor und hinter den Kulissen noch einige kleinkarierte Einwände. Sie sorgten sich wegen des juristischen Sitzes des Mutterunternehmens und darüber, wer dann als Regulierungsbehörde zuständig sei, welche Börsenvorschriften dann gelten würden und was nicht alles. Dennoch war eigentlich jedem klar, dass sie früher oder später ihren Widerstand aufgeben mussten. Noch kein Grund, die Korken knallen zu lassen, aber Grund für gute Laune. Aber man soll ja bekanntlich den Tag nicht vor dem Abend loben.

Ich bin ein großer Freund von E-Mails und habe deshalb mein Blackberry so gut wie immer dabei. Am Abend des

14. Januar 2005, es war ein Freitag, ging ich nach einem leichten Abendessen in die untere Etage meiner Wohnung, um die Mails zu checken. In meinem Arbeitszimmer, wo ich meine Fachbücher und meine Pfeifen aufbewahre, war es schon dunkel. Ich schaltete das Licht an, fuhr den Rechner hoch – und traute meinen Augen nicht.

»Sie haben Post«, leuchtete es mir vom Bildschirm entgegen. Es war eine Mail von TCI. Das verblüffte mich. Was wollten denn die? Meine Verblüffung wuchs, als ich es herausfand.

Chris Hohn, Chef von TCI, forderte ein »Extraordinary General Meeting« (EGM), also eine außerordentliche Hauptversammlung. Wichtigster Tagesordnungspunkt: die Abwahl Rolf Breuers als Vorsitzender des Aufsichtsrates. Erklärtes Ziel: das Kaufgebot für die LSE zu untergraben. Hohn betonte, dass er über die notwendige Anzahl von Aktien verfüge, um eine EGM zu beantragen.

Mir schwirrte der Kopf: Warum in aller Welt bekämpfte Chris Hohn unseren Deal? Ist sein Ansuchen formal korrekt? Entspricht es deutschem Recht? Was bedeutet das für die Aufsichtsratssitzung in drei Tagen? Und vor allem: Was machen wir jetzt?

Es war schon spät, aber die Sache duldete keinen Aufschub. TCI war dabei, uns den Boden unter den Füßen wegzuziehen. Da hatten wir gedacht, unsere Aktionäre wären von dem Deal begeistert, obwohl wir mit ihnen verständlicherweise noch keine Details besprechen konnten, solange unser Plan noch nicht veröffentlicht worden war. Und dann behauptete ein Hedge Fonds, den wir kaum kannten und der bis vor kurzem kaum Aktien der Deutschen Börse besessen hatte, er halte fünf Prozent, und forderte eine außerordentliche Hauptversammlung. Das war wie ein Messer in den Rücken. Mit Querschüssen seitens der Finanzgemeinde in London hatten wir ja gerechnet … oder seitens der Regulierungsbehörden … oder auch der Kunden der LSE. Aber doch nicht von unseren eigenen Aktionären! Und schon gar nicht auf so aggressive Weise!

Das Projektteam hatte sich bereits ins wohlverdiente Wochenende verabschiedet. Ich rief alle sieben der Reihe nach an und bat sie, wieder ins Büro zu kommen. Die Woche war anstrengend gewesen, aber sie war noch lange nicht vorbei.

Bis weit nach Mitternacht diskutierten wir die rechtlichen Aspekte, die Folgen für den weiteren Ablauf des Angebotsprozesses, wie wohl die Presse reagieren würde, was die LSE davon halten würde, die Auswirkungen auf die Aufsichtsratssitzung am Montag und, und, und.

Ich wollte gerade meinen guten Freund und Berater Wayne Moore von Goldman Sachs nach Hause fahren, als das Telefon klingelte. Es war Eric Müller, unser brillanter junger Projektmanager. Er klang besorgt. Das ließ uns aufhorchen, denn ihn brachte normalerweise fast nichts aus der Ruhe. Dies schon: Hohn hatte die Medien von seinem Antrag auf eine EGM unterrichtet. Wir machten auf dem Absatz kehrt. Es war das erste Mal – aber leider nicht das letzte Mal –, dass TCI die Presse und uns fast zeitgleich informierte.

Sonntagmorgen setzten wir uns dann in meinem Appartement zusammen: Rolf Breuer und das Kernteam – Matthias Hlubek, Peter Weyland und Wayne Moore. Es war eiskalt draußen; die Sonne schickte ihre ersten Strahlen über die Ufer des Mains; vor uns stand ein Frühstück, aber uns war der Appetit vergangen.

Bei genauerem Hinsehen hatten wir bereits im Dezember ein Warnzeichen erhalten. Zwei Tage vor Weihnachten hatte uns Hohns rechte Hand schriftlich aufgefordert, über jeglichen Deal mit der LSE die Shareholder abstimmen zu lassen. Wir hatten die Angelegenheit an unseren Spezialisten für Investor Relations (IR) weitergeleitet, mit der Bitte, mit dem TCI-Mitarbeiter zu telefonieren.

Es war leicht nachzuvollziehen, warum einige Aktionäre ein Wörtchen mitreden wollten. Ein Erwerb der LSE hätte schließlich weit reichende Folgen: Er würde die Deutsche Börse von Grund auf verändern, sie zum unbestrittenen

Branchenführer in Europa machen und sie weltweit in die erste Liga katapultieren. Natürlich würden ihre Aktionäre davon betroffen sein. Aber doch nur positiv. Und das war das Irritierende an der Sache!

Auf jeden Fall waren die rechtlichen Komplikationen einer Abstimmung nahezu unüberwindbar. Der Leiter unserer IR-Abteilung, Robert Herde, legte dar, dass das deutsche Unternehmensrecht sich fundamental vom britischen System unterscheidet. In Großbritannien ist die Abstimmung über eine Akquisition mit Barmitteln eine überschaubare Angelegenheit: Das Vorhaben wird den Aktionären in groben Zügen skizziert, dann übertragen diese der Unternehmensführung alle Verantwortung für das weitere Vorgehen. Dabei muss weder die beabsichtigte Höhe des Gebots noch die dahinter stehende Strategie enthüllt werden.

Eine Abstimmung nach deutschem Recht hingegen kommt geschäftlichem Selbstmord gleich. Dabei müssen nämlich alle Analysen, Bewertungen und Prognosen auf den Tisch gelegt werden. Bisher war ja nur unser Gebotspreis von 530 Pence öffentlich bekannt. Dass wir fähig und möglicherweise auch willens waren, bis und über 600 Pence zu bezahlen, war unser kleines Geheimnis. Nach deutschem Recht aber hätten wir das den Aktionären – und damit der restlichen interessierten Öffentlichkeit – offen legen müssen. Man muss nicht viel Fantasie besitzen, um sich auszurechnen, dass dann unser Höchstpreis zur Mindestforderung der LSE geworden wäre. Und jetzt kommt der Clou: Diesen von der Aktionärsversammlung genehmigten Höchstpreis zu überschreiten – und sei es auch nur um einen lächerlichen Betrag – ist illegal, was die Akquisition endgültig verunmöglicht. In unserem Fall hätte Euronext mitbieten und leichterhand gewinnen können, wenn Théodore nur einen einzigen Cent pro Aktie auf unseren Höchstpreis draufgelegt hätte.

Uns allen war es ein Rätsel, wie jemand, der Millionen dafür ausgegeben hatte, Aktien der Deutschen Börse zu erwerben, uns dermaßen in die Bredouille bringen konnte, dass der ganze Plan in Gefahr geriet. Einer unserer Berater brachte unsere Gedanken auf den Punkt: »Kapieren die Typen denn nicht, dass man Poker nicht mit offenen Karten spielen kann?«

Offenbar nicht. Sie akzeptierten unser Nein nicht als Antwort und sperrten sich einfach gegen die Tatsache, dass der deutsche Gesetzgeber bei Barakquisitionen keine Befragung der Aktionäre vorsieht, sondern diese Entscheidungen einzig und allein dem Vorstand und dem Aufsichtsrat überlässt.

TCIs Vorpreschen änderte jetzt die komplette Marschroute: Ein EGM zu fordern, war ihr gutes Recht, denn sie besaßen ja einen dafür ausreichenden Teil unserer Aktien. Wir mussten ihrem Antrag Folge leisten – wenn auch erst nach einer Frist von drei Monaten. Diese Frist ist gesetzlich geregelt und soll verhindern, dass Besitzer großer Aktienanteile den Kurs eines Unternehmens schon während des ersten Vierteljahres ihrer Eigentümerschaft signifikant beeinflussen können.

Aber Hohn hatte ja noch mehr verlangt, nämlich die Abwahl des Aufsichtsratsvorsitzenden Breuer bei eben dieser EGM. In der Geschichte deutscher Unternehmen hatte es unseres Wissens keinen einzigen Fall gegeben, bei dem der Aufsichtsratsvorsitzende außerhalb des regulären Hauptversammlungszyklus abgewählt worden war. Weder Breuer noch ich rechneten damit, dass es wirklich zu einem öffentlichen Showdown kommen würde. Das lag außerhalb unserer Vorstellungskraft. Wir nahmen vielmehr an, dass Hohn das EGM-Manöver als Pfand installierte und letztlich den Antrag im Tausch gegen einige Zugeständnisse unsererseits fallen lassen würde.

Da lagen wir falsch, wie wir bald herausfanden.

Die zweite Fehleinschätzung war, dass Breuer und ich ernsthaft glaubten, wir könnten TCI und andere in ihrem Lager – darunter Atticus, ebenfalls ein Hedge Fonds mit Sitz in New York, sowie Capital, einer der größten institutionellen Investoren der Welt – mit der Qualität unserer Analyse und mit unserer Sachkenntnis überzeugen. Aber wann immer wir TCI unsere Sache vortrugen, sei es persönlich oder schriftlich, stießen wir auf taube Ohren. Sie hatten ihren Plan – und den verfolgten sie unbeirrbar.

Erschwerend kam hinzu, dass die Vorschriften des britischen Takeover Panels es einem ganz schön schwer machen, die eigenen Absichten richtig darzustellen. Der Ausschuss hält es mit einer einfachen Regel, um für alle Investoren gleiche Bedingungen zu schaffen: Was auch immer ein Unternehmen mit seinen Aktionären besprechen will, muss auch dem Markt bekannt gemacht werden. Was wir einem sagten, mussten wir allen sagen – und zwar nicht nur allen unseren Aktionären, sondern auch allen anderen Aktionären, allen Journalisten, allen Wettbewerbern. Also konnten wir in allen Diskussionen mit unseren Shareholdern nur mit den Informationen argumentieren, die wir gerne mit Hinz und Kunz teilten.

Die Auswirkung auf die Berichterstattung in den Medien war desaströs. Kritiker hatten leichtes Spiel und gewannen bald die Oberhand; mürrische Investoren konnten ohne Maulkorb und in aller Ausführlichkeit vor einem sensationslüsternen Publikum behaupten, wir würden zu viel bezahlen. Und uns waren die Hände gebunden.

Der öffentliche Wettbewerb von Ideen und Meinungen ist an und für sich eine großartige Sache. Jeder, der mal bei McKinsey gearbeitet hat, ist darauf geeicht, Dissens zu respektieren und sich alle Argumente immer genau anzuhören. In jedem McKinsey-Office auf der Welt hängen am Eingang die »Gebote« der Firma. Dazu gehört: »Es ist eine Pflicht, anderer Meinung zu sein!« Bei Diskussionen fallen oft die Schranken der Hierarchie. Gewiss, am Schluss muss eine Person die Entscheidung fällen. Aber bis es so weit ist, sollte man gut zuhören, auch oder gerade dann, wenn der oder die Jüngste im Team den Mund aufmacht. Diese Philosophie habe ich zur Deutschen Börse mitgenommen und immer versucht, sie dort auch zu leben.

Die Argumente von Chris Hohn aber konnte ich beim besten Willen nicht nachvollziehen. Und das, obwohl ich sie in den kommenden Wochen sehr gut kennen lernen sollte, da wir häufig miteinander telefonierten und einander Mails und Briefe schrieben.

Aus heiterem Himmel beschloss Hohn irgendwann, dass ein angemessener Preis für die LSE mit einer »2« beginnen müsse. Dies implizierte, dass wir die LSE-Aktie zu ihrem damals noch nicht von Akquisitionsgerüchten beeinflussten Preis von 350 Pence schon überbewertet hatten und keine der von uns errechneten Synergien eintreten würde. Das war eine lächerliche Behauptung, die Hohn auch mit keinerlei Fakten untermauern konnte; er murmelte lediglich etwas von »Risiko«. Überhaupt belegte er seine eigentümlichen Ideen nie mit vernünftigen Erklärungen. Sobald man versuchte, ihn mit Logik festzunageln, wich er aus und verlegte sich darauf, zu wiederholen, dass er unser Aktionär sei und wir darum tun sollten, was er wolle. Wir rissen schon Witze darüber, dass Hohn und seine Kumpel die Firma mit einem Taschenrechner leiten wollten – allerdings hätten sie noch nicht herausgefunden, wie man den einschaltet.

Der Januar ging, der Februar kam. An einem dieser Tage beobachtete ich die Kursentwicklung unserer Aktie auf *Bloomberg TV*. An diesem Tag war wenig Handelsaktivität zu vermelden, aber die Preise stiegen. Irgendjemand kaufte. Das ist normalerweise eine gute Nachricht, aber an diesem Tag stellte sie mir die Nackenhaare auf. Wir wussten noch nicht, was genau da vor sich ging. Auf jeden Fall schwante uns nichts Gutes. Versuchte da jemand, noch mehr Aktien zu kaufen, um noch mehr Druck auf uns auszuüben?

Bald sollte uns klar werden, dass die Hedge Fonds härtere Bandagen anlegten und dass es in dem Streit gar nicht um Argumente und Analysen ging. Es ging allein um Macht.

5

Aufstand der Aktionäre – wie konnte das bloß passieren?

An einem sonnigen Nachmittag im Mai hielt ich an einer Tankstelle, um Grillkohle und Bier zu besorgen. An der Kasse fiel mein Blick auf die *Financial Times*. Mein erster Gedanke: Schon bezeichnend, dass wir in Frankfurt die *Financial Times* an einer Tankstelle kaufen können. Die *F. A. Z.* wird sicherlich nicht an einer Tankstelle in London ausliegen. Mein zweiter Gedanke: Nichts ist so alt wie die Nachricht von gestern, und mein Rücktritt vom Vorstandsvorsitz der Deutschen Börse war schon gut drei Wochen her. Daher hatte ich angenommen, die Presse habe längst das Interesse an mir verloren. Weit gefehlt. Mein Name prangte auf der Titelseite: »Der Niedergang der Deutschen Börse unter Seifert«.

Ich überflog den ersten Absatz und mir klappte die Kinnlade runter. Die *Financial Times* servierte ihren Lesern eine gepfefferte Geschichte: Demnach hatte Werner Seifert vor einigen Wochen im Büro eines Hedge-Fonds-Managers in Connecticut gesessen. Der Manager erkundigte sich nach möglichen Aktienrückkäufen und den vielen hundert Millionen Euro, die die Deutsche Börse angespart hatte. Werner Seifert – also ich! – beschied ihm, er würde sich den Forderungen der »gierigen Aktionäre« auf keinen Fall beugen. Daraufhin griff der Manager vor Seiferts Augen zum Telefon und beauftragte seinen Chefhändler, alle Anteile an der Deutschen Börse abzustoßen.

Der *Financial Times* war mit dieser knackigen Geschichte das Kunststück gelungen, ihren Lesern in wenigen Sätzen den Kern meines Konfliktes mit den Hedge Fonds zu vermitteln und sie en passant auch gleich noch über meine Arroganz gegenüber unseren Aktionären, meine Missachtung für Wertschöpfung und brüsken Umgangsformen zu informieren.

Die Geschichte hatte nur einen kleinen Schönheitsfehler: Ich habe noch nie mit einem Hedge-Fonds-Manager in Greenwich, Connecticut, gesprochen. Ach, und wenn wir schon dabei sind: Niemand hat jemals in meiner Anwesenheit Aktien der Deutschen Börse verkauft. Außerdem habe ich Wünsche nach Aktienrückkäufen niemals abgeschmettert – ganz abgesehen davon, dass ich dieses Ansinnen niemals, noch nicht mal in Gedanken, als »gierig« bezeichnet habe.

Diese Geschichte hatte sich jemand aus den Fingern gesogen. Sie war pure Fiktion, ebenso real wie die Abenteuer von Harry Potter.

Über die verquere Berufsauffassung und fragwürdige Ethik mancher Journalisten, die eine Story lieber erfinden als sie anständig zu recherchieren, wollte ich mich gar nicht erst aufregen.

Auch die Vorwürfe fochten mich nicht wirklich an. Unsere Investor Relations (IR) waren einwandfrei, und gerade in den vergangenen Monaten hatte ich den Kontakt zu unseren Aktionären besonders ausgiebig gepflegt. Erst vor einem halben Jahr hatte die Investorengemeinschaft die Deutsche Börse zu ihrem Lieblingsunternehmen erklärt. Man hatte die Qualität und Geschwindigkeit unserer Informationspolitik gepriesen und besonders hervorgehoben, dass wir immer ein offenes Ohr für ihre Fragen und Sorgen hatten. 2004 hatte unsere IR-Abteilung im deutschlandweiten Ranking den zweiten Platz belegt und 2005 wurde sie vom Fachmagazin *Institutional Investor* zur Nummer eins in ganz Europa gekürt. Bisher hatte sich auch noch kein Aktionär über Geheimniskrämerei oder Überheblichkeit von unserer Seite beschwert. Und nun sollte plötzlich aller Welt weisgemacht werden, dass wir unseren Aktionären gewohnheitsmäßig die kalte Schulter zeigten. Journalisten versuchten sich sogar als Scheherazade, um uns die Masken vom Gesicht zu reißen und uns als die üblen Kerle zu enttarnen, die wir in ihren Augen waren.

Warum? Was steckte dahinter?

Um diese Frage zu beantworten, bediente ich mich einer anderen Frage, die die Marxisten zu meinen politisch turbulenten Studienzeiten so oft, gerne und laut gestellt hatten: »Cui bono?« – »Wer profitiert davon?« Gute Frage! Und leicht zu beantworten:

Wenn der Eindruck entstand, die Deutsche Börse sei der Tummelplatz grausamer und machthungriger Alleinherrscher, die ihren Aktionären lachend ins Gesicht spuckten, dann nützte das ganz klar einer Gruppe – den Hedge Fonds um TCI herum! So konnten sie ihre absurden Vorwürfe »untermauern«, die Corporate Governance der Deutschen Börse im Speziellen und der Deutschland AG im Allgemeinen sei unzeitgemäß und müsse dringend durch ihr Verständnis des englischen Modells ersetzt werden.

Auf dem Weg zum Fleischer, wo ich ein paar Steaks für das abendliche Grillfest abholen wollte, ärgerte ich mich dann doch, weil diese Vorwürfe so absurd waren.

Mitte Dezember 2004 hatten wir unser Kaufgebot für die LSE verkündet; in den folgenden zwei Monaten hatte ich mehr Zeit im Flugzeug verbracht als sonst in zwei Jahren: um Aktionäre zu treffen, um sie von den Vorteilen des geplanten Kaufs zu überzeugen, ihre Sorgen zu zerstreuen und ihre Fragen zu beantworten. In diesen beiden Monaten hatte ich an insgesamt 65 Besprechungen in Großbritannien, den USA und Europa teilgenommen und mit mehr als 200 Fondsmanagern diskutiert. Und in die letzten freien Felder meines Terminkalenders hatten wir noch Telefonkonferenzen und Analystentreffen gequetscht.

So viel Engagement war selbst für uns ungewöhnlich. Aber es waren ja auch besondere Zeiten. In normalen Zeiten gab es »nur« einige Dutzend solcher Meetings pro Jahr. Die gute Beziehung zu ihren Anteilseignern ist für jede Aktiengesellschaft in Deutschland mittlerweile fast genauso wichtig wie eine gute Unternehmensstrategie. Daher ist es Standard, eine eigene IR-Abteilung zu unterhalten und dass der CEO oder der Finanzchef sich regelmäßig Zeit nehmen für ihre großen Anteilseigner. Wie unsere Auszeichnungen belegen, hatten wir uns aber in den Kopf gesetzt, dabei noch das entscheidende Quäntchen besser zu sein als andere Topunternehmen.

Die Steaks lagen auf dem Beifahrersitz. Hoffentlich schadete ihnen die Hitze nicht. 31 Grad im Mai! Auf dem Weg zum Bäcker dachte ich an einen anderen Tag, an dem es ebenso unerträglich heiß gewesen war. Das war wohl 2002, ein Jahr nachdem wir an die Börse gegangen waren. Rolf Breuer und ich befanden uns in Venedig, in einem dunkel getäfelten Konferenzraum des traditionsreichen Hôtel des Baines, als er einer illustren Runde die Gretchenfrage stellte: »Was ist denn eigentlich so toll daran, eine börsennotierte Aktiengesellschaft zu sein?«

Aus heutiger Sicht ist die Antwort, die ich ihm damals gab, fast zum Lachen. »Oh«, dachte ich, »das hat eine ganze Menge Vorteile«, und zählte sie auf: Der enge Kontakt zu den Aktionären und der Zugang zu ihren Ansichten. Die indirekten Tipps und kostbaren Informationen, die man kostenlos von den Analysten erhält. Die Kursschwankungen, die einem sofort mitteilen, was der Markt von den eigenen unternehmerischen Entscheidungen hält. Der geringere Preis für frisches Kapital bei einer breit gestreuten Aktionärsbasis, die ihr eigenes Risiko dadurch minimiert, dass sie auch Aktien anderer Unternehmen erwirbt ... Ich glaubte an jedes dieser Argumente. Und in gewisser Weise möchte ich das noch heute. Der Haken ist nur, dass all dies nur dann Früchte trägt, wenn die Aktionäre sich nicht rücksichtslos über die langfristigen Interessen ihres eigenen Unternehmens hinwegsetzen. So wie die Investorengruppe um TCI.

Was ist ein Hedge Fonds? Alter Wein in neuen Schläuchen!

Hedge Fonds sind eine relativ neue Anlageform. Trotzdem dürfte jedem Zeitungsleser der Ausdruck mittlerweile geläufig sein. Das entscheidende Merkmal der Hedge Fonds ist, dass sie sich an keine der Vorschriften für Anlagetechniken und der Anlageinstrumente halten müssen, die für traditionelle Anlagefonds gelten. Letztere versuchen, schneller und schlauer zu sein als der DAX oder andere Leitindices, um das Geld ihrer Investoren zu vermehren; Hedge Fonds hingegen agieren so, dass sie von jeglicher Bewegung auf dem Markt profitieren, seien es steigende oder fallende Kurse. Hedge Fonds können auch – anders als traditionelle Anlagefonds – zusätzlich zum Vermögen, das ihnen ihre Investoren übergeben, sich Geld leihen, um mit noch größeren Summen zu spekulieren. Um ganz sicher zu gehen, dass sie für ihre Praktiken, die sich an absoluten Renditen orientieren und einen raschen Vermögenszuwachs anstreben, nicht belangt werden können, registrieren Hedge Fonds ihren Firmensitz oft an eher exotischen, nur sanft regulierten, aber sonnigen Orten wie den Cayman-Inseln.

Hedge Fonds sind eine sehr heterogene Gruppe unter den institutionellen Investoren. Einige spezialisieren sich darauf, auf fallende Kurse zu setzen (Leerverkäufe), und suchen sich überbewertete Unternehmen aus; andere konzentrieren sich auf Wechselkurse oder schließen Wetten auf makroökonomische Trends ab.

Der ungarische Investor George Soros beispielsweise spekulierte mit seinem Hedge Fonds 1992 gegen das britische Pfund – er wettete, dass das Pfund gegen die Deutsche Mark an Wert verlieren würde. Und behielt Recht, nicht zuletzt dank der Verkäufe, die er selbst tätigte. Es war eine »self fulfilling prophecy« – eine sich selbst erfüllende Prophezeiung. Weil es die Wette und die Verkaufsorders gab, fiel der Kurs. Weil nun die Wette zugunsten von Soros lief und mehr Investoren Angst vor einem schwächelnden Pfund bekamen, fiel der Kurs weiter. Irgendwann musste die Bank of England kapitulieren. Soros und seine Geldgeber sackten tonnenweise Geld ein.

Insofern ist es kein Wunder, dass Hedge Fonds als Verursacher von Instabilität angeklagt und an den Pranger gestellt werden, wann immer auf den Finanzmärkten etwas schief geht. Dabei sind sie von Haus aus eher nützlich. Viele Ökonomen meinen heute, dass Soros den Briten ein riesiges Geschenk gemacht hat, da sie sich dank des Wechselkursverfalls die Freuden der Euro-Mitgliedschaft erspart haben. Um die Erfahrungen, die die Deutsche Börse mit einigen – noch dazu relativ jungen – Hedge-Fonds-Managern machen musste, richtig bewerten zu können, muss man sich erst mal die Entstehungsgeschichte und Arbeitsweise von Hedge Fonds genauer ansehen.

»Hedging« – was wörtlich so viel heißt wie »mit einer Hecke umgeben, einfrieden, absichern« – ist an und für sich ein sehr nützliches Instrument der Finanzmärkte. Hedging ermöglicht es, einem Risiko zu begegnen und es einzuschränken.

Nehmen wir ein Beispiel: Jedes Mal, wenn der Dollar gegenüber dem Euro an Wert verliert, verdient ein Autohersteller wie BMW für jeden 3er, 5er oder 7er, den er in den USA verkauft, zwar immer noch dieselbe Summe in Dollar wie am Vortag, aber für diese Dollar bekommt er dann natürlich weniger Euro. Seine eigenen Kosten aber lauten für BMW vorwiegend auf Euro. Also ist jeder Wertverlust des Dollars Gift für die Gewinne. Daher »hedgt« BMW: Jedes Mal, wenn der Dollar und damit der Wert seiner US-Verkäufe dem Autohersteller Kummer zu bereiten drohen, schließt er eine Art Versicherung an den Devisenterminmärkten ab, die einen Verlust des Dollars ausgleicht. Für diese Versicherung muss BMW natürlich Geld bezahlen, und wenn sich der Dollar nicht von der Stelle bewegt, schmälert das seine Gewinne ein wenig. Aber wenn es mit dem Dollar richtig den Bach hinuntergeht, dann gleicht die Versicherung die Verkaufsverluste mehr oder weniger aus. Das klingt vielleicht ein wenig kompliziert, ist im Grunde genommen aber ganz einfach. Eine amerikanische Firma kann dasselbe tun und ihre Umsätze in Europa gegen einen Sturz des Euros absichern. Beide Unternehmen sind besser dran, wenn sie ihre Schwachstellen, in diesem Fall die Wechselkurse, durch Hedging absichern.

Hedging funktioniert im Prinzip bei jeder Art von Risiko, beispielsweise auch bei wilden Spekulationen mit Derivaten. Die Gewinne dabei können immens sein. Aber auch das Risiko ist immens. BMW geht es ja darum, ein Risiko, das real besteht, zu minimieren – schließlich werden einige ihrer Autos in Dollar bezahlt. Aber Fonds (und auch Firmen) können ebensolche Verträge abschließen, die neue Risiken produzieren, die sie absichtlich und in der Hoffnung auf große Gewinne eingehen. Das ist das, was viele Hedge Fonds tun.

Die meisten Staaten versuchen, ihre Bürger vor einem Totalverlust ihres Vermögens zu schützen. Daher untersagen sie Versicherungs- oder Pensionsfonds beispielsweise, ihre Investitionen am Markt über Kredite aufzustocken. Einige besonders riskante Anlageformen verbieten die Regulatoren ihnen sogar. Die Manager von Anlagefonds müssen also strenge Regeln befolgen – Manager von Hedge Fonds hingegen können schalten und walten, wie sie wollen. Weil auch sie nicht unfehlbar sind, kann man mit einem Hedge Fonds leicht Haus und Hof verspielen. Darum erlassen viele Staaten wenigstens Zugangsbeschränkungen für den normalen Anleger. In den USA muss man beispielsweise ein Jahreseinkommen von 200 000 Dollar oder eine Million Dollar an Vermögenswerten nachweisen, um in einen Hedge Fonds investieren zu dürfen.

Hedge Fonds können außerordentlich erfolgreich sein. Über mehrere Jahre hinweg konnten sie traumhafte Renditen vorweisen. Und so floss Geld in ihre Töpfe wie Wasser den Nil hinunter. 1998 hatten Anleger weltweit den Hedge Fonds 400 Milliarden Dollar anvertraut; Ende 2004 waren es knapp 1000 Milliarden.

Allerdings wurden die phänomenalen Gewinne für die Investoren etwas geschmälert durch exorbitante Gebühren der Hedge-Fonds-Manager. Die meisten behalten für ihre Dienste zwanzig Prozent der Gewinne und um die zwei Prozent des Anlagevermögens ein; einige verlangen sogar 44 Prozent der Gewinne und fünf Prozent des Vermögens. Die gesamte Branche verdiente laut *Economist* allein im Jahr 2004 an die 45 Milliarden Dollar (und somit knapp das Doppelte der deutschen Verteidigungsausgaben im Jahr 2004).

Hedge Fonds können durchaus eine wichtige Funktion am Kapitalmarkt erfüllen. Ungehindert von oft überalterten Regeln können sie sogar Fehlentwicklungen entgegenwirken. Wären Fonds, die auf fallende Kurse setzen und dem Boom an der NASDAQ skeptisch gegenüberstanden, mächtig und geduldig genug gewesen, hätten sie beispielsweise das Wachstum der Dotcom-Blase verlangsamen und die Auswirkungen ihres Platzens begrenzen können.

Auf Kursverluste zu spekulieren oder Aktien auf Pump zu kaufen (in der Hoffung, dass die Aktien eine höhere Rendite abwerfen als die Kreditkosten) – das sind riskante, oft lukrative und vollkommen legale Wege der Hedge Fonds, Vermögen zu vermehren. Solange sie noch klein waren, also vor der Jahrtausendwende, fanden die Hedge Fonds attraktive Anlagemöglichkeiten zuhauf. Einige verzeichneten pro Jahr satte Gewinne von bis zu dreißig Prozent. Andere allerdings stürzten zusammen wie ein Kartenhaus und begruben die Gelder ihrer Investoren unter sich. Der Großteil lag irgendwo dazwischen und machte recht ansehnliche Gewinne. Dennoch sollte man nie vergessen, wie riskant diese Anlageform ist und dass die tatsächliche Performance kaum ausgewertet werden kann, weil so viele Hedge Fonds von der Bildfläche verschwinden.

Einer der berühmtesten Fälle war LTCM (Long Term Capital Management). An der Spitze dieses Hedge Fonds standen mehrere Nobelpreisträger für Ökonomie und der ehemalige Chefhändler von Salomon Brothers, einer re-

nommierten Investmentbank. LTCM hatte so viele Kredite aufgenommen und besaß dabei so wenig Eigenkapital, dass selbst geringe vorübergehende Verluste sich zu katastrophalen Problemen auswuchsen. Für jeden Dollar eigener Mittel hatten sie sich mehr als 100 geliehen! 1998 erreichte die Krise bei LTCM derart bedrohliche Ausmaße, dass eine Intervention unter Leitung der Federal Reserve Bank of New York das weltweite Finanzsystem nur knapp vor dem totalen Zusammenbruch rettete. Die Nobelpreisgewinner und der berühmte Ex-Chefhändler verloren dabei fast ihr gesamtes Vermögen.
Wenn man das hohe Risiko und die hohen Gebühren berücksichtigt, so ist mittlerweile wissenschaftlich belegt, fallen die Renditen von Hedge Fonds für ihre Anleger oft sogar geringer aus als die traditioneller Anlagefonds. Katastrophen bei Anlagen dieses Typs sind an der Tagesordnung. Nur ein Viertel der Hedge Fonds, die es 1996 gab, existiert heute noch: Allein im Jahr 2004 klappten 270 der 7000 Hedge Fonds ihre Bücher zu, aber gleichzeitig gingen 400 Neugründungen an den Start.

Heute scheint es selbst bei den besten Hedge Fonds mit den guten Zeiten zu Ende zu gehen. Normale Investitionen, Leverage oder Leerverkäufe stoßen eben irgendwann an ihre Grenzen. In der ersten Jahreshälfte 2005 mussten die Hedge Fonds Verluste von 1,5 Prozent einstecken, nachdem sie in den vergangenen drei Jahren 16,7 Prozent Gewinn gemacht hatten. Sobald Krethi und Plethi in Hedge Fonds investieren, müssen sich ihre Renditen zwangsläufig dem Marktdurchschnitt annähern. In einer Gruppe von Menschen sind immer einige größer als die anderen; aber es ist ein Ding der Unmöglichkeit, dass der Durchschnittsmensch größer ist als der Durchschnitt. Und das gilt auch für Anlagerendite.

Die meisten Hedge Fonds sind anständige Unternehmen und beschäftigen hervorragend geschultes Personal. Doch der Markt nährt auch eine Menge schwarzer Schafe, die gerne von Steuerparadiesen in der Karibik aus operieren.

Das hat gute Gründe. Beispielsweise können die Regulierungsbehörden in den USA nur Hedge Fonds unter die Lupe nehmen, die auch in den USA ansässig sind. Und das auch nur auf eine konkrete Beschwerde hin. Immerhin hat die Securities and Exchange Commission (SEC), die »allmächtige« Regulierungsbehörde für Finanzgeschäfte in den USA, schon um die fünfzig Hedge Fonds untersucht. In diesen Fällen haben Investoren über eine Milliarde Dollar verloren.

Die geschickten Methoden der Unternehmensräuber

All das war uns bei der Deutschen Börse natürlich bekannt. Hedge Fonds gab es schließlich schon seit einiger Zeit. Bis vor kurzem waren die Einzigen, die sie fürchteten, die Regulierungsstellen – weil ihr Vorgehen potentiell die Stabilität der Weltwirtschaft bedrohte, siehe LTCM – und die Zentralbanken, da ihnen nun mal die undankbare Aufgabe zufällt, feste Wechselkurse zu verteidigen. Seit einigen Jahren aber bewegten sich die Hedge Fonds von ihren angestammten Jagdgründen wie Devisen und festverzinslichen Wertpapieren fort und begannen, mit Aktien zu jonglieren.

Wir als Börse begrüßten diese Entwicklung, denn sie brachte den Handel in Schwung. Niemals hätten wir gedacht, dass wir selbst ins Schussfeld einiger Hedge Fonds geraten würden, dass sie mit uns um die richtige Strategie und sogar um die Kontrolle im Unternehmen kämpfen würden.

Die Hedge Fonds, die sich wie die Heuschrecken auf die Deutsche Börse stürzten, haben Hedging für sich neu definiert: Ihr Vorgehen unterscheidet sich grundlegend von den makroökonomischen Spekulationen oder Wechselkurswetten eines George Soros. Sie schickten sich an, mit einem Minderheitsanteil an Aktien das Ruder der Deutschen Börse zu übernehmen, und erinnerten in ihren Methoden an die »Raider«, die US-amerikanischen Unternehmens-

»Räuber«. Allerdings veränderten sie auch gleich noch die Spielregeln der gesamten Branche und schadeten damit anderen Investoren und der Fairness am Markt.

Um diese Machenschaften und Methoden zu durchschauen, muss man die Geschichte der amerikanischen Raider kennen, die ich kurz darlegen will.

In den USA wechselten zwischen 1976 und 1991 knapp dreißig Prozent der Industrieunternehmen den Besitzer. Oft hatten Raider ihre Finger im Spiel. Investoren wie Carl Icahn oder Private-Equity-Spezialisten wie Kohlberg Kravis Roberts (KKR) guckten sich eine Firma aus, in der das Management aus überzeugenden Produkten und gesundem Cash-Flow nichts gemacht hatte. Das garantierte, dass die Firma günstig zu haben war und dass sie einen ganzen Berg Schulden würde schultern können. Dann unterbreiteten sie den Aktionären ein Kaufangebot, oft gegen den Willen des Managements. Den Kauf selbst finanzierten sie durch Kredite. Sobald sie das Unternehmen besaßen, tilgten die Raider mit Mitteln aus dem Cashflow ihre Schulden. Manchmal sorgten sie auch dafür, dass nicht zum Kerngeschäft gehörende Aktivitäten eingestellt wurden, etwa die Produktion von Kaugummi in einer Reifenfabrik. Sie konzentrierten sich auf die Effizienz, was in der Betriebswirtschaftslehre so viel heißt wie »die richtigen Mittel zur Zielerreichung innerhalb einer Organisation einsetzen«. Der Anglizismus »to do the right thing« bedeutete hier oft: Schluss mit der Verschwendung.

Ein Beispiel: Der Zigarettenhersteller RJ Reynolds hatte vormals eine kleine Flotte von Privatjets für seine Topmanager unterhalten, bekannt als »RJR Airforce«. Sie wurde auch dafür eingesetzt, den Hund des CEO von Palm Springs an der Westküste der USA nach Atlanta zu befördern. Dies ist sicher ein Extrembeispiel, aber es gab diverse ähnlich gelagerte Fälle von Verschwendung. 1988 unterbreitete KKR ein Kaufangebot für RJ Reynolds, besorgte sich über die gerade frisch erfundenen Hochzinsanleihen (mit geringer Bonität) einen Haufen Geld und erhielt so den Zuschlag.

Anschließend wurden alle überflüssigen Strukturen und Aktivitäten binnen kürzester Zeit auf ein Minimum zusammengestrichen. Die sinnlose Fusion der Tabakfirma mit der Keksfirma Nabisco wurde rückgängig gemacht, schließlich wurden mehrere Firmenteile wieder ausgegliedert.

Die Übernahmewelle der achtziger Jahre schwemmte eine Menge Schulden in die Firmen, aber sie vermittelte allen Managern das Gefühl, dass auch ihnen das Wasser bald bis zum Hals stehen könnte. Und plötzlich arbeiteten die Unternehmen besser, kümmerten sich um den Wert ihrer Aktien, stellten die eine oder andere glamouröse, aber unprofitable Aktivität ein, und siehe da: Die Effizienz stieg. Die Übernahmewelle zeigte Probleme – wie zu starke Diversifizierung oder zu schwache Wertentwicklung – auf, eliminierte sie aber an vielen Stellen auch.

In der Regel ist ein Investor allein jedoch viel zu schwach, um etwas zu bewirken. Angenommen, Sie besitzen schon seit längerem DaimlerChrysler-Aktien und hegten schon recht früh Zweifel an der Weisheit von Jürgen Schrempps Plan, in seinem Konzern rund um den Globus Autos bauen zu lassen – was hätten Sie tun können, um ihn daran zu hindern? In den Achtzigern gab es dafür Möglichkeiten – zumindest jenseits des Atlantiks. Raider konnten Einfluss nehmen, weil sie sich Geld leihen konnten. Viel Geld. Sie nutzten die Hochzinsanleihen mit niedriger Bonität, flapsig »Junk Bonds« genannt. Es handelt sich um Schuldverschreibungen, die bei ihrer Ausgabe als äußerst riskant eingestuft wurden und ihren Gläubigern dieses Risiko mit einem hohen Zinssatz versüßen. Diese Junk Bonds verwandelten sich in den Händen der Kaufinteressenten zu einer mächtigen Waffe. Selbst relativ kleine Private-Equity-Firmen konnten nun Unternehmensgiganten übernehmen.

Wie sich harmlose institutionelle Investoren in aggressive Aktionäre verwandelten

Über der amerikanischen Firmenlandschaft schwebte einige Jahre das Damoklesschwert. Jeder musste fürchten, plötzlich aufgekauft zu werden. Viele Manager kümmerten sich so engagiert um Effizienzsteigerung, als seien sie bereits übernommen worden. Nur ein hoher Aktienpreis und eine straffe Unternehmensstruktur boten Schutz gegen die Raider. Bis findige Manager eine bessere Idee hatten. Sie dachten sich ausgefeilte Taktiken zur Selbstverteidigung aus, die so gut wirken, dass es seit den frühen Neunzigern kaum noch feindliche Unternehmensübernahmen in den USA gibt.

Erfolgreiche Lobbyarbeit bei den Gesetzgebern der Bundesstaaten bewirkte, dass Firmen sich nun mit legalen Mitteln gegen unerwünschte Übernahmen zur Wehr setzen können: Sie schützen sich mit so genannten »Poison Pills«, also »Giftpillen«. Dieses Prinzip funktioniert in der Regel so: Ein Unternehmen sieht sich im Fadenkreuz eines Kaufinteressenten und gibt darum seinen Aktionären das Recht, neu ausgegebene Aktien unter dem aktuellen Marktwert zu zeichnen. Das macht einen Aufkauf für den Angreifer unerschwinglich. Wer heute als Außenstehender eine Firma kaufen will, die ihre Giftpillen zückt, dem wird der Appetit durch hohe Zusatzkosten ordentlich verdorben. Auch Sonderausschüttungen, die Abspaltung von Tochtergesellschaften und hohe Management-Entschädigungen sind beliebt als »Poison Pills« – sie machen eine Übernahme unbezahlbar oder uninteressant. Vier Fünftel aller US-Staaten haben Gesetze verabschiedet, die derartiges ermöglichen. Die Manager dort müssen also nicht mehr bei jedem Klopfen an der Tür zusammenzucken und befürchten, dass KKR davor steht.

Investoren haben also heutzutage kaum noch Möglichkeiten, direkten Einfluss auf das Management zu nehmen, es sei denn sie sitzen im Vorstand oder Aufsichtsrat. Für institutionelle Investoren wie Anlagefonds, Pensionsfonds oder Versicherungsgesellschaften ist das ein echtes Problem. Sie haben einen steilen Bedeutungszuwachs hinter sich. Noch 1965 waren 85 Prozent der Unternehmensaktien in den USA in den Händen von Privatanlegern und nur 15 Prozent gehörten institutionellen Investoren. Heute ist es umgekehrt. Institutionelle Anleger besitzen die Produktionsmittel; sie wollen auch die Verfügungsgewalt darüber.

Seit den späten achtziger Jahren bedienen sich die großen institutionellen Investoren einiger der Methoden, die die Raider »erfunden« hatten, um maximale Gewinne aus einer Firma herauszuholen. Immer häufiger zwingen sie Firmen dazu, sich so zu verhalten, als habe KKR dort das Kommando übernommen: Geschäftsführer werden von einem Tag auf den anderen abgesetzt, die Ausschüttungen an die Aktionäre (und damit an sie selbst) werden aufgestockt, und die Bilanzen leiden unter Schulden, mit denen Dividenden und Rückkaufprogramme finanziert werden. Oft wird nicht nur unnötiger Firlefanz, sondern auch der Etat für Forschung und Entwicklung drastisch zusammengestrichen – und damit die Investitionen in die Innovations- und Wettbewerbsfähigkeit des Unternehmens.

Diese Einflussnahme der großen Aktionäre nimmt vielerlei Formen an. Wenn sie finden, dass der CEO wegen enttäuschender Geschäftsergebnisse gehen sollte, sorgen sie über informelle Kommunikation mit dem Aufsichtsrat dafür, dass sein Kopf rollt. Konfrontationen in der Öffentlichkeit – wie beispielsweise eine konzertierte Aktion auf der Hauptversammlung, um das Management medienwirksam abzusägen – sind zwar selten, nehmen aber zu: Calpers zum Beispiel, der Pensionsfonds der kalifornischen Angestellten, veröffentlichte regelmäßig Listen der »fünfzig Versager«, also von fünfzig Unternehmen, an denen Calpers Aktien hielt und die sich nicht nach seinen Vorstellungen entwickelten.

Früher strebten nur diejenigen nach Einfluss auf die Unternehmenspolitik, die sich auch auf lange Sicht dafür engagieren wollten. Heute aber stocken große Investoren ihren Aktienbesitz zuweilen über Nacht auf und fangen dann – unter Umgehung der üblichen Wege und Strukturen – umgehend damit an, direkt mit dem Management über die Unternehmenspolitik und das strategische Vorgehen zu diskutieren. Diese rebellischen Aktionäre erreichen ihre Ziele mit Lobbyarbeit, Drohungen und öffentlichen Schmierenkampagnen. Anstatt wie die Raider für viel Geld ein Unternehmen zu erwerben, begnügen sie sich mit einem Bruchteil – und mit Unterstützung der Presse erlangen sie ebenso großen Einfluss, als wenn die Firma ihnen wirklich gehörte.

So sieht also der neue Investorenkapitalismus aus: Institutionelle Investoren und Hedge Fonds schlüpfen in die Rolle, die ehedem den Großaktionären vom alten Schlage vorbehalten war. Sie tun so, als wären sie langfristig denkende Mehrheitseigentümer, aber in den meisten Fällen verschwinden sie genauso schnell wieder, wie sie gekommen sind – allerdings erst, nachdem sie das Management ausgetauscht und umfangreiche Ausschüttungen an die Aktionäre, also sich selbst, durchgesetzt haben. Die Eile, mit der sie dann ihre Anteile veräußern, zwingt das betroffene Unternehmen oft, außerhalb der Hauptversammlungstermine und unter Umgehung der normalen Rollenverteilung zwischen Unternehmensführung und Aktionären zu handeln.

Warum machen die institutionellen Anleger sich überhaupt solche Mühe? Warum halten sie sich nicht einfach an die goldene Wall-Street-Regel, die da lautet: »Sell out and shut up«, also »Verkaufe einfach und halt die Klappe«? Oder, netter ausgedrückt: »Wenn dir die Perspektive einer Aktie nicht gefällt, dann kannst du sie verkaufen und eine erwerben, von der du dir mehr versprichst!« Dafür gibt's doch schließlich die Börsen, oder? Gerade das aber können die institutionellen Investoren nicht mehr. Für sie gilt die Wall-Street-Regel nicht. Sie müssen ja nicht nur ein paar hundert oder ein paar tausend Aktien loswerden, sondern

Millionen. Wenn die Nachrichten über ein bestimmtes Unternehmen schlecht sind, ist es so gut wie aussichtslos, Aktien in diesem Umfang zu einem anständigen Preis loszuwerden. Schließlich wird sich ein gutes Dutzend anderer institutioneller Investoren in genau derselben Bredouille befinden. Verkaufen *können* sie also nicht. Und Mehrheitsbeteiligungen erwerben *wollen* sie nicht, das ist einfach nicht ihre Art, oder ihre Rechtsform lässt es nicht zu. Also tun sie, was sie können, um aus den Anteilen, die sie nicht loswerden, noch das meiste rauszuholen, und zwar ohne gleich das Tagesgeschäft des Unternehmens übernehmen zu müssen.

Die Methoden, mit denen Calpers und Konsorten derartige Probleme lösen – hartes Durchgreifen bei der Geschäftsleitung, öffentliche Schmierenkampagnen, Drohungen gegen das Management – funktionieren auch, wenn kleinere Kollegen sie anwenden. Obwohl sie bei ihrer Größe ja auch einfach die Wall-Street-Regel beherzigen und einfach verkaufen könnten. Aber anstatt auszusteigen, wenn sie mit dem Management über Kreuz sind, kaufen sie oft aggressiv alle verfügbaren Aktien auf und mischen sich dann ganz bewusst in die Unternehmensführung ein. Ihr Ziel ist es, möglichst viel für sich dabei rauszuschlagen. Dabei richten sie oft durch falsche Strategieentscheidungen oder Aktienrückkäufe großen Schaden an. Nicht zufällig werden sie zu Recht mit Heuschrecken verglichen, die sich über blühende Felder hermachen und binnen kürzester Zeit das Ergebnis der hingebungsvollen Pflege von Unternehmenspersonal und -management wegfressen.

Kahle Felder

Aktionärsaktivismus, also die Einmischung in Unternehmensentscheidungen jenseits der rechtlich vorgesehenen Wege, kann – ebenso wie das Vorgehen der Raider – bei kriselnden Unternehmen Gutes und Schlechtes bewirken.

Wenn die Rebellen aber florierende Firmen ins Visier nehmen, die über eine gute Strategie und hohe Barmittelreserven verfügen, so steckt dahinter meist nur ein Motiv: auf die Schnelle möglichst viel Geld einzuheimsen. Die Investoren treiben dann den Aktienpreis in die Höhe, belasten das Unternehmen mit hohen Schulden, schütten die Barmittel an die Aktionäre aus und kürzen die Ausgaben für Forschung und Entwicklung. Binnen kürzester Zeit gerät das einst prosperierende Unternehmen ins Trudeln. Aktionäre mit einem langen Anlagehorizont, Angestellte, Manager und Kunden zahlen die Rechnung.

So erging es beispielsweise Anfang der neunziger Jahre auch General Motors (GM). Der riesige Konzern war einst in der ganzen Welt angesehen; er war ausgesprochen profitabel, in höchstem Maße funktional integriert und seit den Tagen von Alfred Sloan ein leuchtendes Vorbild für modernes Management. 1955 hatte der Unternehmensboss Charlie Wilson gesagt: »Was gut ist für General Motors, ist auch gut für Amerika!« Und das traf zu. Mehr als die Hälfte aller Autos und Trucks auf Amerikas Straßen stammten von GM. Die Firma erwirtschaftete mehr als ein Prozent des Bruttoinlandsproduktes der USA. Heute ist das Unternehmen nur noch ein Schatten seiner selbst. Sein Marktanteil hat sich binnen fünfzig Jahren halbiert. Im Jahre 2005 haben die Rating-Agenturen Standard & Poor's und Moody's die Bonität von General Motors und Ford vernichtend bewertet. Sogar die Fachpresse schließt einen Bankrott nicht mehr aus.

Viele Analysten erklärten die steigenden Verluste im selben Jahr mit den gestiegenen Kosten für die Krankenversicherung und die hohen Pensionsverpflichtungen für die zahlreichen Betriebsrentner aus besseren Zeiten. Keine Frage: Diese Ausgaben addieren sich zu einer enormen finanziellen Belastung. Das wirkliche Problem ist aber ein anderes, was jeder, der sich für Autos interessiert, bestätigen kann: GM bringt einfach kein Produkt mehr auf den Markt, das den Leuten gefällt. Die Amerikaner wandern massenhaft zu ausländischen Wagen ab. Sie schätzen die Japaner für ihre Zuverlässigkeit und den günstigen Preis – und die Deutschen aufgrund ihrer Leistungsvielfalt und des hohen Prestiges. Die jüngsten GM-Modelle werden aber selbst von wohlwollenden Kritikern als ausgesprochen fade bezeichnet: Attraktivität gleich null. Im Geschäftsjahr 2005 hat Toyota zum ersten Mal mehr Autos verkauft als GM.

Warum ging es mit GM so steil bergab? Weil das Unternehmen zu wenig in seine Produkte investiert hat. Und noch immer fehlt es an einem beherzten Versuch, endlich wieder Autos herzustellen, die die Vorstellungskraft der Öffentlichkeit beflügeln, die durch Stil oder Robustheit bestechen oder die zu fahren einfach Spaß macht. An der klammen Firmenkasse jedenfalls hat's nicht gelegen. Das vergangene Jahrzehnt war für Amerikas Autohersteller eines der erfolgreichsten überhaupt, denn in einer besonders lukrativen Marktnische waren sie lange beinahe konkurrenzlos: Sport Utility Vehicles – kurz SUVs – und leichte Trucks. An ihnen verdienten sie bis zu 10 000 Dollar pro Wagen. Ford, GM und Chrysler verzeichneten während Clintons Präsidentschaft Rekordumsätze. Warum aber versäumte es GM, einen Teil seines riesigen Vermögens in den Erhalt seiner Wettbewerbsfähigkeit zu investieren?

1992 wurde Robert C. Stempel von seinem eigenen Aufsichtsrat aus dem Chefsessel gehebelt. Es waren schwierige Zeiten für die Wirtschaft angebrochen, und einige einflussreiche institutionelle Investoren hatten die Nase voll von den Performance-Problemen der letzten Jahre und bestanden auf einem radikalen Wandel. Eine entscheidende Rolle spielte bei alldem Calpers, der bereits erwähnte Pensionsfonds der kalifornischen Angestellten. Hinter dem Rücken des Managements wurde im Auftrag der großen Fonds mit dem Aufsichtsrat verhandelt, der Stempel daraufhin schasste. Bald danach verordnete GM sich radikale Ausgabensenkungen und veranlasste maßgebliche Aktienrückkäufe. Mit den riesigen Geländewagen, die plötzlich reißenden Absatz in den USA fanden, hatte GM das große Los gezogen. Da der Markt sich im Aufschwung befand, erholten sich die GM-Aktien.

GM hatte also wieder eine viel versprechende Zukunft. Was aber lief falsch? Warum steht der Name heute für öde Produkte, miserable Qualität und läppische Gewinne? Die Antwort besteht aus einem Wort: Aktienrückkäufe. Um den Preis hochzutreiben, kaufte GM über mehrere Jahre hinweg eigene Aktien zurück. Die Anzahl der GM-Aktien, die auf dem Markt verfügbar waren, reduzierte sich dadurch zwischen 1994 and 2001 um mehr als ein Viertel, von 754 Millionen auf 559 Millionen. Das verschlang Milliarden von Dollar. Um diese Summen aufzubringen, wurden die Investitionen in nahezu allen anderen Bereichen gestrichen. Kein Wunder, dass GM nicht mehr konkurrenzfähig ist.

Das Unternehmen wurde seiner langfristigen Mittel zur Investition beraubt, die Aktionäre hingegen wurden durch den gestiegenen Preis pro Aktie beglückt. Und jetzt, da seine Produktpalette veraltet ist und die Konkurrenz mit einer Vielzahl neuer und hervorragender Modelle aufwartet, muss GM sich diesem eklatanten Kostenanstieg stellen. Die hohen Ausgaben durch die Krankenversicherung und die Forderungen einer starken Gewerkschaft setzen dem Unternehmen nur deshalb so schwer zu, weil es schon vorher seinen Biss verloren hat. Auch seine Langzeitaktionäre sind auf der Verliererseite. Der Wert des Unternehmens ist seit dem Jahr 2000 um siebzig Prozent gefallen. Und das, obwohl die US-Industrieaktien im Dow Jones durchschnittlich noch nicht mal zehn Prozent verloren haben.

Die Vorgänge bei GM sind sicher extrem, aber keineswegs einzigartig. Besonders übel wird es für die betroffenen Firmen, wenn Investmentfonds sie zwingen, sich zusätzlich zu verschulden, um Aktienrückkäufe oder Dividendenzahlungen zu finanzieren. Zwischen 2000 und 2004 kauften US-Firmen eigene Aktien im Wert von 422 Milliarden Dollar zurück. Im gleichen Zeitraum nahmen sie neue Schulden in Höhe von 973 Milliarden Dollar auf. All diese Rückkäufe erhöhen in großem Maße die Schuldenlast. Nach dem Rückkauf zieht das Unternehmen die Aktien ein, wodurch der Wert der verbleibenden Aktien steigt. Gleichzeitig aber vergrößert sich das Risiko für das Unternehmen. Es liegt nur noch eine dünne Kapitaldecke zwischen den Gläubigern und dem Bankrott eines Unternehmens.

Von den sechzig Unternehmen, die sich 1978 in den USA mit dem Siegel des bestmöglichen Ratings »AAA« schmücken durften, welches ihnen höchste Kreditwürdigkeit attestierte, sind heute nur noch acht übrig. Je geringer ihre Bonität war, umso stärker fiel der Kursverfall ihrer Aktien nach dem Jahr 2000 aus. Weil sie so viele Schulden aufhäuften, wurden die Gewinne der Firmen oft sehr schwankungsanfällig – ausgesprochen ertragreich in guten Zeiten, aber auch existenzbedrohend niedrig in schlechten Zeiten.

Hat die Geschäftsführung geschlafen?

Manchmal kommt das Unerwartete ganz unauffällig daher, in einem Nebensatz, als sei es das Normalste von der Welt. Wenn ich beim Bäcker ein paar Stangen Baguette kaufe, dann rechne ich ja nicht damit, dass die Verkäuferin vorschlägt, den Kaufpreis nicht in die Kasse zu tippen und das Geld lieber zwischen uns aufzuteilen. Das ist allerdings auch noch nie passiert. Sollte es passieren, wäre ich bestimmt so überrumpelt, dass ich ein paar Sekunden bräuchte, um es überhaupt zu begreifen.

So erging es mir auch, als die Übernahmeschlacht um die Deutsche Börse ihrem Höhepunkt zustrebte und einer unserer drei stärksten Opponenten mir die wahren Gründe offenbarte, warum sie den Kauf der LSE torpedierten.

»Wir halten auch Aktien von Euronext«, sagte der junge Mann in seinem schicken Anzug. Wenn nun die Deutsche Börse tatsächlich die LSE kaufte, würde das die Position der Pariser Börse entsprechend beeinträchtigen: Der Aktienkurs von Euronext würde sinken, und die dort investierten Hedge Fonds würden viel Geld verlieren. Und da sie ja glücklicherweise auch Aktien der Deutschen Börse besaßen, würden sie dafür sorgen, dass es nicht so weit kam.

Ich war völlig perplex. Ich fühlte mich meinem Unternehmen verpflichtet, unseren Angestellten, unseren Kunden und natürlich auch unseren Aktionären. Aber welche Beteiligungen diese Aktionäre außerhalb der Deutschen Börse außerdem noch so laufen hatten, das konnte mir nun wirklich egal sein. Es musste mir sogar egal sein, um meinen Verpflichtungen nachzukommen! Zumal die Fonds ja nicht unser ganzes Unternehmen besaßen, sondern nur ein paar Prozent davon. Angenommen, die Deutsche Börse hätte gerade die Glühbirne erfunden und irgendeiner unserer Aktionäre wäre maßgeblich an einer Kerzenfabrik beteiligt – sollten wir dann ihm zuliebe keine Glühbirnen mehr verkaufen? Wohl kaum. Wenn Aktiengesellschaften sich auf so etwas einließen, würden sie bald vollkommen außer Kontrolle geraten und ihre Geschäftsführung die meiste Zeit damit verbringen, zwischen zankenden Minderheitseignern zu vermitteln.

Diese Überlegung brachte ich höflich, aber bestimmt zum Ausdruck. Meine Gesprächspartner in ihren rosa Oberhemden, die sich offensichtlich wie die »Masters of the Universe« vorkamen, wenn sie mit einem Mausklick Millionen um den Globus schickten, sahen ihren Besitz gefährdet und protestierten vehement. Der weitere Verlauf des Meetings dürfte dazu beigetragen haben, dass die kämpferischen unter den Hedge Fonds am Ende meinen Kopf forderten. Dennoch war es richtig, ihnen klar und deutlich zu vermitteln, was ich von ihrem Kalkül hielt.

Die meisten der Rebellen besaßen Anteile an allen großen europäischen Börsen. An Euronext und der Deutsche Börse AG war sogar jeder von ihnen beteiligt, einige an Euronext sogar in viel größerem Umfang als an der Deutschen Börse. Selbst wenn die Vertreter der Hedge Fonds eingesehen hätten, dass der Kauf der LSE der Deutschen Börse nutzte, so hätten die meisten von ihnen ein Interesse daran haben müssen, dass unser Plan scheiterte.

Man muss kein ausgemachter Zyniker sein, um zwei und zwei zusammenzuzählen: Manche Rebellen erklärten, dass die fundierte Analyse sie nicht überzeuge, in der die Deutsche Börse den Nutzen der Transaktion für die Shareholder darlegte. Der entscheidende Grund dürfte aber in ihren Portfolios gelegen haben. Selbst wenn unser Deal mit der LSE alle Erwartungen überträfe, wäre er noch immer nicht profitabel genug für unsere Aktionäre, um eine Schwächung von Euronext und den damit unerbittlich verbundenen Kursverlust zu kompensieren.

Dieses Jonglieren von Interessenkonflikten unterscheidet die neue Form des Hedge-Fonds-Aktivismus grundsätzlich von den Raidern der Achtziger und den institutionellen Fondsmanagern der Neunziger. Anstatt die existierenden Probleme in der Wirtschaft zu lösen, profitieren die Fonds davon, neue Probleme zu schaffen.

Viele Leute haben uns in letzter Zeit gefragt, warum uns ihr Vorgehen so überrascht hat. Hatten wir da was verschlafen?

Es fegte ein neuer Wind durch die Finanzmärkte, das war jedem in der Branche durchaus bewusst. Auch uns. Und so überraschten uns weder die Misere bei General Motors noch das zunehmend aggressive Geschrei um den Shareholder Value. Der Aktionärsaktivismus hatte manches Problem zutage befördert, und Hedge Fonds waren in kurzer Zeit zu einer bestimmenden Kraft an vielen Märkten geworden. Was dem Management der Deutschen Börse aber bis dahin noch nicht klar war: Die neuen Spielregeln bestraften auf dieselbe Art und Weise gute Performance, wie die alten Spielregeln schlechte Performance und Wertzerstörung bestraft hatten. Wir dachten, ein Unternehmen wie das unsere bräuchte keine »Poison Pills« oder »strategische Großaktionäre«, die sicherstellen, dass ein Teil der Aktien immer in den Händen zuverlässiger Investoren verbleibt, so wie es bei den »guten alten« Aktiengesellschaften in Familienbesitz der Fall war. Unsere Führungsriege glaubte, unsere hervorragende Performance wäre als Schutz ausreichend. Das war unser Fehler.

Auf der Grillparty, ohne die ich vielleicht gar nicht auf den dämlichen Artikel in der *Financial Times* gestoßen wäre, sparten meine Gäste das Thema höflich aus, obwohl sie den Artikel mit Sicherheit gelesen hatten. Es war ein schöner Abend, die erste milde Nacht in diesem Jahr, und doch musste ich immer an den rufschädigenden Artikel denken. Als ich Kohlen auf den Grill nachlegte, wurde mir klar, warum es mich so wurmte, dass die *Financial Times* zwei Wochen nach meinem Rücktritt noch mal das Feuer schürte: Die Geschichte war erstunken und erlogen, aber in einem Punkt hatte ihr Autor recht, und das war die extreme Aggressivität der Hedge-Fonds-Manager, die sich das Recht herausnahmen, sich als Hohepriester der Corporate Governance aufzuspielen.

Nur leider hatte der Autor eine Kleinigkeit verkannt, die beim Showdown an der Deutschen Börse eine Rolle spielte: Der frei erfundene Hedge-Fonds-Manager in Connecticut verkaufte, weil ihm die Unternehmenspolitik missfiel – und tat damit genau das, was die Logik in einem solchen Fall gebietet. »Unsere« Hedge Fonds aber taten exakt das Gegenteil dessen, was die Fantasie dem *Financial Times*-Autor diktiert hatte: Sie *ver*kauften nicht. Sie *kauften* Aktien. Anstatt einen versilberten Abgang hinzulegen, erwarben sie gerade genug Krümel vom Unternehmenskuchen, um den Bäcker loszuwerden.

Sie haben das Spiel neu definiert. Und die Regeln so gestaltet, dass die Umgangsformen an den Finanzmärkten einen absoluten Tiefpunkt erreicht haben. Und das mit zweifelhaften Methoden.

6

Verhandlungspartner mit Finger am Abzug

Die Amerikaner haben für Hochzeiten im Wilden Westen, die nicht ganz freiwillig waren, einen schönen Ausdruck: »Shotgun Wedding«. Wenn die Tochter des Hauses ihre Ehre an einen jungen Mann verloren hatte, konnte der Wink mit Daddys Schrotflinte Wunder bewirken, um das Erscheinen des Bräutigams vor dem Altar sicherzustellen. In Anwesenheit eines Pfarrers und einer geladenen Schusswaffe ging dann den meisten Kandidaten das gewünschte »Ja, ich will« ganz flott über die Lippen.

Die Taktik der Hedge Fonds war ebenso wirksam. Die Faxe, mit denen sie uns am 4. März 2005 torpedierten, gaben uns einen Vorgeschmack darauf, wie so ein wohl koordinierter Heuschreckenangriff sich anfühlte. Über die kommenden zwei Monate hinweg entwickelte die Attacke durch Drohungen und Verleumdungen eine solche Wucht, dass die Geschäftsführung der Deutschen Börse kapitulieren musste.

Um zu verstehen, wie so kleine Insekten eine so große Beute erlegen konnten und warum große Teile der Presse und der Öffentlichkeit dem Treiben auch noch wohlwollend zusahen, lohnt es sich, die entscheidenden Wochen im März und April 2005 genauer zu betrachten. Da gab es einige bemerkenswerte Alle-gegen-einen-Attacken sowie Messerstiche in den Rücken – aber über diese üble Piesackerei gegen die Deutsche Börse hinaus werden die miesen

Tricks der Rebellen schmerzliche Folgen für die Zukunft der Kapitalmärkte haben. Doch der Reihe nach.

März 2005: Eigentor und ein neues Spiel

Nach der erfolglosen Reise nach London und der Fax-Attacke der verbündeten Fonds im Anschluss hatten wir ja am 6. März 2005 unser Kaufangebot zurückgezogen und beschlossen, die dafür vorgesehenen Gelder stattdessen für Aktienrückkäufe zu verwenden.

Wir hielten die Sache allerdings damit nicht für erledigt. Wir bildeten uns nicht ein, uns nun wieder unserem eigentlichen Job zuwenden zu können, nämlich ein Unternehmen zu führen, anstatt die meiste Zeit im Flugzeug oder in Meetings zu sitzen und mit Shareholdern zu diskutieren, die gerade erst ein paar Anteile bei uns erworben hatten. Unsere düsteren Vorahnungen wurden nicht enttäuscht!

Dass wir ihren Forderungen nachgaben, beflügelte Hohn und seine Gleichgesinnten. Sie unternahmen es, die Kontrolle über ein Unternehmen zu erringen, an dem sie wesentlich weniger als die Mehrheit der Aktien hielten. Und das sollte ihnen bald gelingen.

TCI änderte seine Taktik. Die Behauptung, ein Kauf der LSE würde den Shareholder Value der Deutschen Börse untergraben, trat nun in den Hintergrund. Jetzt definierten sie neue Angriffspunkte, nahmen die Performance des Unternehmens insgesamt und unsere Corporate Governance ins Visier. Und schlussendlich beschuldigten sie uns auch noch, übrigens jenseits aller Tatsachen, der Bilanzfälschung und der unbefugten Ausnutzung von Privilegien.

Dabei erhielten sie Schützenhilfe von unerwarteter Seite. Auf einer Konferenz in Frankfurt am 9. März 2005 gab Breuer ein Fernsehinterview, bei dem er kein Blatt vor den Mund nahm. Breuer brachte seine Frustration darüber zum Ausdruck, wie schwierig es gewesen war, den Rebellen den wahren Wert des Geschäftes zu vermitteln, und machte seiner Verärgerung über deren Kompromisslosigkeit und Überheblichkeit Luft. Er verurteilte die Ziele der rebellischen Shareholder, betonte, dass er hinter mir stünde, und sagte, dass die Deutsche Börse womöglich zu einem späteren Zeitpunkt noch einmal ein Kaufgebot für die LSE abgeben würde.

Ich habe seine Geradlinigkeit immer geschätzt – er hält nicht mit seiner Meinung hinter dem Berg, und das mag ich an ihm. Außerdem sprach er mir aus der Seele. Seine Reaktion war nur allzu menschlich, aber nicht gerade nützlich. Schließlich waren wir bisher gegenüber den Rebellen ziemlich defensiv aufgetreten. Aus der Sicht von TCI hatte Breuer gerade Öl ins Feuer gegossen, also zeigten sie sich dementsprechend empört und behaupteten nun öffentlich, unser Schwenk in ihre Richtung sei nur ein Ablenkungsmanöver gewesen, um zu verschleiern, dass wir unseren eigentlichen Plan heimlich weiterverfolgten. Das war natürlich völlig überzogen, aber TCI spielte die Lieblingsrolle des betrogenen Aktionärs überzeugend.

Wie auch immer – die Presse stürzte sich auf das gefundene Fressen: Wieder einmal hatte ein hochrangiger Manager der Deutschen Bank die ganze Arroganz von »denen da oben« bewiesen! Für sie passten Breuers Worte in eine Liga mit der viel zitierten Bemerkung Hilmar Koppers, die offenen Handwerkerrechnungen in Höhe von fünfzig Millionen Mark nach dem Konkurs des Immobilienunternehmers Jürgen Schneider seien »Peanuts«.

TCI freute sich über dieses Eigentor. Corporate Governance war ein optimales Thema für die Rebellen, denn damit würden auch die moderaten Fonds etwas anfangen können. Das Kaufgebot war zurückgezogen, umfangreiche Aktienrückkäufe standen an. Da genügte es nicht mehr, über Vertrauensverlust zu jammern, wenn man die weiteren Scharmützel gewinnen wollte.

Wenn es TCI nun aber gelang, die moderaten Fonds davon zu überzeugen, an seiner Seite für ehrenhafte Prinzipien und die gute Sache der angelsächsischen Corporate

Governance zu kämpfen, dann wären sie ihrem Ziel schon einen ganzen Schritt näher. Genau das versuchte TCI dann auch in den kommenden Wochen, und zwar mit unbarmherziger Arglist.

Erstaunlicherweise erhielten sie dabei auch Unterstützung aus den Reihen unseres eigenen Aufsichtsrates. Dieses Gremium ist im deutschen Unternehmensmodell ein sehr wichtiges Organ. Der Aufsichtsrat wird alle drei Jahre von der Hauptversammlung aller Aktionäre gewählt. Seine Aufgabe ist es, die Entscheidungen des Vorstandes zu kontrollieren und sicherzustellen, dass sie im Interesse des Unternehmens liegen. Zum Zeitpunkt der folgenden Ereignisse bestand unser Aufsichtsrat aus 21 Mitgliedern; 14 davon stellten die Aktionäre (und davon wiederum vier die Banken – eine Erbschaft aus den Tagen, als sie die alleinigen Eigentümer waren), sieben Arbeitnehmervertreter waren von den Mitarbeitern entsandt.

Besonders ein Aufsichtsratsmitglied spielte eine äußerst undurchsichtige Rolle. In Anlehnung an die Orakel der römischen und griechischen Antike werde ich ihn von jetzt an »Sibylle« nennen. Sibylle hatte einen guten Riecher für alles, was sich in London anbahnte, lange bevor seine Kollegen im Aufsichtsrat davon Wind bekamen. Oft half er uns mit Warnungen, die geradezu prophetisch schienen. Gleichzeitig aber verhielt er sich so eigenartig, dass wir uns immer wieder fragen mussten, auf wessen Seite er eigentlich stand. Bald nach Breuers Philippika vor laufenden Kameras erteilte mir Sibylle einen väterlichen – und, wie ich damals dachte, wohlwollenden – Rat. Wenn ich mich nicht alsbald von Breuer distanzierte, würde ich sein Schicksal teilen.

Aber bevor TCI mit der Unterstützung der anderen Fonds rechnen konnten, brauchten sie weitere »Beweise«, dass es um die Corporate Governance bei der Deutschen Börse schlecht bestellt war. Dabei stürzten sie sich auf eine Selbstverständlichkeit nach deutschem Aktienrecht.

Ende März stand die Verlängerung des Vertrages von Matthias Hlubek an, unserem Chief Financial Officer, kurz

CFO oder auf Deutsch Finanzchef. Sie stand außer Frage, denn Hlubek hatte hervorragende Arbeit geleistet: Er hatte die Kostenkontrolle verbessert und unsere Kapitalkosten runtergeschraubt. Der Aufsichtsrat stimmte über die Vertragsverlängerung ab und sie wurde angenommen. Dennoch argumentierten einige Außenstehende – von einem Mitglied des Aufsichtsrates tatkräftig unterstützt –, es sei unmöglich, einem Finanzchef heutzutage einen Fünfjahresvertrag zu geben. Sie waren der Ansicht, Manager sollten generell nur Verträge mit kurzer Laufzeit erhalten; dann würden sie immer unter dem Damoklesschwert einer kurzfristigen Kündigung arbeiten. Solche Praktiken sind in Deutschland unüblich, und jeder Versuch, die Vertragsbedingungen entsprechend zu ändern, hätte nur dazu geführt, dass jemand Hlubeks Stelle eingenommen hätte, der ihm niemals das Wasser hätte reichen könnten. Die *Financial Times* nährte die Flammen mit einer streitlustigen Story über Hlubeks Vertragsverlängerung. Sie kaute die alten Falschmeldungen wieder, dass dies heutzutage doch undenkbar sei und wie sehr die Deutsche Börse die angloamerikanischen Standards einer angemessenen Unternehmensführung mit Füßen trete.

Der dem zugrunde liegende Konflikt war ironischerweise ausgerechnet von unserer Absicht verursacht worden, uns mehr nach außen zu öffnen. Der Aufsichtsrat der Deutschen Börse, auf Englisch »Board« genannt, war ungewöhnlich international besetzt. Wir hatten uns ganz bewusst darum bemüht, gute Leute aus anderen Staaten zu uns zu holen, die uns dabei helfen sollten, in einem Umfeld zu agieren, das maßgeblich von englischen und amerikanischen Fonds geprägt wird. Ein Mitglied des Aufsichtsrates war Italiener, einer Holländer, ein anderer ein zypriotischstämmiger Engländer, der in London arbeitete, und wir hatten auch zwei »waschechte« Engländer mit »an Board«. Das entpuppte sich bald als ein zweischneidiges Schwert. An angelsächsische Umgangsformen gewöhnt, unterstützten sie uns nicht dabei, unseren Gegnern die Grundsätze deutscher Corporate Governance und des deutschen Rechts zu erklären. Einige wenige unserer eigenen Aufsichtsratsmitglieder bestanden vielmehr darauf, dass wir so handelten, wie es in London oder New York üblich ist – ohne Rücksicht darauf, inwieweit das in Deutschland und nach deutschem Recht vernünftig und machbar war.

Sibylle war der lebendige Beweis: Irgendwann im März schickte ich ihm eine E-Mail und erzählte ihm darin, wie viel Zeit ich damit verbrachte, mich mit Aktionären zu treffen. Daraufhin antwortete er: »Ich glaube nicht, dass Dein Modus operandi auf Akzeptanz stoßen wird. Mit dieser Ansicht stehe ich vermutlich nicht alleine.« Daraufhin fragte ich ihn: »Kannst Du mir helfen, unseren Modus operandi akzeptabel zu machen? Dafür wäre ich Dir sehr verbunden.« Seine Erwiderung war kurz und knapp. »Das habe ich doch vergeblich versucht, Werner!«

Unfassbar! Dennoch wollte ich weiter mit ihm zusammenarbeiten. Der Denkansatz, dass deutsche Gepflogenheiten und Marktkonditionen ignoriert werden sollten, nur weil einige unserer Shareholder aus Amerika und Großbritannien stammten, war schlichtweg absurd. Oder würde ein amerikanisches Unternehmen, das von deutschen Unternehmen wie DWS oder Union Invest aufgekauft wird, etwa Arbeitnehmervertreter in seinen Aufsichtsrat aufnehmen, nur weil die neuen Anteilseigner das vom Rheinischen Kapitalismus so gewohnt sind? Der Arbeitsmarkt für Führungskräfte ist noch immer vorrangig national; die nationalen Gesetze sind noch immer bindend. Aktionäre können viele schöne Sachen bewirken – ich bewundere, was sie mit ihrem gesunden Appetit auf Gewinne und ihrem Verlangen nach Effizienz alles erreichen können. Aber die Idee, Corporate Governance könne zusammen mit dem Geld der Investoren Grenzen überschreiten, ist ausgemachter Humbug. Und gefährlich und überheblich obendrein.

Dieser kleine E-Mail-Austausch mit Sibylle lief über mein Blackberry, als ich gerade bei meinem Lieblingsfriseur Platz genommen hatte. Ich bat die junge Dame, mir einen Haarschnitt zu verpassen, der mich etwas seriöser und weniger wie ein Musiker aussehen ließ. Sie gab ihr Bestes, aber das Ergebnis war noch immer etwas ambivalent. Wenn man so mit nassem Kopf dasitzt und sich nicht bewegen darf, dann hat man ja viel Zeit zum Nachdenken, und die nutzte ich.

Bei alldem ging es doch gar nicht um den Kommunikationsstil zwischen Board, Management und rebellischen Shareholdern beziehungsweise um die Art und Weise, wie das Unternehmen geführt wurde. Im Kern der Sache ging es darum, ob wir es zuließen, dass Aktionäre mit einer Minderheit der Aktien die Kontrolle über eine Mehrheit des Unternehmens übernähmen – ohne eine »Premium for Control« zu zahlen. Aus ethischer und rechtlicher Sicht lag die Antwort klar auf der Hand, grübelte ich weiter. Unglücklicherweise aber hatte jahrzehntelanges Werben für die Rechte der Aktionäre – auch durch Breuer und mich – die Situation etwas verkompliziert. Die Mehrzahl der amerikanischen und britischen Zeitungen schien es mittlerweile für ganz in Ordnung zu halten, dass rücksichtsloser Lobbyismus einer Minderheit diese an die Macht brachte. Aus meiner Sicht aber braute sich da eine ernsthafte Bedrohung für die Wettbewerbsfähigkeit von deutschen und anderen kontinentaleuropäischen börsennotierten Aktiengesellschaften zusammen.

Mitte März 2005: Vermittlungsversuche der Herren Botschafter

Sibylle hatte mal wieder eine seiner ausgezeichneten Ideen. Wie wäre es denn, wenn wir eine Art Botschafter ernannten, der zwischen dem Management und den rebellischen Shareholdern vermittelte?

Das war der Grund, weshalb ich mich Mitte März 2005 auf dem Weg zum Spencer House befand, das durch nichts besser beschrieben wird als durch ein Zitat des amerikanischen Krimiautors Raymond Chandler: »Das Haus selbst war nicht wirklich der Rede wert. Es war kleiner als der Buckingham Palace ... und hatte vermutlich weniger Fenster als das Chrysler Building.«

Spencer House liegt nahe der St. James' Street in London und ist seit dem 18. Jahrhundert im Familienbesitz der Familie Spencer. James Stuart, genannt »der Athener«, entwarf die Innenarchitektur im Auftrag von John Spencer, einem Vorfahren von Lady Di, als er noch unter dem frischen Eindruck einer Griechenlandreise stand. In wenigen Augenblicken sollte ich hier Lord Jacob Rothschild treffen, in direkter Linie mit jenen Rothschilds verwandt, die im 19. Jahrhundert als Banker größten Einfluss ausübten.

Lord Jacob Rothschild stand TCI sehr nahe; sein Sohn Nathaniel leitete den Fonds Atticus, einen von TCIs Gesinnungsbrüdern. Rotschilds eigener Investmentfonds RIT, in dessen Aufsichtsrat Chris Hohn mittlerweile sitzt, hielt etwa ein Prozent der Aktien der Deutschen Börse.

Da die Auseinandersetzungen mit den Hedge Fonds an Vehemenz zunahmen, waren mehrere Kandidaten als »Botschafter« vorgeschlagen worden. Sibylle war ein großer Fan dieses Arrangements. Seiner Ansicht nach brauchte die Deutsche Börse einen Botschafter, der das Unternehmen effizienter gegenüber seinen Shareholdern in London repräsentierte. Allerdings sollte dieser Botschafter nicht nur mit dem Auftrag entsandt werden, Informationen auszutauschen. Er sollte vielmehr eine Übereinkunft aushandeln. Das alles war in höchstem Maße regelwidrig. Nach deutschem Recht ist der direkte Kontakt zu Investoren Aufgabe der Vorstandsmitglieder. Aber waren dies nicht besondere Zeiten, die möglicherweise auch besondere Vorgehensweisen erforderten?

Die Beflissenheit, mit der einige Aufsichtsratsmitglieder auf einmal das Ziel verfolgten, die ganze Angelegenheit mit einem Kompromiss beizulegen, mag mit der Sorge um ihre eigene Position zu tun gehabt haben. Je mehr die Kampagne »schlechte Unternehmensführung« in Fahrt geriet, umso deutlicher wurde, dass TCI und Konsorten vorhatten, ihre eigenen Repräsentanten ins Board zu bringen.

Die Gerüchteküche brodelte, und heraus kamen ständig neue Rezepte zur Beschwichtigung der Rebellen. Viele Varianten wurden ernsthaft erwogen und verworfen: Breuer sollte 2006 zurücktreten, ich könne bleiben. Oder aber wir beide müssten gehen. Die Rebellen sollten den Vorsitzenden und zwei der vierzehn Mitglieder des Aufsichtsrats stellen. Oder vier. Oder acht. Und so weiter. Auf jeden Fall war klar, dass die Hedge Fonds nach ihrem Sieg in der LSE-Frage nun ihren ständigen Einfluss im Aufsichtsrat sichern wollten und nicht davor zurückschreckten, die Führungsriege der Deutschen Börse öffentlich zu demütigen, indem der Wechsel außerhalb des regulären Ablösezyklus erzwungen würde, der alle Betroffenen bis 2006 in Amt und Würden belassen hätte.

Wider besseren Wissens stimmte ich zu, der Sache mit dem Botschafter eine Chance zu geben. Darum setzte ich mich also mit Rothschild im Spencer House zusammen. Sein Investmentfonds hat Unsummen und beinahe zehn Jahre darauf verwendet, das »Haus« in seinen Originalzustand zu versetzen. »Das wäre die perfekte Kulisse für ein Stück von Oscar Wilde«, dachte ich mir. »Jeder Stein eine Manifestation von Wohlstand und erlesenem Geschmack. In einer solchen Umgebung kann man schon mal auf die Idee verfallen, seine Kutsche von Zebras ziehen zu lassen.« Wie es einem von Jacobs Ahnen in den Sinn gekommen war.

Zu meiner Überraschung lieh sich Jacob Rothschild Stift und Papier von mir. Er erweckte einen gänzlich unparteiischen Eindruck; er trat mehr wie ein mittelalterlicher Herold auf oder wie der Angehörige einer internationalen unabhängigen Expertengruppe denn als ein Botschafter von TCI. Sein Name sei in der Presse – hier legte er eine wohlbemessene Pause der Entrüstung ein – als möglicher Vorsitzender eines umgebildeten Aufsichtsrates erwähnt worden. Ich nahm an, dass er das erwähnte, um mich zu überzeugen, dass er nicht hundertprozentig auf Seiten des TCI stand. Aber je länger wir uns unterhielten, umso stärker wurde klar, dass wir wenig gemein hatten.

Ich legte ihm das Geschäftsmodell der Deutschen Börse dar; Rothschild wiederholte gebetsmühlenartig die Position von TCI. Er sagte, die Deutsche Börse solle sich an die Prinzipien der angelsächsischen Corporate Governance halten und eine Aktionärsabstimmung über Barakquisitionen in ihre Satzung aufnehmen. Ich war mir sicher, dass das nicht möglich war. Außerdem erschien mir allein der Gedanke absurd, eine abnorme Rechtsstruktur zurechtschustern zu wollen, um die Ansprüche von einigen wenigen Shareholdern zu befriedigen, die womöglich morgen schon ihre Anteile verkauften.

Rothschild hob – zutreffend – hervor, dass der Widerstand gegen das LSE-Gebot ja nicht allein von den Hedge Fonds gekommen sei, sondern auch von institutionellen Anlegern wie Capital, Merrill Lynch und Fidelity. Ganz diplomatisch legte er die Möglichkeiten für umfassenden Wandel in der Corporate Governance dar. Der Abschied von Breuer und mir, sagte er, wäre die »Nuklearoption«. Eine andere Möglichkeit wäre der Rücktritt von drei oder vier Aufsichtsratsmitgliedern und ein Ausscheiden Breuers nach der Hauptversammlung 2006.

Das alles war mir inhaltlich nicht neu. Rothschild fasste im Wesentlichen zusammen, was sich andere aus den Reihen der Fonds im Verlauf der letzten Wochen so alles ausgedacht hatten. Ich erkannte nichts von einem Versuch, einen Kompromiss zu finden, kein Geben und Nehmen, kein Ausloten dessen, was möglich war und was nicht! Er ummantelte die Forderungen der rebellischen Shareholder lediglich mit einer Zuckerschicht. Die Argumente hatten wir schon x-mal gehört, nur dass sie in der gewählten Ausdrucksweise von Rothschild wesentlich besser klangen als aus dem Munde Hohns. Noch immer sollten Minderheitseigner außerhalb des regulären Hauptversammlungszyklus die Kontrolle im Board übernehmen. Das war pures Gift, mit Zuckerguss oder ohne.

Rothschild fragte mich, ob ich als CEO weitermachen würde, wenn die Aktionäre mir umfassende Restriktionen auferlegten, inklusive Einschränkungen beim Abschluss von Transaktionen wie Käufe oder Verkäufe von Unternehmensteilen. Ich suchte nach möglichst höflichen Worten, um zum Ausdruck zu bringen, dass ich solche Restriktionen, nun, sagen wir, als problematisch empfinden würde. Wenn die Rebellen einen CEO an der kurzen Leine halten wollten, dann bestimmt nicht mich.

Rothschild war auch begierig darauf, das Zusammenspiel von Breuer und seinem Aufsichtsrat zu verstehen. Er erkundigte sich nach dem Zeitplan und dem Umfang der Aktienrückkäufe. Das aber waren interne Abläufe, die zu viel von dem offenbarten, wie das Unternehmen funktionierte – kursrelevante Insiderinformationen! Das auszuplaudern war nicht koscher, vielleicht sogar illegal – und schon gar gegenüber einem selbst ernannten »Botschafter« ohne offizielle Funktion oder rechtliche Einbindung.

Ich verließ das Treffen mit gemischten Gefühlen. Gewiss, hier hatten wir es mit einem wahren Gentleman zu tun, geschliffen in Stil und Auftreten. Spätere Ereignisse würden allerdings den Schluss nahe legen, dass es auch Rothschild im Wesentlichen um die Wahrung eigener Interessen ging, wobei er jedoch nur bemerkenswert schwammige Kenntnisse von der Deutschen Börse hatte, in die ja auch seine eigenen Fonds investiert hatten. Was seine Manieren betraf, war Rothschild ein echter Fortschritt gegenüber dem ungeschliffenen, jähzornigen Hohn. An den wesentlichen Punkten aber zeigte sich Rothschild so flexibel und kompromissbereit wie die katholische Kirche bei den Themen Zölibat, Verhütung und Abtreibungen. Sollte es ihm ernst damit gewesen sein, Schnittmengen zwischen den Vorstellungen der Rebellen und unserer Seite zu finden, auf die sich ein Kompromiss gründen ließe, zeigte er diese jedenfalls nicht auf. Anscheinend gab es keine Zugeständnisse der Gegenseite, sondern nur Forderungen.

Das Spiel mit den Botschaftern wurde einige weitere Male versucht. Ende März rief mich ein Mitglied unseres Aufsichtsrates an. Ein alter Bekannter (ehemals CEO bei einem namhaften Unternehmen) habe ihn angerufen und gesagt, dass er als »Botschafter« für TCI agiere. In der City von London traten sich anscheinend mehr selbst ernannte Botschafter einander auf die Füße als echte Diplomaten bei der UNO-Vollversammlung. Mir fiel keine Erklärung dafür ein, warum Lord Rothschild nun »out« und der alte Bekannte des Aufsichtsrats nun »in« sei. Dieser »neue Botschafter« also legte eine Liste mit den Namen neuer Board-Mitglieder vor – es war exakt dieselbe, die TCI bereits vorgeschlagen hatte. Selbst ein wohlwollender Beobachter hätte seine liebe Not gehabt, darin den ernsthaften Versuch einer Vermittlung, eines echten Kompromisses zu sehen.

All diese »diplomatischen« Versuche stießen ins Leere. Es darf bezweifelt werden, dass diese »Botschafter« echte Mandate von TCI besaßen, um Gemeinsamkeiten zu finden. Die Deutsche Börse hatte schon mal prophylaktisch einen Spezialisten für Kampfabstimmungen verpflichtet, für den Fall der Fälle, dass es bei der Hauptversammlung im Mai zu einer solchen kommen sollte. Wir beauftragten ihn vor allem damit, die Identität unserer unbekannten Aktionäre herauszufinden und uns bei der Organisation der Abstimmung in der Versammlung zu unterstützen.

In diesen Dingen erwies sich unser Berater, der in Kampfabstimmungen erprobte Peter Harkins, als klug und erfahren. Harkins war Chef der renommierten amerikanischen Firma D. F. King, einer Firma, die schon unzählige Male dem Management anderer Firmen in komplizierten Auseinandersetzungen zwischen Aktionären und Unternehmen zur Seite gestanden hatte. Harkins war weitsichtig und arbeitete hart. Er hatte von Anfang an den »Botschafter«-Plan als »schlechte Idee« eingestuft und gemeint: »Das Unternehmen wird am schnellsten das beste Resultat für alle Beteiligten erreichen, wenn alle sich darauf konzentrieren, einen einzigen Verhandlungsführer zu unterstützen. Und das sollte der CEO sein.« Wir hätten auf ihn hören sollen.

Um endlich mal von der Stelle zu kommen, lag es nun an Hohn und mir, irgendeine Art von Deal zu machen. Also vereinbarten wir einen Tag für den großen Showdown: Unser persönlicher »High Noon« sollte am 7. April 2005 stattfinden.

Ostern 2005: Mickey Mouse und der 1. April

Ich hatte mich auf ruhige Osterfeiertage gefreut. Mein seit November eng belegter Terminkalender forderte seinen Tribut. Ein paar Stunden Extraschlaf würden mir gut tun, eine bisschen Zeit zum Nachdenken, ein Glas guten Weines – aber es sollte anders kommen.

Am Samstagabend, den 26. März, kurz nach 18 Uhr, erhielt ich einen Vorgeschmack auf die nächsten Tage. Hohn rief wichtigtuerisch an und verwickelte mich in ein langes Telefongespräch. Er bat mich, ihm bis zu unserem Treffen in zehn Tagen meine Zustimmung zur Liste der neuen Aufsichtsratsmitglieder zu erteilen, und nannte auch gleich ein paar Namen. Alle bisherigen Kontakte waren ja ziemlich konfrontativer Natur gewesen – die Hälfte davon war über die Medien gelaufen –, und daher war ich ziemlich verwundert, dass Hohn mein Okay für seine Liste haben wollte. Hohn übernahm die Rolle des Marionettenspielers und meinte, Breuer dürfe bleiben, um mich in meiner Position als CEO zu beschützen. Wie nett von ihm: Breuer und ich durften demnach beide bleiben!

Die Liste seiner Kandidaten schickte er mir wenig später per E-Mail: Friedrich Merz, Professor Theodor Baums, Martin Blessing, Leonard Fischer, Karl-Gerhard Eick, Thomas Fischer, Richard Hayden und Hans-Jörg Rudloff.

Diese Auswahl war vollkommen vernünftig und vollkommen unspektakulär. In dieser Zusammensetzung würde der Aufsichtsrat gewiss nicht als unabhängiger, Aktionärsfreundlicher oder einflussreicher gelten als der amtierende, nur ein wenig jünger und unerfahrener. Es wurde immer deutlicher, dass Hohn sich bei der Besetzung eines deutschen Aufsichtsrats wie ein Amateur verhielt.

Wenige Tage zuvor hatte TCI erst Manfred Gentz gefragt, ob er einem neu zu wählenden Aufsichtsrat dienen wolle, wodurch »frisches Blut« ins Board kommen sollte. Der Witz an der Sache war, dass Gentz bereits im Aufsichtsrat saß – und zwar seit etwa zwei Jahren!

Die Kampagne von TCI war extrem chaotisch, denn ein paar Wochen später erschien Gentz' Name – sehr zur Verblüffung unserer Berater, die in Sachen Kampfabstimmung schon viel erlebt hatten – auf der Liste der Aufsichtsratsmitglieder, die TCI schassen wollte.

Am Ostermontag, als ich gerade damit beginnen wollte, für ein paar Freunde zu kochen (Spargelsoufflé und Lammkeule), rief Hohn wieder an, und diesmal dauerte das Gespräch zwei Stunden. Er forderte, ich solle Breuer »den Ernst der Situation« klar machen. Anders als am Samstag und ohne ersichtlichen Grund forderte Hohn nun, Breuer solle am 25. Mai, also am Tag der Hauptversammlung, seinen Hut nehmen. Für diesen Stimmungs- und Richtungswechsel von einem Tag auf den übernächsten lieferte er mir keine Erklärung.

Hohn hatte offenbar entschieden, dass Breuer entbehrlich sei. Seine eigenen Worte, wonach Breuer bleiben solle, um mich »zu schützen«, galten offenbar nicht mehr. Breuer sollte nun durch Friedrich Merz ersetzt werden. Der Bundestagsabgeordnete, Experte für Staatsfinanzen und ehemals Vorsitzender der CDU-Bundestagsfraktion, war eine interessante Wahl. Allerdings hegte ich starke Zweifel, dass er gut beraten wäre, bei der Hauptversammlung in einer Kampfabstimmung gegen Breuer anzutreten. Hohn aber war guter Dinge und behauptete, für die Wahl von Friedrich Merz zum Aufsichtsratsvorsitzenden politische Unterstützung aus Hessen und Berlin zu haben, was sich später als zweifelhaft herausstellte.

Dann sagte Hohn, er und seine Alliierten würden 60 bis 80 Prozent des Kapitals der Deutschen Börse kontrollieren, und las mir aus einer langen Liste die einzelnen Anteile vor, um schließlich zu prahlen: »Meine Position ist so stark, dass wir Mickey Mouse und Donald Duck in den Aufsichtsrat bringen könnten.«

Wie sich das mit der späteren Behauptung Hohns verträgt, TCI hätte »keine Partner gehabt, mit denen wir uns abgestimmt haben, und auch keine bestimmte Strategie für das Unternehmen«, wird mir für immer ein Rätsel bleiben. Es erschien zunehmend unwahrscheinlich, dass die Umbesetzungen im Aufsichtsrat lediglich die Macht der Aktionäre beweisen sollten. Viel wahrscheinlicher war, dass TCI eine bestimmte Strategie hatte, die seine Vertreter im Aufsichtsrat umsetzen sollten, was TCI aber zu diesem Zeitpunkt nicht offenbarte.

Am 1. April – ausgerechnet – schickte Hohn mir eine weitere Nachricht, mit ebenfalls überraschendem Inhalt: »Ich habe so lange gearbeitet, dass meine Frau mir sagte, ich könne gleich im Büro bleiben! Hoffentlich passiert Ihnen so etwas nie.« Hohn versuchte sich tatsächlich anzubiedern und machte einen auf vertraulich. Ausgerechnet der Mann, der so oft ruppig und ungehobelt war, versuchte es nun auf die persönliche Tour.

Hohn hatte eine weitere Eingebung gehabt, wie der Aufsichtsrat aussehen sollte. Sich mit dem CEO einer der Firmen in seinem Portfolio direkt auszutauschen beflügelte ihn offenbar in seinem wild-assoziativen Arbeitsstil. Heute stand auf dem Programm, dass Breuer noch ein letztes Jahr bleiben konnte, vorausgesetzt, dass die Deutsche Börse dem neuen Board zustimmte, in dem TCI elf der 14 Mitglieder stellen würde (wobei, wie ich mir vor Augen hielt, TCI nicht mehr als acht Prozent der Deutsche-Börse-Aktien hielt und behauptete, allein zu handeln).

Hohn würzte seine E-Mail noch mit einer anderen Nachricht. Vorhersehbar wie »Nudeln süß-sauer« in einem Chinarestaurant mischte er auch diesmal eine Prise Drohungen in den süßen Brei seiner Versprechungen. »Ich halte das für eine Lösung, von der beide Seite profitieren. Sie und Dr. Breuer bleiben, und das Unternehmen wird durch eine deutschlandweit einzigartige Idealbesetzung im Aufsichtsrat gestärkt. Sollte die Deutsche Börse allerdings nicht zustimmen, dann halte ich es für ausgesprochen wahrscheinlich, dass bei der Hauptversammlung über einen Misstrauensantrag gegen den Aufsichtsrat abgestimmt wird, der zu einem massenhaften Abschied der Aufsichtsräte und zu einer Unternehmenskrise führen könnte.«

Und Hohn zog noch ein Ass aus dem Ärmel. Auf unergründlichen Wegen hatte er davon Wind bekommen, dass zwei Mitglieder des Aufsichtsrates des Insiderhandels mit LSE-Aktien beschuldigt worden waren – anonym. Das Bundesaufsichtsamt für Finanzen (BaFin) sei davon schon unterrichtet, wusste er. Hohn schrieb nun: »Ich denke, sie [die »freiwilligen« Rücktritte aus dem Aufsichtsrat] sollten problemlos sein, da ... bei der BaFin rechtliche Verfahren gegen einige der Aufsichtsratsmitglieder anhängig sind, die es möglicherweise ohnehin erforderlich machen, dass sie zurücktreten.« Wie konnte er davon wissen? Wir hatten die Anschuldigungen nicht publik gemacht; auch hinter vorgehaltener Hand wurde noch nichts geflüstert. Blieb noch die Möglichkeit, dass Hohn selbst dazu beigetragen hatte, die Untersuchungen überhaupt anzustoßen ... – die im Übrigen später alle Betroffenen von allen Vorwürfen entlasteten. Die Sache stank zum Himmel.

Am nächsten Tag, als ich gerade auf dem Weg zur Tür war, um ein paar Einkäufe zu erledigen, rief Hohn wegen seiner jüngsten Geistesblitze an: Breuer könnte erst 2006 zurücktreten, aber nur, wenn acht Mitglieder des jetzigen Aufsichtsrates zurückträten. Warf dieser Mann jeden Morgen die Würfel und zählte die Augen? Elf heute, morgen acht? Na, in diesem Fall wäre wenigstens bei zwölf Schluss.

Hohn bestand auch darauf, dass wir noch vor dem 7. April eine Übereinkunft erzielen müssten. Das war grotesk, denn der alleinige Sinn und Zweck dieses Treffens war es doch, den Raum für Kompromisse auszuloten.

Ich seufzte: Sollte Hohn sich doch austoben – letzten Endes, so hoffte ich zumindest, würde unser persönliches Treffen entscheidend sein. Und so war es auch. Vorerst aber hatte ich weiterhin Hohn am Hörer, und der wiederholte gerade seine haarsträubende Lieblingsdrohung, er würde am 25. Mai ein Misstrauensvotum durchführen.

Ein offenes Geheimnis

Während ich mir Hohns »Gesammelte Werke« durch den Kopf gehen ließ, wurde mir klar, welchen unheilvollen Plan er allem Anschein nach wirklich für die Deutsche Börse verfolgte. Wir waren schließlich nicht taub, obwohl Hohn das offenbar annahm. Ich hatte genug Freunde in London und New York, die mir erzählten, was Hohn ihnen erzählte, wenn er sie in ihren Büros aufsuchte.

TCI hatte vor, das Unternehmen auseinander zu reißen. Während Hohn mir gegenüber schriftlich beteuerte, er habe keinerlei eigene Strategie für die Zukunft der Deutschen Börse in der Schublade, ging er mit folgendem Konzept hausieren:

Die Summe der Einzelteile der Deutschen Börse wäre demnach wertvoller als das Unternehmen in einem Stück. Hohn wollte die Derivatebörse Eurex ausgliedern und sie in Amerika auf den Markt bringen. Andere Börsen wie die Chicago Mercantile Exchange hatten das genauso gemacht und dabei viel Geld für ihre Anteilseigner erlöst. Ein so banales Problem wie der Vertrag mit dem Miteigentümer Swiss Exchange (SWX), der diesem Plan zustimmen müsste, schien Hohn dabei nicht zu kümmern. Auch dass die positiven Synergieeffekte mit der Deutschen Börse dann augenblicklich ausblieben, weshalb die Eurex und die Deutsche

Börse jede für sich weniger wert wären, schien für ihn nicht entscheidend zu sein.

Zweitens schlug TCI vor, unsere Settlement- und Custody-Firma Clearstream ebenfalls zu verkaufen. Es war mehr als unwahrscheinlich, dass sich das lohnen würde – der einzige Interessent dürfte ihr großer Konkurrent Euroclear sein, und eine solche Verbindung würden die Kartellbehörden kaum zulassen.

Drittens hatte TCI vor, unsere IT-Beratung Entory AG und Infobolsa S. A., unser Joint Venture mit der spanischen Börse, zu veräußern. Das war machbar, fiele aber kaum ins Gewicht. Dasselbe galt für Hohns Idee, Eurex US zu schließen, mit dem wir in Chicago US-Derivate handelten. Das hätte im Jahr gerade mal ein paar Millionen eingespart.

Und schließlich wollte TCI die Kosten jährlich um 200 Millionen Euro senken: Die Investitionen wollten sie von hundert auf sechzig Millionen im Jahr kürzen und die restlichen 160 Millionen bei den Personalkosten einsparen. Das würde dem Unternehmen kräftig die Flügel stutzen und über kurz oder lang den Todesstoß versetzen. Die Computertechnologie würde schnell veralten und Service und Zuverlässigkeit extrem darunter leiden, wenn die Hälfte aller Mitarbeiter gehen müsste.

In einem Satz: TCI hatte vor, das Unternehmen seiner Zukunft zu berauben. Ich war mir nicht sicher, ob es mir gelingen könnte, das zu verhindern. Sicher war nur, dass ich es mit allen Mitteln versuchen würde. Und, dass ich das Unternehmen nicht weiter führen wollte, falls mein neuer »bester Freund« die Oberhand gewinnen sollte. Ich gab nicht viel auf seine Versuche, mich zum Bleiben zu überreden. Davon hatte ich über Ostern schon genug gehört.

7. April 2005: Showdown in Hausen

Die Intermezzi mit Hohn waren nervenzehrend, zumal er an einem Tag hü und am anderen hott sagte. Die E-Mails, die er an den Wochenenden schickte, waren oft sehr emotional, zuweilen gar etwas wirr. Seine Forderungen änderten sich schneller als die Tageszeit und in den ausgiebigen Telefonaten schwankte er zwischen freundlichem Gedankenaustausch und schroffen Drohungen. Unter diesen Umständen wurde es immer unwahrscheinlicher, dass wir uns würden verständigen können. Trotzdem beschlossen Breuer und ich, es zu versuchen. Wir bereiteten uns auf das Treffen mit Hohn am 7. April vor.

Währenddessen traten immer mehr Belege dafür zutage, dass TCI die Presse mit Informationen spickte. In der *Frankfurter Allgemeinen Sonntagszeitung* und dem Nachrichtenmagazin *Focus* erschienen verdächtig genaue Berichte über Hohns Aktionen. Nur wenige Aktionäre außer ihm hätten der Presse überhaupt mitteilen können, dass Forderungen nach Breuers und meinem Rücktritt laut geworden waren und wie viele Sitze die Rebellen im Aufsichtsrat forderten. Er aber behauptete, keinerlei Kontakte mit Journalisten gehabt zu haben. Im selben Moment verdrehte er meine Anschuldigung zu seinem Vorteil und empörte sich nun, dass derartig negative Presseberichte dem Ansehen des Unternehmens beträchtlich schadeten. Dem schickte er noch ein paar Drohungen hinterher: »Meine Zusage, nicht an die Öffentlichkeit zu gehen, erlischt definitiv, wenn es [am 7. April] zu keiner Einigung kommt. Ich ermutige Sie vehement dazu, gemeinsam mit Dr. Breuer vor unserem Treffen am Donnerstag einen Weg zu erarbeiten, unseren Anfragen bezüglich eines signifikanten Wechsels im Aufsichtsrat zu entsprechen. Sollten Sie zwei bis vier neue Mitglieder vorschlagen, wird uns das definitiv nicht genügen.«

7. April 2005. Der Tag der Entscheidung war da. Und begann mit einer Überraschung. Friedrich Merz würde an dem Meeting teilnehmen und ließ mitteilen, dass er etwas früher einträfe, noch bevor Hohn und Rothschild landeten, um Breuer und mich alleine zu sprechen. Was wollte er bloß besprechen? Rechtliche Details, in seiner Rolle als TCIs Berater? Oder war dies ein Versuch, um fünf vor

zwölf noch eine Übereinkunft zu erreichen? Wir gingen lieber auf Nummer sicher und baten unseren Rechtsberater hinzu.

Wie versprochen traf Merz frühmorgens in Frankfurt-Hausen ein. Merz versicherte Breuer, unserem Rechtsberater und mir noch einmal, dass er unsere Ansichten zu einem großen Teil teilte. Er würde niemals in einer Kampfabstimmung kandidieren. Und solange er Mitglied des Bundestages sei, würde er eh nicht für den Aufsichtsratsvorsitz in Frage kommen. Bemerkenswerterweise verriet er uns sogar, er habe den Eindruck, die Londoner Fonds arbeiteten eng zusammen. Offenbar wollte Merz vermitteln, obwohl die allseitigen Motive und Argumente zu diesem Zeitpunkt bereits so verschlungen waren, dass es schon beinahe lächerlich war. Jedenfalls bezweifelte ich, dass die vernünftigen Ansichten und klaren Urteile von Friedrich Merz viel ausrichten konnten, um Hohn in Schach zu halten.

Lord Rothschild und Hohn trafen um 10.45 Uhr ein. Das anschließende Treffen dauerte zwei Stunden, wobei Merz, Lord Rothschild, Breuer und ich am meisten redeten. Hohn wirkte angespannt, blieb aber die ganze Zeit ziemlich still. So langsam gewöhnten wir uns aneinander. Das war das neunte oder zehnte Gespräch, telefonisch oder persönlich, das wir beide seit Ostern miteinander führten. Im Großen und Ganzen verlief das Meeting beinahe freundschaftlich, was hauptsächlich dem Gesprächsstil von Breuer, Lord Rothschild und Merz zu verdanken war.

Der Kernpunkt der Diskussion war die Frage, ob überhaupt und wenn ja welche Sitze des Aufsichtsrates denn nun bei der Hauptversammlung am 25. Mai zur Verfügung stehen sollten. Einige unbefangene Sätze von Merz deuteten an, dass seine Position offen war und er eine Lösung anstrebte, was Breuer und mir Mut machte. Bei einem der vorangegangenen Telefonate hatte Breuer Merz bis zu vier Sitze angeboten. Da Hohn dies schriftlich abgelehnt hatte, beschlossen wir, diesen Vorschlag nicht wieder aufs Tapet zu bringen. Insgeheim hielten Breuer und ich dies jedoch noch immer für einen vernünftigen Kompromiss. Allerdings hätte es wenig Sinn gemacht, diese Anzahl jetzt anzubieten, wo sie bestenfalls zur Minimalforderung von TCI werden würde. Wenn alles klappte, sollten die vier Sitze das Höchste sein, was die Rebellen rausschlagen konnten.

Unser Team besprach Hohns Kandidatenliste für den Aufsichtsrat, ohne sich in irgendeiner Weise zu verpflichten, die aktuellen Mitglieder zum Rücktritt aufzufordern. Breuer und ich waren aufrichtig gespannt, was Hohn sich bei dieser Liste seiner Lieblingskandidaten eigentlich gedacht hatte. In unseren Augen waren »seine« Aktionärsvertreter nicht engagierter auf Seiten der Aktionäre als »unsere«, dafür aber weniger erfahren und weniger prominent.

Breuer ging die Liste der Aufsichtsratsmitglieder durch, die abserviert werden sollten. Kannte Hohn sie eigentlich? Was hatten sie falsch gemacht?

Auf unsere Fragen beteuerte Hohn immer wieder, dass er keinen von ihnen kenne. Umso mehr interessierte uns, warum er ihren Rücktritt wollte. Alles, was ihm dazu einfiel, war ein lahmes »Das Vertrauensverhältnis ist zerstört«. Dies bestätigte all die schlechten Erfahrungen, die Breuer und ich schon vor diesem Meeting mit Hohn gemacht hatten.

Als Konsequenz aus diesen Erwägungen ließen wir uns nicht auf einen Wechsel im Aufsichtsrat bei der anstehenden Hauptversammlung ein, sondern bestanden darauf, alle derartigen Veränderungen auf 2006 zu verschieben. Rothschild, Hohn und Merz hörten mit eisigem Schweigen zu. Waren sie überrascht? Noch vor einigen Tagen war in den E-Mails sogar von elf neuen Mitgliedern die Rede gewesen, und nun das! Keinen von uns hätte es überrascht, wenn die drei aufgestanden und gegangen wären. Das taten sie aber nicht.

Stattdessen sagte Lord Rothschild, sie wollten sicherstellen, dass der derzeitige Aufsichtsrat nicht vor der Hauptversammlung 2006 irgendwelche Unternehmenskäufe tätigt. Er wiederholte seine frühere Forderung, nämlich dass die Satzung dahingehend geändert werden sollte, dass alle Transaktionen zukünftig der Zustimmung durch die Aktionäre bedürfen. Außerdem schlug er vor, die Aufsichtsratsmitglieder gestaffelt auszutauschen, so dass sie nicht alle zum selben Zeitpunkt aus- bzw. eingewechselt würden.

Wir schlugen vor, ein Shareholder-Komitee einzurichten. Darin sollten die Rebellen mit Delegierten vertreten sein. Aufgabe des Komitees wäre es, den Aufsichtsrat und den Vorstand bei Übernahmen zu beraten. Lord Rothschild und Merz gefiel diese Idee; wir boten Rothschild den Vorsitz und TCI die Position von dessen Vertreter an.

Lord Rothschild und Hohn hätten es gerne gesehen, wenn dem Shareholder-Komitee ein Vetorecht bei bestimmten Transaktionen eingeräumt würde. An dieser Stelle war also noch Spielraum für einen Kompromiss. Die deutsche Corporate Governance gestand Aktionärsforen keine formale Mitbestimmung zu. Wir beschlossen, dass unsere Rechtsanwälte prüfen sollten, wie dehnbar diese Regel ist. Unsere Seite sagte zu, das Konzept eines Shareholder-Komitees neben dem Aufsichtsrat weiterzuentwickeln; dann würde sich unser Rechtsberater Weyland diesbezüglich mit Merz in Verbindung setzen.

Breuer und Lord Rothschild verließen gegen 13 Uhr das Treffen; Hohn, Merz, unser Rechtsberater und ich setzten die Diskussion fort. Hohn sagte, er wolle, dass der Aufsichtsrat jedes Jahr neu im Amt bestätigt würde. Nach deutschem Recht und Gesetz war das ausgemachter Blödsinn. Merz – sein eigener Berater – sagte Hohn, dass selbst er unter diesen Umständen niemals einen Posten als Aufsichtsrat annehmen würde.

Um einen Kompromiss für Hohn zu ermöglichen, bei dem er das Gesicht wahren konnte, schlug ich vor, dass die Deutsche Börse alle Aktionäre mit einbeziehen würde, falls eines der derzeitigen Aufsichtsratsmitglieder in naher Zukunft sein Amt niederlegen würde – wir wussten alle, dass der Kandidat von TCI dann allerbeste Aussichten auf den Posten haben würde. Ich schloss auch nicht aus, dass Friedrich Merz ein Platz im Aufsichtsrat angeboten werden könnte, dass womöglich sogar der derzeitige stellvertretende Aufsichtsratsvorsitzende seinen Sitz freiwillig an Merz abtreten könnte. Außerdem deutete ich an, dass Breuer aller Wahrscheinlichkeit nach am Ende seiner Amtszeit bei der Hauptversammlung 2006 zurücktreten würde, womit die wichtigste Position im Aufsichtsrat möglicherweise frei würde, möglicherweise ja für einen Kandidaten der Rebellen.

Der Deal war zwar noch lange nicht perfekt, aber immerhin hatten wir das Feld für einen möglichen Kompromiss abgesteckt. Jeder von uns hatte den Eindruck, dass ein offener Krieg doch noch vermieden werden konnte.

Nachdem auch Merz gegangen war, führte ich Hohn ein wenig im Gebäude umher. Hohn war nicht nur unbeleckt, was deutsches Unternehmensrecht und deutsche Corporate Governance betraf. Er wusste auch wenig darüber, was die Deutsche Börse tut und wie sie funktioniert. Die modernen Großraumbüros mit den großformatigen Fotos in den Korridoren beeindruckten ihn ganz offensichtlich, und er fragte mich: »Was machen all diese Leute?« Ich tat mein Bestes, ihn aufzuklären, und stellte ihm ein paar Mitarbeiter an ihren Arbeitsplätzen vor.

Wir vermuteten schon länger, dass wir einen Maulwurf im Unternehmen hatten, der den Rebellen interne Zahlen, Berichte und Informationen über unsere »Moral« zuspielte und der Deutschen Börse damit erheblichen Schaden zufügte. Während wir durch das Unternehmen spazierten, Stockwerk um Stockwerk, erzählte mir Hohn, dass er jeden Tag Anrufe von Managern der Deutschen Börse erhalte, die sich über die schlechte Stimmung hier beschwerten. Das nahm ich ihm nicht ab – aber sicher war, dass jemand hinter unserem Rücken zu viel plauderte. Niemand wusste sicher, wer der Maulwurf war, und es gab auch keine handfesten Beweise, dass es ein bestimmter Kollege war.

Aber als ich einen meiner engsten Mitarbeiter Hohn vorstellte, glaubte ich zu spüren, dass die beiden sich kannten.

Es war nur ein Eindruck, und nichts, was im weiteren Verlauf des Treffens geschah, unterstützte ihn. Die beiden Männer erklärten, sich zum ersten Mal zu begegnen. War es möglich, dass jemand, der mir so nahe stand, dermaßen in den Rücken fällt? Dass er die Unternehmung ernsthaft in Gefahr brachte? Warum? Vielleicht lag ich ja völlig falsch. Dabei war es nicht abwegig, dass jemand meinen Job wollte ... Jedenfalls missfiel mir sehr, dass die Auseinandersetzung mit einigen Aktionären sich so auf den Zusammenhalt und die Kollegialität in unserem Team auswirkte. In unserem Geschäft überleben nur die Paranoiden. Vielleicht war ich ja nicht paranoid genug gewesen? Oder wurde ich gerade paranoid?

Als wir weiter durch das Gebäude schlenderten, mit Blick über Frankfurts imposante Skyline in der Ferne und auf die ordentlichen Schrebergärten gleich nebenan, verdaute Hohn anscheinend die Ergebnisse unseres Meetings. Wir kamen sogar ganz gut miteinander klar; Hohn erzählte mir sogar von seiner Frau und seinen Töchtern.

Aber je länger wir so plauderten, umso stärker gewann seine leicht erregbare und wankelmütige Seite wieder die Oberhand. Jetzt schien er nicht mehr sonderlich zufrieden mit dem Verlauf des Meetings. Die grundlegenden Spannungen zwischen Aufsichtsrat und Vorstand der Deutschen Börse und einem ihrer größten Aktionäre waren immer noch präsent.

Kurz bevor er sich verabschiedete, sagte Hohn aus heiterem Himmel, er würde nun doch ein Misstrauensvotum gegen Breuer in Betracht ziehen, ebenso gegen weitere Mitglieder des derzeitigen Aufsichtsrates, und dass er noch immer einen grundlegenden Wechsel dort wolle. Hohn schritt zum »Nuklearschlag«. Die Suche nach einem Kompromiss hatte zu gar nichts geführt. Hohn bestand weiterhin auf einer Reihe von Forderungen, die kein verantwortungsvoller CEO oder Aufsichtsratsvorsitzender akzeptieren konnte. Dann zog er den vorbereiteten Misstrauensantrag aus seiner Tasche.

Eine winzige Information bestätigte meinen Eindruck und brachte das Fass zum Überlaufen: Der Fahrer der Deutschen Börse brachte Hohn zurück zum Flughafen. Kaum hatte Hohn im Fond Platz genommen, rief er über Handy sein Büro an und sagte – unvorsichtigerweise, oder weil er annahm, dass der Fahrer kein Englisch versteht – sehr wütend: »Sie haben mir nicht das gegeben, was ich wollte!«

Das klang gar nicht mehr nach Friedensverhandlungen. Das klang noch nicht mal mehr nach Waffenstillstand. Das klang so, als ob gleich der offene Krieg ausbrechen würde.

Wenn Hohn sich erst mal in seinen Ärger hineinsteigerte, dann machte es überhaupt keinen Sinn mehr, sich weiter um einen Kompromiss zu bemühen. Außerdem hatte er ja bereits angekündigt, er werde eine Medienkampagne gegen die Deutsche Börse entfesseln, falls keine Übereinkunft erzielt werden könne. Ein Kompromiss war nicht möglich. Wir würden uns in der Hauptversammlung stellen müssen. Also mussten wir nun den Aufsichtsrat wappnen für das, was vor uns lag.

Als Kinder des Kalten Krieges wissen wir: Wenn eine Seite ihre Atomwaffen einsetzen will, ist es besser, ihr mit einem Erstschlag zuvorzukommen. Wir entschieden uns dafür, anzugreifen, und zwar mit einer Pressemitteilung, die unsere Position klar darlegen sollte.

7

Nur Waschlappen halten sich an Recht und Gesetz

Die Gesetze der meisten Länder – so auch das deutsche Aktienrecht – verbieten sowohl »Acting in Concert« als auch den »Aufbau einer Drohkulisse« gegen das Management. Es gibt eine Reihe von Anhaltspunkten dafür, dass Hedge Fonds sich gegenüber der Deutschen Börse genau dieser beiden Strategien bedient haben. Das Verhalten von TCI und anderen Fonds im Fall der Deutschen Börse wurde vom Bundesaufsichtsamt für Finanzen (BaFin) über mehrere Monate hinweg untersucht, wobei TCI und die anderen alle Vorwürfe von sich wiesen. Am Ende entschied der Wachhund der deutschen Finanzmärkte allerdings, die Beweislage sei nicht ausreichend, um den Fall vor Gericht zu bringen. Ich hingegen betrachte vor dem Hintergrund der dargelegten Fakten das uns entgegengebrachte Verhalten weiterhin als Acting in Concert. Gemessen an den hohen Standards, die das Gesetz verlangt, mag das Vorgehen der rebellischen Hedge Fonds nicht illegal gewesen sein. Doch aus ökonomischer und moralischer Sicht ist der Fall für mich klar.

Wenn eine Gruppe von Investoren den zukünftigen Kurs eines Unternehmens beeinflussen will, dann muss sie normalerweise eine Mehrheit der Aktien dieses Unternehmens erwerben. Damit ihnen das gelingt, müssen sie ein Angebot für die übrigen Aktien unterbreiten, sobald sie einen bestimmten Schwellenwert überschreiten, in Deutschland dreißig Prozent.

Als Mehrheitseigner könnten sie nämlich das Management direkt beeinflussen und dadurch die anderen Aktionäre um entscheidende Rechte als Eigentümer bringen. Beispielsweise könnten sie die Unternehmenssatzung ändern und sich zusätzliche Stimmrechte übertragen oder sich selbst Vorzugsdividenden auszahlen etc. Das Gesetz zielt vor allem darauf ab, die »Eigentümerdemokratie« in einem Unternehmen zu schützen. Darum besteht es auf einer speziellen Handlungsweise, sobald ein Investor eine ausreichende Anzahl an Aktien erwirbt, um die Zügel zu übernehmen.

Wer die volle Kontrolle in einem Unternehmen erwerben will, muss üblicherweise mit einem ordentlichen Aufschlag auf den ursprünglichen Aktienpreis rechnen, das bereits mehrfach erwähnten »Premium for Control«. Und so werden diejenigen, die ein Unternehmen übernehmen wollen, vor eine einfache Wahl gestellt: Entweder zahlen sie die Prämie. Oder sie bleiben einer unter vielen Aktionären.

Damit dies funktioniert, muss das Gesetz festlegen, ab wann mehrere Aktionäre so handeln, als wären sie einer. Ansonsten wäre es ja auch sehr einfach, die Vorschriften zu umgehen, indem man beispielsweise seine Geschwister und Freunde bittet, auch ein paar Aktien zu erwerben.

Daher erlassen alle Staaten, die Minderheitseigner gegen schleichende Machtwechsel schützen, auch Regeln gegen Acting in Concert. Der Versuch, sein Verhalten eng aufeinander abzustimmen und dabei zu behaupten, allein auf weiter Flur zu sein, ist in den meisten gut regulierten Wertpapiermärkten der Welt strafbar.

Dieselbe Grundüberlegung leitet auch die Gesetze über Drohungen gegen das Management. Um ihren Willen durchzusetzen, können Investoren sich zusammentun und versuchen, die Unternehmenspolitik zu beeinflussen. Oder aber sie versuchen in ihrem Sinne Einfluss zu nehmen, indem sie damit drohen, das Management öffentlich in Verlegenheit zu bringen – beispielsweise indem sie in der Hauptversammlung feindlich gesinnte Anträge einbringen, irreführende Informationen an die Presse geben, Gerüchte über Missmanagement und Positionsmissbrauch in Umlauf bringen etc. All dies ist im Regelfall strafbar. In vielen Staaten, darunter auch in Deutschland, gibt es spezielle Gesetze für börsennotierte Unternehmen – sie sollen nicht nur den Normalbürger schützen, wenn er für ein Unternehmen als Geschäftsführer tätig ist, sondern auch die Interessen der investierenden Öffentlichkeit. In deutschen Gesetzestexten heißt es dazu treffend, wer eine »Drohkulisse« schaffe, handele unrechtmäßig.

Acting in Concert

Keiner der Hedge Fonds, die die faktische Kontrolle über die Deutsche Börse weitgehend an sich rissen, besaß alleine mehr als acht Prozent aller Aktien. Nur im unlauteren Zusammenschluss hätten sie gut 30 Prozent kontrollieren können. Auch das wäre noch nicht die Mehrheit, aber es ist eine ganze Menge. Warum konnte eine gut koordinierte Gruppe von Minderheitseignern so erfolgreich sein?

Das hat zum einen mit der Regulierung zu tun, aber auch mit dem generellen Verhalten von Aktionären. Die Anwesenheitsquote bei den Hauptversammlungen ist in der Regel niedrig. Wenn sechzig bis siebzig Prozent der Aktionäre erscheinen, ist das außergewöhnlich viel; normal sind eher 30 bis 35 Prozent. Das bedeutet, dass jede Stimme eines rebellischen Shareholders anderthalb- bis dreimal so viel zählt, als wenn alle Stimmberechtigten anwesend wären.

Dafür, dass es tatsächlich einen unlauteren Zusammenschluss der gemeinsam über 30 Prozent verfügenden Aktionäre gab, gibt es eine Reihe von Indizien. Der Reihe nach:

Erstens, die große Ähnlichkeit ihrer Anlagestrategien und die räumliche Integration ihrer Büros; zweitens, die Tatsache, dass zwischen allen Schlüsselpersonen persönliche und geschäftliche Verbindungen bestehen; drittens, die Kampagne, die sie führten und bei der sich ihr Fokus ständig und zur gleichen Zeit verschob.

Lassen Sie mich meine Vermutungen eine nach der anderen unterfüttern.

Zu Punkt eins, die große Ähnlichkeit ihrer Tätigkeit: Ugland House ist eine Geschäftsadresse auf den Cayman-Inseln, unter der mindestens acht Hedge Fonds gemeldet sind, von denen drei die Deutsche Börse angriffen. Clifford Street 7 ist eine vornehme Adresse im Londoner Stadtteil St. James, die ebenfalls von den Hedge Fonds gemeinsam genutzt wird, in diesem Fall für die Büros folgender Firmen: TCI, Parvus, Urwick, Och-Ziff, Cycladic Capital – sie alle operieren von dort aus. Auf dem Höhepunkt der Auseinandersetzung teilten die Fonds nicht nur ihre Räumlichkeiten, sondern auch ihre Faxgeräte, von denen aus sie meinen Kollegen und mir Drohbriefe zukommen ließen. Obendrein bedienten sie sich in diesen Briefen auch noch einer ähnlichen Sprache.

Zu Punkt zwei, enge persönliche und geschäftliche Verbindungen zwischen den Schlüsselpersonen: Die enge Zusammenarbeit zwischen TCJ, RJT, Atticus, Merrill Lynch, Capital und Fidelity wurde noch unterstützt durch enge persönliche Verflechtungen: Hohn hatte zur selben Zeit die Harvard Business School besucht wie ein Miteigentümer von Atticus. Sein französischer Adlatus bei TCI besuchte in der Business School dieselbe Klasse wie zwei seiner Landsleute, die bei Merrill Lynch und Capital das Investment in die Deutsche Börse betreuten. Freunde aus Collegezeiten, die derselben Art von Fonds vorstanden, gingen also zeitgleich gegen das Management von Frankfurt vor.

Last but not least Punkt drei, die auffällig ähnliche Kampagne: Im Rahmen ihrer Öffentlichkeitsarbeit und Kommunikation verschoben die Fonds ständig ihren Brennpunkt. Insbesondere TCI konstruierte sorgfältig thematisch abgestimmte Bündel von Vorwürfen, die sich später andere Fondsmanager zu Eigen machten. Die Argumente, mit denen TCI und die anderen den Druck auf das Management der Deutschen Börse erhöhten, waren gut durchdacht und ähnelten sich bis in einzelne Formulierungen. Schließlich

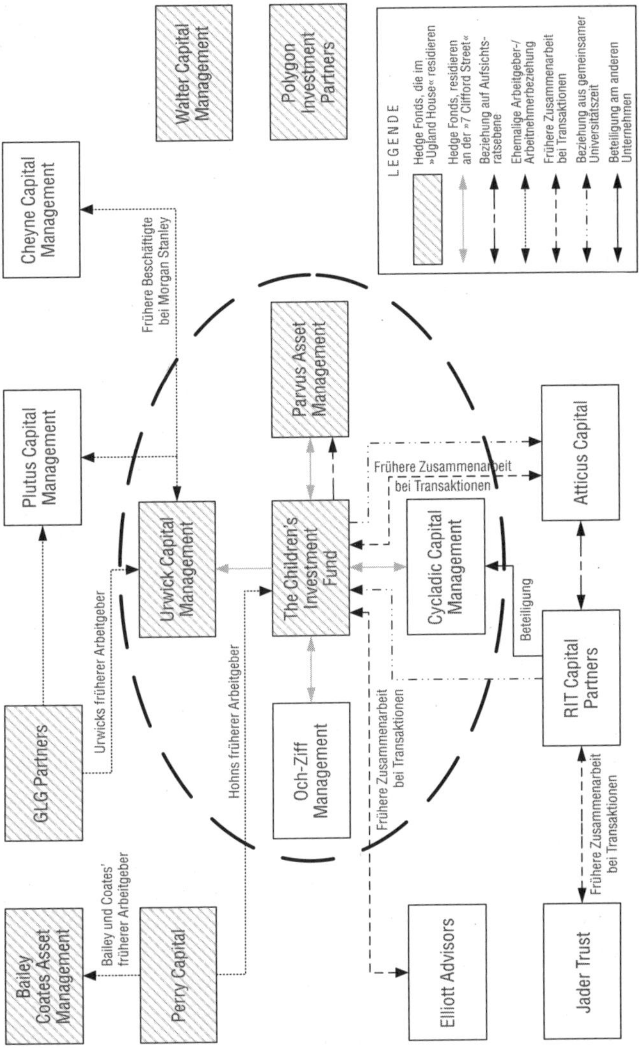

Schematische Darstellung der persönlichen und geschäftlichen Verflechtungen zwischen diversen (nicht zwangsläufig rebellischen) Hedge Fonds. Stand April 2005

waren ihre Forderungen nach Art und Höhe der Aktienrückkaufe wie auch hinsichtlich der Veränderungen in Aufsichtsrat und Vorstand nahezu deckungsgleich.

Das Management verunglimpfen und drangsalieren

Der ständige Wechsel der Argumente, die TCI hervorbrachte, ließ uns daran zweifeln, sie hätten sich primär in einer bestimmten Frage – zum Beispiel der angeblich schlechten Corporate Governance – Gehör verschaffen wollen. Anfangs vermuteten wir, dass sie tatsächlich nur etwas gegen den Kauf der LSE hatten, aus für uns problematischen, aber möglicherweise nachvollziehbaren Gründen (Hohn und seine Gleichgesinnten bestanden ja darauf, dass die LSE nicht mehr als 300 Pence pro Aktie wert war, während wir ein Angebot über 600 Pence für eine gute Idee hielten).

Aber sobald wir das Kaufgebot zurückgezogen hatten, setzte TCI zu einer herabwürdigenden Attacke auf unsere Corporate Governance an. Dies ging so weit, einzelne Mitglieder des Aufsichtsrates unter Druck zu setzen, und umfasste eine Pressekampagne sowie grundlose Anschuldigungen wegen Bilanzfälschung und Korruption. Durch das Kuddelmuddel infolge der schmutzigen Tricks von TCI bröckelte die Unterstützung des Aufsichtsrates für das Management. Unsere Aussichten, bei der Hauptversammlung im Mai mit geschlossenen Reihen kämpfen zu können, zerbrachen. Und der Rest der deutschen Unternehmenslandschaft – Geschäftsführer, Politiker und Regulierungsbehörden – sah zu, ohne auch nur mit der Wimper zu zucken.

8

Help me if you can

Als ich in den sechziger Jahren mit meiner Band durch Hessen tourte, waren die Beatles unsere Helden. Einer ihrer besten Songs heißt »Help«. Den Refrain »Help me if you can I'm feeling down« hätte ich passenderweise nach dem ergebnislosen Meeting vom 7. April mit Merz, Hohn und Lord Rothschild singen können.

Eine Frage beschäftigte mich: Warum half uns niemand? Warum stand uns zumindest gegen die offensichtlich ungerechten Angriffe von TCI niemand bei?

Ich fühlte mich auf allen Ebenen im Stich gelassen: Der Rückhalt durch den Aufsichtsrat schrumpfte immer mehr; andere Unternehmen oder deren Vorstände hielten sich aus allem raus; die Mehrheit der Aktionäre, die sich doch eigentlich wehren müssten, verhielt sich unverständlich ruhig und auch die Regulierungsbehörden griffen nicht ein.

Dabei spielte sich die Auseinandersetzung zwischen der Deutschen Börse und TCI in weiten Teilen offen unter den Augen der Öffentlichkeit ab. Sah das denn niemand?

7. April: Die Fetzen fliegen: Ein offener Brief und seine Folgen

Von Anfang an hatte TCI oder jedenfalls jemand aus dem engeren Umfeld die Medien systematisch mit Informationshäppchen gefüttert, die ein sehr schlechtes Licht auf uns werfen sollten und – aus einem bewusst manipulierten Blickwinkel betrachtet – tatsächlich warfen.

Nach dem kläglichen Meeting am 7. April war uns der Geduldsfaden gerissen. Alle Hoffnung und Energie hatten wir auf die vergangenen Stunden gesetzt, aber Hohn war mit derselben starren Haltung gegangen, mit der er gekommen war. Es war nicht länger hinzunehmen, wie sich Hohn im Anschluss an unser Meeting eben benommen hatte und was er sich seit Februar alles erlaubt hatte. Seine provokanten, ja sogar drohenden Bemerkungen hatten die Basis für eine Lösung auf dem Verhandlungsweg zerstört.

Meine Ratgeber und ich hatten schon länger einen öffentlichen Gegenangriff auf Hohn und TCI erwogen. Nun war es so weit. Kurz nachdem Hohn das Haus verlassen und zum Flughafen gefahren war, ergriff die Deutsche Börse die Initiative: Wir schrieben einen ehrlichen und detaillierten offenen Brief an Hohn und stellten ihn auf unsere Website, die täglich von Journalisten und Aktionären besucht wird; an Hohn sandten wir denselben Brief zeitgleich per E-Mail.

Zu lange hatte ich mich gegen meine innere Überzeugung zurücknehmen müssen, aus Rücksicht auf vermeintlich sachliche Verhandlungen. Nun, da für mich offensichtlich geworden war, dass es nicht um die Sache und erst recht nicht um die Zukunft der Deutschen Börse ging, sondern um Macht und Eigeninteressen eines Minderheitsaktionärs, wollte ich mich endlich zur Wehr setzen: Die Öffentlichkeit sollte unsere Sicht der Dinge kennen lernen. Offen und ohne alle bigotte Verstellung.

Der Ton unseres offenen Briefes mit der Überschrift »Programm zur Steigerung des Shareholder Values« war zurückhaltend und sachlich bis zur Schmerzgrenze. Er sollte der Presse, unseren Aktionären und der Öffentlichkeit vor der Hauptversammlung am 25. Mai unsere Position klar und verständlich vermitteln.

Das war der Plan. Die Umsetzung musste flott gehen. Nur dann hatten wir eine Chance, verlorenen Boden in den Medien wettzumachen. Wir mussten schneller sein als Hohn und etwaige Informanten aus dem Aufsichtsrat. Angesichts der miesen Laune, mit der Hohn uns verlassen hatte, rechneten wir damit, dass er erneut eine Schmierenkampagne gegen uns plante, bei der er alle Register ziehen würde – wir machten uns auf das Schlimmste gefasst. Wenn er vor uns an die Öffentlichkeit gehen würde, müssten wir uns rechtfertigen – was selten einen guten Eindruck macht. Unsere einzige Chance lag im Überraschungsmoment. Wir mussten versuchen, durch schnelle Informationen unsere Argumente aktiv an die Öffentlichkeit zu bringen. Auf diese Weise hofften wir die öffentliche Diskussion auf sachlichem Niveau halten zu können.

Bei alledem war der offene Brief auch ein Weg, wieder gleiche Bedingungen für alle Aktionäre zu schaffen. Es konnte schließlich nicht angehen, dass ein Unternehmen im Hinterzimmer mit einem Acht-Prozent-Aktionär verhandelt, ohne darüber auch die Besitzer der übrigen 92 Prozent zu informieren.

In dem offenen Brief, den wir aus bereits existierenden Notizen und internen Papieren formulierten, skizzierten wir unsere Zukunftspläne: Wir würden Kapital an unsere Shareholder ausschütten, unsere Finanzierungspolitik umformulieren und existierende Barreserven wie auch künftigen Cashflow für Ausschüttungen an die Aktionäre verwenden. Ich forderte Hohn auf, unser »Programm zur Steigerung des Shareholder Values« zu unterstützen und »die Zerreißprobe, Kosten und Verwirrung einer öffentlich geführten Auseinandersetzung zu vermeiden« – wobei mir durchaus bewusst war, dass genau das meinem Gegner nutzen würde.

Ich erwähnte auch, dass an dem letzten Meeting Lord Jacob Rothschild und TCIs »Berater in Rechtsfragen« teilgenommen hatten. Allerdings vermieden wir es, Merz namentlich zu erwähnen, um ihn angesichts der bevorstehenden Landtagswahlen in Nordrhein-Westfalen nicht in die Bredouille zu bringen, sich öffentlich äußern zu müssen. Die Deutsche Börse bekannte, dass es Probleme dabei gab, »die sehr breit gefächerten Meinungen der Shareholder zu einer gemeinsamen Strategie zu verschmelzen«. Aber in einer entscheidenden Frage, so teilte ich Hohn und der Öffentlichkeit mit, stimmten Manager und Aktionäre vollkommen überein: Ohne den Kauf der LSE saß das Unternehmen auf zu viel Bargeld, und das wollten wir an unsere Aktionäre ausschütten. Ich wies auch darauf hin, dass wir diesen Plan B für den Fall, dass Plan A, also die geplante Fusion, scheiterte, schon im November 2004 gefasst hatten.

Dann wandte ich mich Fragen der Corporate Governance zu: »Am 31. März verlangte TCI von uns, dass wir unverzüglich die Mehrheit aller Mitglieder unseres Aufsichtsrates absetzen und stattdessen handverlesene Kandidaten von TCI berufen. Etwas später dann forderten Sie die Absetzung und Neubesetzung von ›nur noch‹ einer Mehrheit der Aktionärsvertreter im Aufsichtsrat. Trotz des dramatischen Ausmaßes der Veränderungen, die sie von uns verlangen, besitzen Sie ›keine konkrete Strategie für das Unternehmen‹, wie Sie mir bei mehreren Gelegenheiten gesagt haben.«

Natürlich wusste ich selbst am besten, dass das so nicht stimmte. Aber ich fand es richtig, Hohn in aller Öffentlichkeit auf das festzunageln, was er mir gegenüber immer behauptete.

Ich antwortete außerdem auf Hohns beharrlich wiederholten Kritikpunkt an den derzeitigen Aufsichtsratsmitgliedern: nämlich dass Breuer es versäumt habe, die anderen Mitglieder des Aufsichtsrates über Hohns LSE-Aversion zu unterrichten. »Wie Ihnen durchaus bekannt sein dürfte, hat Dr. Breuer exakt einen Tag nach Ihrem Gespräch mit ihm dem Strategie-Ausschuss des Aufsichtsrates einen umfassenden Bericht vorgelegt über die Ansichten, die Sie und andere ihm vorgetragen haben.«

Und schließlich umriss ich die Pläne der Deutschen Börse für konstruktive Veränderungen, darunter auch die Bildung eines Shareholder-Komitees, um eine direktere Verbindung zwischen Shareholdern und den beiden Führungsgremien der Deutschen Börse zu schaffen: »Wir sind überzeugt davon, dass den Interessen unserer Aktionäre am ehesten gedient ist, wenn wir Veränderungen im Aufsichtsrat den Wahlen im Jahr 2006 überlassen.«

In unserem Treffen am Vormittag hatten wir Hohn und Rothschild zwar Sitze in einem solchen Shareholder-Komitee angeboten, aber das sparte ich nun bewusst aus. Da war ja schließlich noch nichts spruchreif, und wir wollten nicht unnötig die anderen Aktionäre vor den Kopf stoßen, die ja die gleichen Rechte hinsichtlich einer Kandidatur für das Shareholder-Komitee hatten.

8. April: Wo stecken die Verbündeten, wenn man sie braucht?

Der Brief war also online. Und wir wappneten uns für den unvermeidbaren Gegenschlag, der nun erfolgen würde. Wir hatten bislang jedes verbale Gefecht vermieden, und daher bewegten wir uns von nun an auf unbekanntem Terrain. Natürlich war das riskant. Aber unter den gegebenen Umständen die einzige vernünftige Taktik. Einer unserer Berater fasste die Lage zusammen:

»Vor einem Monat, als wir erkannten, dass wir tief in Feindesland standen und umzingelt werden sollten, begannen wir mit einem taktischen Rückzug auf höher gelegenes Gebiet, das wir bis zum Ende halten und verteidigen werden. Gestern haben wir der ganzen Welt mitgeteilt, wo wir stehen.«

Das war vielleicht etwas zu heroisch-optimistisch. Denn

schon am nächsten Morgen bekam ich eine E-Mail von Friedrich Merz. Er bezeichnete das Treffen vom Vortag als »hilfreich und sachdienlich«; allerdings habe der offene Brief an Hohn alles verändert. »Ich weiß nicht, ob nun noch eine einvernehmliche Lösung möglich ist. Die Vertreter des TCI fühlen sich von Ihnen vor den Kopf gestoßen. Sie finden, dass ihre bisherigen Ansichten über Sie nun mehr als bestätigt worden sind.«

Wusste Merz nichts davon, wie das Gespräch zwischen Hohn und mir an jenem 7. April verlaufen war, nachdem er die Deutsche Börse verlassen hatte? Wusste er nicht, dass Hohn wieder zu seinen Höchstforderungen zurückgekehrt war und einen umfassenden Wechsel des Aufsichtsrates bis Jahresende verlangt hatte? Offenbar ahnte er nicht, dass Hohn ohne seine Berater unberechenbar wie eine unbefestigte Kanone auf einem Schiffsdeck war.

12. April: Angenehme Überraschungen und eine miese Drohung

Zu den Redaktionen dagegen diente uns der Brief als Sesam-öffne-dich. Ganz bewusst suchten wir den Kontakt zu jenen Journalisten, die durch ihre Berichterstattung einen Teil der Öffentlichkeit gegen uns eingenommen hatten. In all den Gesprächen, Statements und Presseerklärungen achteten wir stets darauf, klar zwischen den vernünftigen Fonds und den rücksichtslosen Außenseitern zu unterscheiden, und gaben ausführlich Auskunft über die unschickliche Art und Weise, mit der die Letzteren uns unter Druck gesetzt hatten.

Dabei zeichnete sich recht schnell ab, dass viele der Journalisten durchaus an unserer Sichtweise, an neuen Informationen und anderen Meinungen interessiert waren. Sie fanden es gut, dass wir nun endlich in die Offensive gingen, nach all den Wochen der einseitigen Informationen. Was für eine angenehme Überraschung!

Unser offener Brief war eine Initialzündung. Prompt erschienen in den ersten Medien kritische Kommentare über Hedge Fonds. Und bald machten sich auch andere Journalisten tiefer gehende Gedanken, welche bedrohlichen Folgen das Handeln der Hedge Fonds für die Kapitalmärkte haben könnte.

Nach den persönlichen Gesprächen mit den Journalisten hängten Hlubek und ich uns ans Telefon und riefen zahlreiche Investoren an. Einige sagten, sie seien ganz auf unserer Seite, was natürlich Musik in unseren Ohren war. Sie hatten das Vorgehen von TCI schon länger mit Skepsis verfolgt und wollten sich nicht von Hohn & Co. enteignen lassen. Eine besonders hilfreiche E-Mail kam von einem Aktionär, den wir bislang immer Hohns Lager zugerechnet hatten.

Sehr geehrter Herr …,

(bitte leiten Sie dieses Schreiben auch an Herrn Seifert und Dr. Breuer weiter),

wir danken Ihnen, dass Sie uns über den Brief vom 7. April an Herrn Christopher Hohn in Kenntnis gesetzt haben.
Wir ersehen daraus die vielfältigen Druckmittel, denen sich das Management und der Aufsichtsrat im Zusammenhang mit Shareholder-Fragen ausgesetzt sieht. Wir sind froh, dass Sie beträchtliche Zeit darauf verwandt haben, sich in das hineinzuversetzen, was in den Köpfen Ihrer Aktionäre vorgeht.
Wie Ihnen bekannt ist, sind wir als langfristige Aktionäre zufrieden, solange das Management den mittel- und langfristigen Wert der Aktien erfolgreich ausbaut. Auf der einen Seite erwarten wir, dass das Management dies berücksichtigt; andererseits sorgen wir uns wegen derjenigen, die mit einem kurzfristigen Anlagehorizont in das Unternehmen investiert haben und deren einzige Existenzberechtigung ist, kurzfristig und auf die Schnelle

Geld zu machen. Beides zerstört die Werte der wirklichen Investoren.
Der Brief von Herrn Seifert hat sich recht ausführlich damit beschäftigt, Ihre Strategie der Aktienrückkäufe sowie ihre Corporate Governance zu erklären. Ich schreibe Ihnen einzig und allein, um Herrn Seifert und den Aufsichtsrat zu beschwören, sich auch weiterhin der Wertschöpfung verpflichtet zu fühlen.
Obwohl es den Anschein hat, dass Herr Seifert und der Aufsichtsrat sich der Risiken einer Reaktion auf die kurzfristigen Investoren durchaus bewusst sind, möchten wir Sie dennoch drängen, weiterhin achtsam zu bleiben und im Interesse aller Eigentümer zu handeln, insbesondere derer, die keine kurzfristigen Absichten verfolgen …

Mit freundlichen Grüßen
…
Chief Investment Officer-International
…

Besser hätte man die Situation nicht zusammenfassen können. Als ich das Schreiben auf meinem Blackberry las, war ich zufrieden: Die Langzeitinvestoren wussten, dass die ausgefeilte Strategie des Unternehmens Gefahr lief, auf dem Altar der kurzfristigen Aktienrückkaufprogramme geopfert zu werden. Ihnen war an einem beständigen Wachstum gelegen, nicht an einem sprunghaften Anstieg des Aktienpreises, der dann schnell auch zum Absturz führen konnte. Und es war uns gelungen, unsere Absichten zu vermitteln und die absurde Vorstellung zu konterkarieren, wir wären »machtgierige Alleinherrscher« ohne Interesse am Shareholder Value.

Die rebellierenden Aktionäre Atticus, Merrill Lynch, Capital und Fidelity hüllten sich erst mal in Schweigen. Dafür aber kam die unausweichlich negative Reaktion aus dem Lager um TCI. Als Vorbote ging eine E-Mail von Sibylle beim Aufsichtsrat ein: Er habe den Brief an Hohn gelesen und wolle dazu noch vor der nächsten Sitzung des Aufsichtsrates, die er nicht besuchen könne, eine Stellungnahme abgeben: »Ich bezweifele, dass Sie den ›anders denkenden‹ Shareholdern hinreichende Konzessionen geboten haben, um sie glücklich zu machen. Ich befürchte daher, dass die Absicht, eine öffentliche Konfrontation im Vorfeld der Hauptversammlung zu vermeiden, sich als unrealisierbar herausstellen könnte, und ich glaube, dies wäre ein unbefriedigendes Resultat. Ich denke, dass das Versäumnis, ihnen einen Platz im Aufsichtsrat vor 2006 anzubieten, ihren Unmut noch steigern wird. Ich denke, das Konzept eines Shareholder-Komitees dürfte ebenfalls nicht sehr attraktiv sein.«

Gegen 16 Uhr meldete sich Rothschild. Ich hatte seinen Anruf erwartet, und er hatte wenig Überraschendes zu sagen, auch wenn's dramatisch klang: »Es ist durchaus möglich, dass euch Hohn den Krieg erklärt.«

Er wollte wissen, ob das angedachte Shareholder-Komitee ein Veto gegen geplante Akquisitionen einlegen könne. Höchstwahrscheinlich sei dies nach deutschem Recht nicht möglich, sagte ich, wie ja auch Merz schon vermutet hatte. Dafür versprach ich Rothschild, dass die Deutsche Börse ihre Aktionäre konsultieren würde, falls ein Mitglied des Aufsichtsrates in naher Zukunft zurücktreten würde. Und ich betonte, dass von unserer Seite aus nach wie vor nichts ausgeschlossen sei. Beispielsweise wäre durchaus denkbar, dass Merz dann in den Aufsichtsrat berufen werde und dort den stellvertretenden Vorsitz übernehmen könne. Beiläufig, aber sehr bewusst erwähnte ich, dass wir Kontakt zu sechs der acht Kandidaten auf Hohns Liste aufgenommen hatten und dass keiner von ihnen gegen den bestehenden Aufsichtsrat in einer Kampfabstimmung kandidieren wolle.

So weit wie erwartet. Rothschild versuchte offenbar noch immer, einen Deal zustande zu bringen, und wir bekamen endlich ein wenig Beistand von unseren Aktionären. Aber Hohn war auf hundertachtzig. Wie sein Ex-Kollege es vorhergesagt hatte, blies er nun zum Sturm auf seine Feinde – und nahm einen neuen Mann ins Fadenkreuz, ein Mitglied unseres Beraterkreises.

Zu dessen Arbeitgeber unterhielt TCI geschäftliche Kontakte. Hohn rief dort bei einem alten Bekannten an, machte unseren Berater für den offenen Brief verantwortlich und drohte damit, die Geschäftsbeziehung zu beenden, falls sie den Mitarbeiter nicht feuern würden. Dieser Berater geriet also unter Beschuss, weil er einen seiner Klienten hervorragend beraten hatte – und einem anderen Klienten das nicht passte. Ein mieses Spiel!

Während Hohn an neuen Methoden tüftelte, uns und unsere Berater zu schikanieren, erreichten mich positive Nachrichten aus unserem Aufsichtsrat: Breuer hatte mit Kollegen gesprochen, die den Ton des offenen Briefes guthießen. Die meisten, wenn auch nicht alle Aufsichtsratsmitglieder waren auf der Seite des Managements.

Die wichtigsten Reaktionen aber standen noch aus. Würden die gemäßigteren der »Rebellen« nun von Hohn und seinen Zielen lassen?

Für den Dienstag darauf, den 12. April, hatten wir Telefonate mit Merrill Lynch, Fidelity und Capital vereinbart, um ihnen das Konzept des Shareholder-Komitees zu erläutern. Merrill Lynch sagte aus Gründen ab, die uns ziemlich windig erschienen. Sowohl mit Fidelity – die weder willens noch bereit waren, dem Shareholder-Komitee beizutreten, noch seinen Wert verstanden – als auch mit Capital gestalteten sich die Gespräche schwierig. Alle drei Fonds blieben fest bei ihrer Meinung. Mein Brief hatte nichts genützt.

Währenddessen arbeiteten wir weiter daran, den Kern unseres Kompromisspaketes zu verwirklichen. Wie am 7. April besprochen, beschäftigten sich unsere Rechtsberater eingehend mit der Frage der Vetorechte eines Shareholder-Komitees. Ein Shareholder-Komitee könnte zwar im Vorfeld wichtiger Strategieentscheidungen beratend tätig sein. Echte Entscheidungsbefugnisse wären aber ausgeschlossen.

Am Mittwoch schickte ich Hohn eine E-Mail mit allen Details dazu, erhielt aber keine Antwort. Chris Hohn, der mich sonst mit E-Mails bombardierte, hatte offensichtlich kein allzu großes Interesse an einer Diskussion über deutsches Aktienrecht.

Bei der Presse und bei unseren Aktionären aber hatten wir wichtige Treffer gelandet. Das könnte uns bei der Hauptversammlung helfen. Alles, was Breuer und ich nach dem 7. April unternahmen, basierte ja auf der Annahme, dass mit den Rebellen kaum noch eine Übereinkunft zu erzielen und daher eine Konfrontation am 25. Mai wahrscheinlich war. Hohn erinnerte mich ja gerne daran, dass »das Unternehmen den Aktionären gehört – und nicht dem Management«. Allerdings! Und eben weil dem so ist, sollten sie alle – und zwar wirklich alle – bei den weitreichenden Veränderungen, die TCI und seine Verbündeten vorschlugen, ein Wörtchen mitreden. Auf den Showdown in der Hauptversammlung wollten wir uns nun vorbereiten.

Doch es kam nicht dazu. Die Abstimmung im Forum der Eigentümer blieb aus, denn Hohn zwang den Aufsichtsrat schon früher in die Knie. Mit schwer nachzuvollziehenden Anschuldigungen und üblen Tricks verhinderte er das demokratische Votum aller Aktionäre. Hohn, der sich so lange als Gralshüter der Corporate Governance aufgespielt hatte, verlegte sich auf verbale Muskelspiele, anstatt eine offene Diskussion zu fördern und sich einer fairen Abstimmung zu stellen.

14. April: Breuer soll gehen

Wie zu erwarten war, legte TCI jetzt mit einer PR-Kampagne gegen uns noch mal einen Gang zu. Am 14. April bekamen wir einen Hinweis, dass Merz gerade im Auftrag von TCI mit der Presse spreche. Auf meine Nachfrage hin erklärte mir der Chefredakteur einer Frankfurter Zeitung, dass Merz die Redaktion persönlich besucht habe, mit einer interessanten Information: TCI würde bei der Hauptversammlung den Antrag stellen, Breuer als Vorsitzenden des Aufsichtsrates abzuwählen. Mein offener Brief habe Hohn und andere Aktionäre in London, so Merz, sehr verärgert. Merz habe auch noch gesagt, dass sich angesehene Persönlichkeiten der deutschen Geschäftswelt bereit erklärt hätten, für den Aufsichtsrat zu kandidieren.

Die Nachrichtenagentur Reuters brachte die Meldung am selben Tag um 16.45 Uhr. Nach Aussage von »Quellen, die mit der Situation vertraut sind«, würde TCI in aller Form beantragen, Breuer bei der Hauptversammlung der Deutsche-Börse-Gruppe aus dem Aufsichtsrat zu entfernen. »TCI hat die Deutsche Börse per Brief davon in Kenntnis gesetzt«, hieß es bei Reuters. Das stimmte – 15 Minuten *nachdem* Reuters die Meldung in alle Welt gesandt hatte, schickte Hohn mir ein förmliches Schreiben, in dem er uns von seiner Absicht unterrichtete.

Breuer sollte also gehen. In dem Schreiben stand auch eine Begründung: Breuer habe das Vertrauen der Aktionäre verloren, weil er weiterhin eine Übernahme der LSE vorbereitet habe, trotz Opposition aus den Reihen der Shareholder. Wieder einmal – und obwohl er es besser hätte wissen müssen, weil wir es ihm x-mal erklärt hatten – beschwerte TCI sich also, dass die Deutsche Börse die Aktionäre über den LSE-Deal hätte abstimmen lassen sollen. Das war kalter Kaffee. Aber die Attacke gegen Breuer war nun aktienrechtlich formal richtig, und so sprangen die Medien gerne darauf an.

Eine Frage brannte allen unter den Nägeln: Wenn Breuer auf der Abschussliste der Shareholder stand, wer sollte dann bei der Wahl gegen ihn antreten? Die Nachrichtenagentur dpa berichtete, dass Merz nicht für eine Position im Aufsichtsrat zur Verfügung stehe. Diese Aussage stimmte überein mit Merz' früheren Beteuerungen, er würde nicht in einer Kampfabstimmung kandidieren. Nur wenige Minuten später aber berichtete dann Reuters, Merz sei bereit, als normales Mitglied dem Aufsichtsrat beizutreten. Dies alles führte zu großer Aufregung in den Medien: ein Politiker, der ausländische Hedge Fonds unterstützt, Köpfe, die rollen sollten, und noch dazu die Aussicht auf ein spektakuläres Duell bei der Hauptversammlung eines DAX 30-Unternehmens – das war doch mal was!

15. April: Hohn sucht sich einen »neuen besten Freund«

In der TV-Serie »Ally McBeal« prägte Richard Fish, Partner einer Anwaltskanzlei und nicht gerade eine einnehmende Persönlichkeit, den Satz: »Gewinnen ist gar nicht so toll. Aber mit miesen Tricks gewinnen macht richtig Spaß.« Das hätte auch Hohns Motto sein können.

Wir hatten mittlerweile ein recht gutes Gespür dafür entwickelt, was als Nächstes kommen würde. Außerdem erzählte uns Peter Harkins aufschlussreiche Geschichten von ähnlich gelagerten Fällen in den USA: Zum Auftakt ihrer Schlussoffensive verkünden die »activist shareholders« dort gerne, ihr Zielunternehmen stecke in schlimmen Schwierigkeiten und müsse von ihnen errettet werden.

Ab Freitag, den 15. April (Freitag der 13. wäre ein passenderes Datum gewesen), tat Hohn genau das. Nicht, dass er sein profundes Wissen über die Deutsche Börse mit mir geteilt hätte – was mit Sicherheit sehr erhellend und unterhaltsam geworden wäre. Nein, Hohn suchte sich lieber einen neuen »besten Freund« – ein unbescholtenes Mitglied des Aufsichtsrates; jemanden, der bisher das Management und unsere Pläne zum Erwerb der LSE hundertprozentig unterstützt hatte und der dem Unternehmen mit seinem exzellenten Verständnis von Strategien und Operationen oft gute Dienste erwiesen hatte. Dieser Mann rief mich danach sofort an. Er wolle mich über ein Telefongespräch informieren, das er soeben mit Hohn geführt hatte.

Hohn hatte behauptet, er habe eine drohende Krise in der Deutschen Börse ausgemacht. Das Unternehmen werde von Breuer und mir wie unser persönliches Lehen geführt, die Stimmung der Mitarbeiter sei im Keller und der Aufsichtsrat blind; ich müsse beseitigt werden. Hohn warnte seinen neusten selbst gesuchten Freund, dass sein Ruf als Mitglied des Aufsichtsrates und erfolgreicher Geschäftsmann auf dem Spiel stehe. Hohn behauptete außerdem, dass Friedrich Merz, Thomas Fischer, CEO der WestLB, und andere deutsche Topmanager sich bereithielten, das Unternehmen zu retten.

Wie leicht zu durchschauen! Schließlich käme es Hohn zugute, wenn der Aufsichtsrat sich streiten würde. Genau davor hatte unser Berater Harkins immer wieder gewarnt. Natürlich war das gefährlich. Sobald der Aufsichtsrat keine geschlossene Einheit mehr darstellte, würde es für alle Beteiligten schmerzhaft.

Armeen erleiden beim Rückzug die größten Verluste. In ähnlicher Weise wurde die Position der Deutschen Börse immer schwächer, als Aufsichtsratsmitglieder begannen auf eigene Faust zwischen dem Unternehmen und den Rebellen zu vermitteln. Breuer und ich mussten fortan genau abwägen, auf wen wir in Zukunft noch würden zählen können. Als wir den jüngsten Schachzug Hohns diskutierten, rechneten wir mit einer festen und sicheren Mehrheit im Aufsichtsrat. Aber Hohn war leider noch nicht am Ende und zudem nicht allzu pingelig bei der Wahl seiner Mittel.

Hohn verstärkte den Druck, indem er seinem »neusten Freund« eine weitere E-Mail schickte: »Ich möchte Ihnen eindringlich empfehlen, den Brief, den ich dem Aufsichtsrat am Donnerstag geschickt habe, in Gänze zu lesen [der Brief, in dem Hohn die Abwahl Breuers bei der anstehenden Hauptversammlung beantragt]. Er könnte Ihnen dabei helfen, einen kleinen Teil der Gründe zu verstehen, warum ich glaube – außer es tritt ein radikaler Wandel ein –, dass der derzeitige Aufsichtsrat gewaltsam von den derzeitigen Aktionären abgesetzt wird, falls die Rücktritte nicht schon vorher erfolgen, was wahrscheinlich ist.«

Sein »neuster Freund« sollte sich also in seiner Position kräftig bedroht fühlen. Hohn kramte auch olle Kamellen wieder hervor und fragte, warum der Vertrag von Hlubek so kurz vor der Hauptversammlung um fünf Jahre verlängert worden sei.

»Ich habe vor, in aller Form eine rechtliche Untersuchung dieser Angelegenheit zu beantragen, falls sich auf diese Frage keine befriedigende Antwort finden lässt, weil ... einige Mitglieder des Aufsichtsrates mir deutlich zu verstehen gegeben haben, dass sie denken, der Vorgang könnte illegal gewesen sein.«

Die Verlängerung des Vertrages von Hlubek war über die vergangenen Wochen ein heißes Eisen gewesen, obwohl es eigentlich nur um heiße Luft ging. In Deutschland haben die meisten Vorstandsmitglieder Fünf-Jahres-Verträge: Wenn ein solcher Vertrag ausläuft, dann wird er entweder um weitere fünf Jahre verlängert oder gar nicht, was dem Betreffenden zwölf Monate zuvor mitgeteilt wird. Hlubek hatte gute Arbeit geleistet, also hatte der Aufsichtsrat seinen Vertrag verlängert. Was hätte er sonst tun sollen? Hohn aber machte darum ein großes Brimborium und stellte seinem »neuen besten Freund« sogar ein Ultimatum: Bis Montag solle er ihm eine Antwort bezüglich der Umstände der Vertragsverlängerung von Hlubek zukommen lassen. Dann schickte er gleich noch eine E-Mail. Da Hohn trotz unserer Bitte die Korrektheit seiner Angaben nie belegte, wollen wir uns nicht der Verbreitung falscher Tatsachen schuldig machen und lassen deshalb die Namen weg:

»Nach ... sind wir Ihr größter Shareholder (8 %), dann kommen ... (8 %), ... (6,5 %), ..., ... (je 3,5 %), ..., ..., ..., ... (je 2 %) und ... (5 %), aber ich nehme an, dass Ihnen das bereits bekannt ist. ..., ..., ... besitzen anscheinend je circa 1 %. Hoffentlich haben Sie mit den meisten oder allen von ihnen gesprochen, dann werden Sie sicher nicht mehr bezweifeln, dass der Aufsichtsrat in vielerlei Hinsicht in ernsthaften Schwierigkeiten steckt.«

Dann wurde Hohn so richtig garstig und obendrein persönlich: »Ich glaube nicht, dass Sie schlechte Absichten haben, ... aber ich glaube, dass Sie kein Gefühl haben für die tiefe Vertrauenskrise zwischen Aktionären und den beiden Boards [Vorstand und Aufsichtsrat] und für die Gründe, warum einige dieser inakzeptablen Dinge im Unternehmen passieren. Ich befürchte, Ihre einzigen Informationsquellen sind die Berichte von Werner Seifert und Rolf Breuer, dass alles in Ordnung sei. Ich möchte Ihnen vor Augen führen, dass Rolf Breuer schlussendlich auch nur einer von 14 Aktionärsvertretern im Aufsichtsrat ist. Wenn Sie damit zufrieden sind, dass er Sie in die ›Hall of Shame‹ der Führungskräfte führt, dann kann ich Ihnen nicht helfen. Einige Ihrer Kollegen im Aufsichtsrat sehen, was auf sie zukommt, und erkennen, dass ein Rücktritt jetzt die einzige ehrenrettende Option ist.«

Hohn behauptete unzutreffenderweise, Breuer habe ihm am 7. April gesagt, er habe den Aufsichtsrat »um Rücktritte gebeten«, aber die meisten hätten abgelehnt und würden lieber hoch erhobenen Hauptes gehen, wobei ihnen ihr Stolz wichtiger sei als das Wohl des Unternehmens. Dann schloss Hohn die Nachricht an unser Aufsichtsratsmitglied: »Ich hoffe, dass Sie diese Haltung nicht teilen, aber bisher sehe ich keinerlei Beweis des Gegenteils.«

Was für ein gelungener Drohbrief! Bemerkenswerterweise schien es Hohn wenig zu kümmern, so offen zu betreiben, was für mich eindeutig Acting in Concert ist. Die Kombination von unheilschwangeren Warnungen und persönlichen Drohungen mit der Aufzählung der Fonds in seinem Lager zielte ja auch vorrangig darauf ab, unser Aufsichtsratsmitglied einzuschüchtern.

Hohns »neuer bester Freund« schlug in seiner Antwort konziliante Töne an. Er ließ gelten, dass die Shareholder ein Recht darauf hätten, ihn abzusetzen, blieb aber gleichzeitig bei der Ansicht, dass er keine Anzeichen der Krise erkennen könne, die Hohn von seinem Büro aus im fernen St. James entdeckt hatte.

Wie ein Haifisch, der im Wasser Blut wittert, nahm Hohn die zivilisierte Antwort zum Anlass, nun umso stärker anzugreifen: »Wenn Sie endlich begreifen würden, was im

Unternehmen vor sich gegangen ist, hätten Sie den Aufsichtsrat dazu gezwungen, Werner Seifert abzusetzen oder hätten selbst gekündigt. ... Sie werden dafür bezahlt, den Aktionären zu dienen und daher sollten Sie darauf vorbereitet sein, mit Ihren größten Aktionären über die aktuellen Vorkommnisse zu diskutieren; andernfalls sind Sie nicht in der Lage, Ihre Funktion als ›Aufsichtsrat‹ verantwortungsvoll zu erfüllen. ... Offen gesagt ist es angesichts der Krise, die sich im Unternehmen ausbreitet, nicht befriedigend, wenn Sie sagen, Sie wollten darüber nicht weiter diskutieren.«

Hohn wiederholte, er habe »schwerwiegende Vorwürfe« erhoben, dass sich das Unternehmen bei der Verlängerung von Hlubeks Vertrag »möglicherweise illegal« verhalten habe, da das Thema dem Aufsichtsrat nicht zur Diskussion vorgelegt und seinen Mitgliedern gesagt worden sei, es würde auch keine Diskussion darüber stattfinden.

»Ich fordere Sie – und nicht Dr. Breuer, dem ich nicht traue – in aller Form dazu auf, so schnell wie möglich eine formelle Pressemitteilung zur Rechtmäßigkeit und Richtigkeit dieser Vorgänge herauszugeben. Ich bin sicher, Sie wissen, dass keine Rechtsschutzversicherung Sie vor der persönlichen Haftung der Aufsichtsräte schützt, wenn Sie illegale Handlungen billigen. Wenn Ihnen daran gelegen ist, Ihre Pflicht zu erfüllen, dann sollten Sie sich aktiv darum kümmern, sobald Sie begriffen haben, warum alles überhaupt so weit gekommen ist.«

Diese Mail war eine einzige, lange Beleidigung. Was für eine Unverschämtheit, zumal ihrem Empfänger ja damit gedroht wurde, er müsse die Verantwortung für einen Vorgang übernehmen, der vollkommen legal und in Übereinstimmung mit der deutschen Corporate Governance gewesen war. Den Vorsitzenden des Aufsichtsrats zu umgehen war völlig undenkbar, zumal ja nicht der geringste Beweis für ein wie auch immer geartetes Fehlverhalten vorlag. Auf Hohns Behauptungen einzugehen war die Mühe nicht wert.

Da es ihm nicht gelungen war, mit dem ersten Schwung unerwiesener Behauptungen den Sieg zu erringen, kam Hohn nun mit einem weiteren Kessel Buntem, voll angeblichen Missbrauchs und Versagens, daher. Diese Anschuldigungen waren wesentlich gewichtiger – und noch mehr aus der Luft gegriffen.

»Sind Sie denn nun gewillt, sich weiter mit mir zu unterhalten oder nicht? Anscheinend nicht. Falls doch, können Sie einiges erfahren über frisierte Buchführung, indem Kosten von Clearstream auf andere Bereiche verteilt wurden, um die Tatsache zu verbergen, dass der Erwerb von Clearstream geradezu lächerlich unsinnig und Wert vernichtend war. Es ist ja so ..., dass es viel schwieriger ist, den Umsatz eines Unternehmens zu fälschen, und wenn Sie sich dies ansehen, werden Sie eine traurige Entwicklung und kontinuierlichen strukturellen Niedergang entdecken.«

Hohn fuhr fort: »Komisch, dass unter diesen Umständen die gemeldeten Gewinne nicht kollabiert sind, aber es wäre ja auch schwieriger gewesen, einem ehrbaren Aufsichtsrat gegenüber weitere Anschaffungen wie zum Beispiel die der LSE zu rechtfertigen, wenn die Wahrheit ans Licht gekommen wäre. Und lassen Sie uns doch auch über Entory [eine weitere Tochtergesellschaft der Deutschen Börse] reden, die einem Freund des Vorstandsvorsitzenden abgekauft wurde, ein Witz von einer Errungenschaft, das sich als 100-prozentiges Abschreibungsobjekt entpuppen wird. Wenn Sie zu Gesprächen bereit sind, könnte ich Sie auch noch darüber aufklären, dass die Vertragsverlängerung zwischen SWX und der Deutschen Börse über Eurex im vergangenen Jahr eine gigantische Wertzerstörung bedeutet – wahrscheinlich wurden 500 Millionen Euro im Klo runtergespült. Wir könnten uns auch über die Tyrannei und die Einschüchterungen unterhalten, die das Verhalten des CEOs gegenüber Managern und Angestellten prägen. Ich glaube, dass in diesem Unternehmen auf höchster Ebene Korruption im Spiel ist, und werde das in naher Zukunft weiter aufdecken. Aber wenn Sie von alldem nichts hören und nicht tätig werden wollen, dann werden wohl die Öffentlichkeit, die Regulierungsbehörden und die Aktionäre darüber zu Gericht sitzen und Veränderungen herbeiführen müssen.« Hohn ließ auch wissen, dass es »unvermeidlich« sei, diese Sachverhalte schon bald öffentlich zu machen.

Und wieder befand sich unser Aufsichtsratsmitglied in einer Situation, um die er nicht zu beneiden war. Er hatte das Gefühl, Behauptungen dieser Größenordnung sollten überprüft werden. Gleichzeitig aber war klar: Wenn er Nachforschungen initiierte, dann würde das eine ungeheuere Sprengkraft entfalten und könnte Hohn dazu ermutigen, weitere Anschuldigungen zu fabrizieren.

An diesem Punkt hätte gewiss die vertrauensvolle Zusammenarbeit zwischen jedem Aufsichtsratsmitglied und jedem CEO einen Knacks bekommen. Jedenfalls erfuhr ich von diesen Behauptungen erst eine Woche später, weil unser Aufsichtsratsmitglied unschlüssig war, ob er die Mail an Breuer und mich weiterleiten sollte oder nicht.

18. April: Der Krieg der Worte eskaliert

Während diese hochexplosiven Behauptungen im Raum schwebten, waren mein Team und ich damit beschäftigt, eine Antwort auf Hohns Attacke gegen Breuer vorzubereiten: einen weiteren offenen Brief. Wir veröffentlichten ihn am Montag, den 18. April. Auch diesen Meilenstein im eskalierenden Krieg der Worte mailten wir direkt an Hohn und stellten ihn gleichzeitig auf unsere Website. Diesmal hatten wir gar keine andere Wahl, weil Hohn mit seinem Brief an Breuer schon in den Nachrichtenagenturen und Medien präsent war. Und außerdem hatte unser erster offener Brief ja dazu geführt, dass wir nun in der Öffentlichkeit anders dastanden.

Zuallererst machte ich darauf aufmerksam, dass Hohns

Brief an Breuer und seine weiteren Veröffentlichungen dem Unternehmen, seinen Eigentümern, Kunden und Angestellten Schaden zufügten. Dann legte ich los:

»In Anbetracht Ihrer extremen Forderungen, Ihrer Abneigung gegen Kompromisse und des Fehlens jeglicher vernünftigen Basis für die Art von Veränderung, die Sie verfechten, hatten wir am 7. April beschlossen, Ihre Forderungen abzulehnen, da sie nicht im Sinne des Unternehmens sind. Nach Ansicht des Vorstandes ist der radikale Wandel, den Sie vorschlagen, nicht mit den Rekordergebnissen der Deutschen Börse zu vereinbaren.«

Ich zählte Hohns »wiederholte faktische Irrtümer« auf: seine Behauptung, er habe eine Liste mit besser qualifizierten Kandidaten für den Aufsichtsrat zusammengestellt; seine Fehlinterpretation der Gespräche zwischen Breuer und den Aktionären sowie die angeblich verzögerte Weitergabe dieser Informationen an den Aufsichtsrat; seine Forderung bezüglich der Vertragsverlängerung für Hlubek sowie seine wiederholten Anschuldigungen im Zusammenhang mit unserem Gebot für die LSE. Ich fügte hinzu, dass die Rücknahme des LSE-Kaufgebots, die Aktienrückkäufe sowie der Vorschlag eines Shareholder-Komitees doch belegten, dass wir uns über viele Ziele einig waren.

Nicht, dass es uns überrascht hätte: Hohn wollte davon nichts hören. Am nächsten Tag schickte er mir ebenfalls einen offenen Brief. Was darin zu lesen war, kam uns inzwischen zu den Ohren heraus, wurde davon aber nicht wahrer: die alte Leier verquerer Anschuldigungen bezüglich einer wachsenden Krise im Unternehmen.

20. April: Risse und Sprünge im Aufsichtsrat

Am 20. April trat der Aufsichtsrat zu einer außerordentlichen Sitzung zusammen. Sie dauerte fünf Stunden. Niemand dort oder im Management-Team machte sich noch etwas vor: Wenn es bei der Hauptversammlung zu einer

Kampfabstimmung käme, war es gut möglich, dass wir den Kürzeren zögen. Natürlich fragten sich alle verwundert, wie wir dermaßen in die Klemme geraten konnten. Gravierende Fehler in der Unternehmensführung hatte es nicht gegeben, so die einhellige Ansicht; und außerdem hatte der Aufsichtsrat doch schon mit der Rücknahme des LSE-Kaufgebots und dem Aktienrückkauf den Wünschen seiner Gegner entsprochen.

Dass Hohn ihn loswerden wollte, setzte Breuer zu. Ich versuchte, die Aufmerksamkeit von ihm abzulenken, indem ich in meinen einführenden Worten sagte, dass womöglich ich im Fokus von TCI stehe. Das darauf folgende Angebot des Aufsichtsrates, mir öffentlich seine Unterstützung auszusprechen, lehnte ich ab. Das wäre eh gelaufen wie beim Fußball: Am Samstag wird dem Trainer noch versichert, dass man ohne ihn gar nicht könne – und dann wird er am Sonntag gefeuert, nachdem seine Mannschaft ein weiteres Spiel verloren hat.

Bei der Sitzung wurde beschlossen, eine dreiköpfige Verhandlungsdelegation unter der Leitung des Vorsitzenden Breuer aufzustellen, die mit den rebellierenden Aktionären verhandeln sollte. Noch so ein Versuch, einen Kompromiss zu finden, obwohl die andere Seite das Tischtuch zwischen ihnen und uns doch schon zerschnitten hatte. Und außerdem ein schlechtes Omen für mich, denn eigentlich ist es nach den deutschen Regeln für Corporate Governance nicht üblich, den Vorstandsvorsitzenden bei solchen Verhandlungen in den Zuschauerrang zu verbannen.

Die Diskussionen im Aufsichtsrat waren vor allem deswegen bemerkenswert, weil sie zeigten, wie tief die Risse mittlerweile waren. Die einen verteidigten die Corporate Governance nach deutscher Art, die anderen bevorzugten die angelsächsische Variante; manche glaubten, TCI habe die Macht (aber nicht das Recht) auf seiner Seite; andere wollten kämpfen; wieder andere setzten alle Hoffnung auf einen allerletzten Kompromissversuch. Viele Aufsichtsratsmitglieder fanden, das hiesige Recht und die deutsche Corporate Governance müssten mit Respekt behandelt werden und nicht wie eine irritierende Belästigung, ganz egal, wer unsere Aktionäre waren. Andere verkündeten resolut: Keine weiteren Konzessionen an die Aktionäre! Sie kritisierten TCI dafür, Einzelne zu schikanieren und im öffentlichen Bereich Schmierenkampagnen zu lancieren. Einer war der Ansicht, der Aufsichtsrat würde, wenn er den Gegnern die Stirn böte, Einzug in die »Hall of Fame« halten, und gewiss nicht in die »Hall of Shame«, wie Hohn gespottet hatte.

Ich hatte den Eindruck, dass die Mehrheit den Kampf fortsetzen wollte. Aber es war eine dünne, gefährlich dünne Mehrheit, die jeden Augenblick kippen konnte.

Ein Mitglied sprach aus, was vielen auf der Seele lag: Es ginge schließlich auch um die Interessen der anderen Aktionäre, die Interessen von jenen, die nichts mit TCI und seiner Truppe gemein hatten. Konnte man TCI und Konsorten nicht dazu zwingen, ein Übernahmeangebot abzugeben? Das wäre eigentlich logisch konsequent, möglicherweise auch von der Rechtslage gedeckt. Dafür würde das Bundesaufsichtsamt für Finanzen (BaFin) TCIs faulen Zauber unter die Lupe nehmen müssen. Aber in der Bredouille, in der wir steckten, nützte es alles nichts. Der Aufsichtsrat in seiner aktuellen Zusammensetzung würde den Ausgang der Untersuchung vielleicht nicht mehr erleben. Die Stimmung war eher kühl.

Breuer erschien mir von Minute zu Minute unglücklicher. Er hatte den Aufsichtsrat immer klar auf wichtige strategische Entscheidungen hin geführt und das Tagesgeschäft dem Management überlassen. Er glaubte daran, dass Entscheidungen in einem heterogenen, internationalen Umfeld auf Konsensbasis getroffen werden sollten, gestützt auf ein großes Maß an Loyalität. Ganz dem Geiste der Aufklärung verhaftet, verstand er unter einem Konsens das Resultat der besten Argumente – und nicht das Resultat des Kräftemessens widerstreitender Parteien. In guten Zeiten hatte dieser Führungsstil hervorragend funktioniert; in Zeiten einer heftigen Krise allerdings, das merkte er nun immer deutlicher, hatte er seine Grenzen.

Die gegnerischen Kräfte gewannen zunehmend an Stärke. Hohn, der seit meinem ersten offenen Brief einen gewissen Groll gegen mich hegte, verlagerte seine Attacken zunehmend von Breuer auf mich. Breuer informierte mich am Tag nach der Aufsichtsratssitzung, dass Hohn nun zwei »nicht verhandelbare« Forderungen hatte: sechs Sitze im Aufsichtsrat und meinen Abschied. Ich spürte, wie die Unterstützung für mich schwand. Niemand sagte das explizit. Vielleicht aber machte meine zunehmende Bereitschaft, das Handtuch zu werfen, mich einfach sensibler für kritische Töne.

Nach der Sitzung teilte ich meinen Kollegen im Vorstand mit, ich würde wohl bald zurücktreten. Dann sagte ich – denn schließlich habe ich gelernt, die Zähne zusammenzubeißen, was immer auch kommen möge – dass das Spiel noch nicht vorbei sei. Anschließend lud ich das gesamte Team zum Abendessen in ein Restaurant in Frankfurt-Sachsenhausen ein. Eigentlich hatten wir wenig Anlass für gute Laune, aber im Laufe des Abends gelang es Harkins und Moore doch, die zunehmend frustrierte Truppe mit ein paar ordentlichen Witzen zum Lachen zu bringen.

22. April: Nicht schuldig! Aber wen kümmert das schon?

Der 22. April war ein weiterer Wendepunkt. Das war der Tag, an dem unser Aufsichtsratsmitglied die E-Mail, die Hohn ihm fünf Tage zuvor geschickt hatte, endlich an Breuer und mich weiterleitete. Gegen die Betrugsbehauptungen im Zusammenhang mit dem Erwerb von Clearstream und Entory musste ich schnell handeln. Im Schatten des Enron-Skandals könnte es leicht zur Katastrophe führen, wenn etwaige Ungereimtheiten nicht sofort geklärt würden. Ich bat den Vorsitzenden des Finanz- und Bilanzprüfungs-Ausschusses, sich der Sache anzunehmen.

Dieser veranlasste eine gründliche Untersuchung, holte dazu unabhängige Wirtschaftsprüfer ins Haus, engagierte ein renommiertes Anwaltsbüro und antworte auf Hohns E-Mail, in der dieser »gewichtige Behauptungen« über »unzulässige Buchführungs- und Geschäftspraktiken« geäußert hatte. Mit der Bitte, diese Angelegenheit vertraulich zu behandeln, bat er Hohn um ein Treffen, »damit wir den Grund für Ihre Sorgen aus Ihrem eigenen Munde erfahren und Einblick in Beweise nehmen können, die Ihnen in dieser Angelegenheit vorliegen«.

Drei Tage später, an einem Montag, rief Breuer mich an. Er hatte sich gerade entschlossen, Lord Rothschild mitzuteilen, dass der Aufsichtsrat an keiner Lösung interessiert sei, die den Austausch von sechs seiner Mitglieder sowie des Vorstandsvorsitzenden vorsieht. Allerdings würde er nach wie vor gerne mit dem TCI-Lager sondieren, ob ein Wechsel auf zwei bis vier Sitzen – wie ja bereits einmal angeboten – eine Option sei.

Am selben Tag erreichte uns eine ganz neue Variante. Ein weiteres Aufsichtsratsmitglied hatte bei einem Gespräch mit Hohn den Eindruck gewonnen, er und seine verbündeten Investoren kontrollierten zusammen eine Mehrheit der Aktien. Hohn schien sogar urplötzlich zu Zugeständnissen bereit. Ob nun wirklich schon im laufenden Jahr Mitglieder des Aufsichtsrats ausgetauscht werden müssten, darüber ließe sich doch reden; auch könne der Aufsichtsratsvorsitzende bis 2006 bleiben. Nur über einen Punkt wollte er keinesfalls verhandeln: Ich müsse gehen.

Das bestätigte meinen früheren Eindruck, wonach hinter Hohns ständig wechselnden Forderungen weder Sinn noch Verstand steckte, dass sie sich aber immer häufiger gegen mich richteten.

Unermüdlich arbeitete Hohn weiter daran, den Aufsichtsrat zu spalten. Nun stürzte er sich mit demselben Eifer, mit dem er vorher mit mir und anderen Aufsichtsratsmitgliedern korrespondiert hatte, auf seinen Ansprechpartner in Sachen Bilanzprüfung. Er schickte ihm eine detaillierte

Liste von Fragen zur Vertragsverlängerung Hlubeks, zu den Themenkomplexen Clearstream und Eurex, zum Kauf von Entory und zum Sponsoring europäischer Jazz-Festivals und Konzerte, die ich angeblich zu meinem Privatvergnügen genehmigt hätte. Zum Ende hin regte er sich auch noch ein bisschen auf: »Ich bin außerdem besorgt, dass es aufgrund der Nähe zwischen dem Finanzchef und dem Vorstandsvorsitzenden sein könnte, dass für den Fall, dass etwas Unkorrektes vorfällt, wenig unabhängige Kontrollen der Buchführung existieren.«

Hohn war wirklich in Höchstform! Der Finanzausschuss-Vorsitzende ignorierte in seiner Antwort an Hohn diese windigen Behauptungen und schrieb lediglich, dass er die Vertragsverlängerung von Hlubek auf ihre Rechtmäßigkeit und auf ihre Konformität mit Regeln und Satzung hin überprüfen lasse. Hohn antwortete sofort. Er wollte direkt mit den externen Wirtschaftsprüfern sprechen und sich ihrer Unabhängigkeit versichern. »Mit Herrn Seifert oder Dr. Breuer zu reden hat keinen Sinn mehr«, meinte er und fügte hinzu: »Zu einem Gespräch mit den externen Wirtschaftsprüfern bin ich jederzeit gerne bereit. Solange der derzeitige Aufsichtsrat im Amt ist, werde ich wahrscheinlich keine Reise nach Frankfurt mehr unternehmen, eingedenk meiner unerfreulichen Erfahrung beim letzten Mal, als Herr Seifert seine bereits vorher vorbereitete E-Mail verschickte, während ich gerade das Haus verließ.«

Wenige Tage später wurden der Aufsichtsrat und das Management von all den niederträchtigen und absurden Behauptungen Hohns entlastet – was das Unternehmen einiges Geld und uns noch mehr Arbeit gekostet hatte. Hohn kam übrigens nie wieder auf seine infamen Anschuldigungen zurück. Es war nur eine von vielen Waffen in seinem Arsenal gewesen.

29. April: Mein Kopf muss aufs Tablett

Am Freitag, dem 29. April, las ich einen Kommentar der *Breaking Views*, den eine Londoner Finanzredaktion herausgibt und der die öffentliche Meinung in Großbritannien ziemlich treffend widerspiegelte:

»Werner Seifert sollte die Deutsche Börse verlassen. Aber der Vorstandsvorsitzende ... scheint entschlossen, an seinem Job festzuhalten. Je länger er kämpft, umso größer ist die Gefahr, dass das Geschäft darunter leidet. Seiferts größtes Problem ist, dass er nach wie vor an einer Strategie festhält, die von seinen Aktionären ausdrücklich abgelehnt worden ist – dem potentiellen Erwerb der London Stock Exchange. Auch wenn er den Plan aufgegeben haben mag, so ist es doch schwer für ihn, nun glaubhaft eine alternative Strategie zu verfolgen ... In einem anderen Unternehmen«, fuhr der Kommentator fort, »hätte ein Vorstandsvorsitzender in dieser Situation schon längst einen Marschbefehl vom Aufsichtsratsvorsitzenden auf den Tisch bekommen. Nicht so in der Deutschen Börse. Ihr Aufsichtsrat, der die Vorstände kontrolliert, hat Seifert bisher Rückendeckung gegeben – obwohl der LSE-Deal scheiterte. Dies zwang verstimmte Aktionäre dazu, zum einzigen Mittel zu greifen, das ihnen zur Verfügung steht. Sie fordern eine Abstimmung bei der jährlichen Hauptversammlung, um den Aufsichtsratsvorsitzenden Rolf Breuer abzuwählen. Auf diese Abstimmung, die für den 25. Mai vorgesehen ist, könnte dann möglicherweise eine außerordentliche Hauptversammlung folgen, deren Ziel es wiederum wäre, den gesamten Aufsichtsrat auszutauschen.«

Viele Investoren würden gerne einen »neuen Besen« an der Spitze einsetzen, kolportierte *Breaking views*, allerdings nicht, wenn das Geschäft darunter leiden würde. »Daher ist es denkbar, dass die Abstimmung zugunsten der Unternehmensführung ausfällt. Auch mit einem Sieg wäre die Sache nicht erledigt, denn mit Sicherheit wird es viele Protestwähler geben. Und falls die Unternehmensführung unterliegen sollte, würde die Situation unglaublich instabil.«

Keines dieser Ergebnisse sei wünschenswert, schrieb der Kommentator. »Es wäre weitaus besser, Seifert würde schon vor der Abstimmung ankündigen, dass er zurücktreten werde, sobald ein Nachfolger für ihn gefunden ist. Das würde den Weg ebnen für eine geregelte Ablösung – und es ihm und dem Unternehmen ermöglichen, in Würde weiterzumachen.«

Nicht die gesamte Presse war so feindselig. Ein zarter Lichtblick traf mit einer E-Mail von Clara Furse bei mir ein; Clara hatte eine Kolumne des *Evening Standard* vom selben Tag angehängt, die gegen Hedge Fonds zu Felde zog. Sie kam zu der Schlussfolgerung: »Aktives Vermögensmanagement und Shareholder-Aktivismus stehen auf einem Blatt, Vermögenswerte zu vernichten auf einem ganz anderen.« Die LSE-Chefin schrieb dazu: »Ich dachte, das könnte Dir gefallen. Schönes Wochenende, Clara.«

Die Kolumne in *Breaking Views* war zu einem passenden Zeitpunkt erschienen. Am Tag zuvor hatte ich Breuer getroffen und er hatte mir versichert, weiter persönlich hinter mir zu stehen. In einem Paper, das ich für unser Meeting vorbereitet hatte, skizzierte ich die Brüche und Risse, die mittlerweile durch unseren Aufsichtsrat verliefen. Demnach hatten wir möglicherweise nicht mehr die Mehrheit im Aufsichtsrat auf unserer Seite. Ich hatte bereits gespürt, dass es Hohn mit seiner Kampagne voll schmutziger Tricks gelungen war, die Aufsichtsratsmitglieder einzuschüchtern, und dass sie mir nicht mehr komplett vertrauten – obwohl sich restlos alle Anschuldigungen Hohns gegen uns als unwahr erwiesen hatten.

Breuer bestätigte meinen Eindruck. Auch er hatte Vorbehalte gegen mich wahrgenommen, gestand er betrübt ein. Ich geriet wegen meines Scheiterns bei der Fusion in London und wegen der Wahl meiner Berater ins Kreuzfeuer. Der Aufsichtsrat fände, Moore habe das Management und den Aufsichtsrat nicht rechtzeitig vor den TCIs dieser Welt und ihren wahren Zielen gewarnt; und Harkins sei nur auf einen Kompromiss aus, anstatt dem Aufsichtsrat darzulegen, wie man eine Kampfabstimmung gewinnt. Beide Behauptungen waren schreiend ungerecht, aber sie belegten, wie sehr Hilflosigkeit und Panik um sich griffen.

Breuer erklärte, er wolle meinen Kopf TCI nicht auf einem Silbertablett servieren. Noch immer hoffte er, einen Deal mit dem Lager um Capital aushandeln zu können, sie von TCI abzuspalten, gefolgt von einer Kampfabstimmung. Mir war hingegen bereits klar, dass schon jemand Harakiri begehen musste, um Hohn und andere Kritiker zu besänftigen. Daher schlug ich Breuer meinen Rücktritt als eine mögliche Option vor. Das – und da stimmte er mir zu – war aber nur von Wert, wenn es schnell geschähe. Uns beiden war bewusst, was wir da gerade erwogen hatten. De facto hatten wir gerade unseren Plan A festgelegt – die Kapitulation vor TCI, bei der mein Kopf jetzt rollen würde und seiner ein wenig später.

Plan B lautete, die gegnerischen Fonds zu spalten. Wir sahen den Hauch einer Chance, dies doch noch zu bewerkstelligen, und waren entschlossen, sie zu nutzen. Die Initiative aber kam zum Erliegen, noch bevor sie richtig gestartet war. Harkins versuchte, ein Meeting zwischen Merrill Lynch, Breuer und anderen Mitgliedern des Managements in London zu arrangieren. Merrill Lynch antwortete brüsk: »Wir wünschen kein Treffen mit Breuer.« Auch von Fidelity kam eine Absage: »Von unserer Seite besteht kein sonderliches Interesse, Dr. Breuer alleine zu sprechen.«

April ist der grausamste Monat, hat T. S. Eliot in »The Wasteland« geschrieben. Seine poetischen Gedanken, der Winter habe uns »warm gehalten«, klangen in mir auf eigenartige Weise nach. Wie hoffnungsfroh wir noch vor wenigen Monaten gewesen waren, wie schwungvoll wir mit unserem Akquisitionsplan losgelegt hatten.

Immerhin begann der Mai mit guten Neuigkeiten. Am Montag, den 2. Mai, konnte die Deutsche Börse einmal mehr Rekordergebnisse für das erste Quartal 178 Millionen

Euro vermelden, wobei der Umsatz um glatte fünf Prozent gegenüber dem ersten Quartal des Vorjahres gestiegen war.

Hohn hatte in einer seiner abstrusen E-Mails behauptet, der Umsatz würde stagnieren. Die aktuellen Ergebnisse belegten, dass das schlichtweg falsch war. In einer Kolumne in der *Financial Times* war ganz richtig zu lesen: »Taten sagen mehr als Worte. So hat nun also die Deutsche Börse in dem verbalen Schlagabtausch mit einigen ihrer Aktionäre einen ordentlichen Treffer gelandet, indem sie anständige Resultate für das erste Quartal vorlegte.« Gute Neuigkeiten! Endlich war es mal wieder ein bisschen wie früher!

Dann brachte Breuer mich auf den neuesten Stand, was seine Bemühungen um die gegnerischen Aktionäre betraf. Er hatte nun doch einen Termin mit Merrill Lynch vereinbaren können, und ebenso einen mit Hohn, der ihm am Telefon mit einem halbstündigen Monolog das Ohr abgekaut hatte. Diesmal sagte Hohn, Breuer solle als Vorsitzender zurücktreten, könne aber für eine Übergangsperiode als reguläres Mitglied im Aufsichtsrat verbleiben. Er machte deutlich, dass es nun seine oberste Priorität war, den Vorstandsvorsitzenden loszuwerden. Wie wir schon vermutet hatten: Breuer, lange Zeit sein Hauptziel, war auf Platz zwei abgerutscht.

Unterlassene Hilfeleistung ist doch strafbar, oder?

Wenn man an einen Unfallort kommt, ist man verpflichtet, den Verletzten zu helfen. Dies zu unterlassen wird in vielen Ländern sogar als Gesetzesverstoß geahndet. Für Kapitalmärkte aber gelten andere Regeln. Ende April befand sich die Deutsche Börse in einer Notsituation. Aber niemand war willens oder in der Lage, uns zu Hilfe zu eilen.

Die schweigende Mehrheit der Aktionäre unterstützte uns noch immer, aber nur wenige bekannten sich auch dazu. Später entschuldigten sich einige für ihr Verhalten. Andere erbosten sich wegen der Veränderungen, die TCI erzwungen hatte, und drohten damit, eine Hauptversammlung einzuberufen, um wieder auf Gegenkurs zu gehen – aber da war es schon zu spät. Jetzt lecken auch sie ihre Wunden, nachdem Hohn und seine Freunde sie de facto enteignet haben.

Die Regulierungsbehörden wie die BaFin konnten uns nicht helfen. Sie kämpfen mit Säbeln gegen Panzer, wie das polnische Kavallerieregiment, das 1939 eine deutsche Panzereinheit angriff. Sie sind eben noch immer nationale Regulierungsbehörden, haben ein nationales Aktionsspektrum und eine nationale Reichweite. Und ihre Waffen sind im Regelfall nicht mächtig genug, um die Opfer zu verteidigen. Selbst wenn die BaFin zu dem Schluss gelangt wäre, dass Hohn und Konsorten gegen geltendes Recht verstoßen haben, so wäre ihre Strafe doch geradezu lächerlich milde ausgefallen.

Immerhin erregten wir die Aufmerksamkeit von ein paar Politikern. Die Bundesregierung verfolgte die ganze Affäre Tag für Tag. Sicher, sie hatte nicht die Macht, uns da rauszuhauen – was grundsätzlich ganz gut so ist, wenn man es mit etwas Abstand betrachtet. Wer würde schon wollen, dass Politiker sich direkt in Geschäftsangelegenheiten einmischen, wie es in manchen anderen Staaten Europas der Fall ist? Sie sollen sich darum kümmern, Gesetze mit Biss zu schaffen, aber nicht auf unser Tagesgeschäft einwirken.

Die absurden Attacken auf die Deutsche Börse brachten uns zumindest ein paar unerwartete Bundesgenossen ein. Ich war verblüfft, mit welcher Klarheit der damalige SPD-Vorsitzende Franz Müntefering die Wahrheit auf den Punkt brachte, indem er die Hedge Fonds als »Heuschrecken« bezeichnete. Da ich bis dato bei so ziemlich jedem politischen Thema vollkommen anderer Ansicht gewesen war als er, war es ein reichlich ulkiges Gefühl, ihn an meiner Seite zu wissen – wenn auch nur rhetorisch …

9

Jetzt reicht's – ich gehe!

»Der Kaffee ist scheußlich, und die Hip-Hop-Musik nervt«, schoss es mir durch den Kopf. Donnerstag, der 5. Mai 2005. Breuer und ich saßen im Starbucks Coffee-Shop in London, King William Street. Ich bedauerte es sehr, dass der Tag, der vor uns lag, diesem honorigen Mann nicht erspart blieb. Die nächsten Stunden würden garantiert nicht als Glanzpunkt in unser beider Karrieren eingehen. Wir beide wussten, dass wir uns auf einer »Mission Impossible« befanden, auf der kein Tom Cruise uns aus dem Schlamassel retten würde. Trotzdem. Wir mussten und wollten da durch.

Am Vortag hatte der *Evening Standard* die Umstände mit geradezu prophetischer Klarheit zusammengefasst. »Die gestrigen Zahlen der Deutschen Börse waren bemerkenswert besser, als die Analysten angenommen hatten, und sie bestätigten, dass unter allen europäischen Börsen die in Frankfurt das beeindruckendste Geschäftsmodell besitzt. … Aber der Vorstandsvorsitzende und der Großteil seines Aufsichtsrates sehen sich beispiellosem Druck seitens ihrer Aktionäre ausgesetzt – nicht, weil sie schlechte Leistung erbracht hätten, sondern weil sie die Unverfrorenheit besessen haben, Arroganz mit Arroganz zu begegnen, als die Hedge-Fonds-Aktionäre ihnen vorschreiben wollten, was sie tun sollten … Was immer man von ihren Argumenten halten mag – die Hedge Fonds benehmen sich, als ginge es ihnen allein um Rache. Aber sie verfolgen auch ein strategisches

Ziel. Wenn sie Seifert stürzen können, dann wird kein Management sich mehr sicher fühlen und niemand wird mehr gewillt sein, sich ihren Forderungen entgegenzusetzen.«

Der Artikel richtete nicht gerade ein Flammenschwert gegen die erstarkenden opponierenden Aktionäre, aber immerhin ließ er hoffen, dass nicht jeder an diesem sonnigen Maitag – in Deutschland beging man Christi Himmelfahrt – die Ansichten von TCI teilte.

Gemeinsam mit sechs Mitarbeitern, unter anderem aus der Investor-Relations-Abteilung, hatten Breuer und ich an diesem Morgen den ersten Flieger von Frankfurt nach London genommen. Wir hatten unsere Lektionen aus den Rückschlägen der vergangenen Verhandlungen gelernt. Diesmal würde der Aufsichtsratsvorsitzende im Rampenlicht stehen und ich mich im Hintergrund halten. Dieses Procedere entsprach zwar nicht den Gepflogenheiten der deutschen Corporate Governance, aber es passte zu dem, was angelsächsische Investoren erwarten. Breuer würde also allein die Gespräche zu strategischen Fragen führen; das Team und ich würden uns zu Fragen über unsere Quartalsergebnisse äußern. Als Teil dieses Teams stünde ich auch zur Verfügung, falls ein Aktionär mich wider Erwarten gemeinsam mit Breuer treffen wollte.

Das erste Treffen des Tages fand um zehn Uhr bei Merrill Lynch Asset Management statt, gleich gegenüber von Starbucks. Während ich die Rosinen aus meinem Muffin pulte, sprachen Breuer und ich noch einmal unser Vorgehen durch. Wir wollten doch noch versuchen, den einen oder anderen zu überzeugen und auf unsere Seite ziehen, so wenig aussichtsreich das auch war.

Keiner von uns hatte sich ausgemalt, dass wir eines Tages in so einem ungemütlichen Coffee-Shop sitzen würden. Von hier aus wollten wir also aufbrechen, um ein heilloses Chaos zu verhindern, das die Deutsche Börse monatelang paralysieren würde.

Als Breuer gegangen war, bestellte ich noch einen Caffè latte und sah auf meinem Blackberry die neuen E-Mails durch. 45 Minuten später kam Breuer zurück. Er wirkte ernst. Die beiden Fondsmanager, die bei Merrill Lynch für die Sache zuständig waren, hatten sich als unnachgiebig erwiesen. Was sie Breuer zu sagen hatten, klang wie Befehle: Er müsse binnen sechs Monaten zurücktreten und solle sich von nun an vorrangig um seinen Nachfolger kümmern. Vier Aufsichtsratsmitglieder müssten sofort ausgetauscht werden. Mein Vertrag solle nach seinem Auslaufen im Juli 2006 nicht verlängert werden. Alle diese Entscheidungen sollten vor der Hauptversammlung verlautbart werden, am besten nach der nächsten Aufsichtsratssitzung am 9. Mai.

Die Optionen schwanden. Wir waren ja nicht hier, weil wir an Wunder glaubten. Wir waren hier, weil es unsere Pflicht war, alles zu versuchen, um eine Lösung im Interesse des Unternehmens zu finden. Wir mussten uns den nächsten, den letzten Stunden der Demütigung stellen. Die rebellischen Aktionäre hatten den Schauplatz für das letzte Gefecht sorgfältig abgesteckt.

Breuer brach besorgt zum Gespräch mit Perry Capital auf. Danach hatte er noch einen weiteren Termin, und dann stieß er in den Büros von Fidelity in der Cannon Street wieder zum restlichen Team. Sein Meeting bei Perry Capital, berichtete Breuer uns dort, sei freundschaftlich verlaufen. Richard Perry und seine Londoner Manager unterstützten unser Unternehmen und seine Führung. Das waren ja endlich mal gute Neuigkeiten, aber sie kamen auch nicht ganz überraschend, denn die Manager bei Hohns ehemaligem Arbeitgeber halfen der Deutschen Börse schon seit geraumer Zeit.

Mittags, berichtete Breuer weiter, war es dann zu einem wesentlich weniger erfreulichen Treffen gekommen. Er hatte einen Termin mit den schärfsten Widersachern der Deutschen Börse, bei TCI in der Clifford Street. Chris Hohn und sein Mitarbeiter hatten ihm in Anwesenheit von Lord Rothschild laut und deutlich gesagt, er solle bei der Hauptversammlung zurücktreten. Und auch ich möge doch so schnell wie möglich verschwinden.

Kaum hatte Breuer uns auf den neuesten Stand gebracht,

wurden wir bei Fidelity in einen Konferenzraum gebeten. Dort standen wir einer Delegation von zehn Personen gegenüber. Mit düsterer Miene verfolgte das Team von Fidelity meine Präsentation der Ergebnisse des ersten Quartals sowie die Pläne zum Aktienrückkauf und zur veränderten Finanzierungspolitik. Dann offenbarten sie uns, dass sie am Morgen Chris Hohn getroffen hätten. Wirklich überraschend war das ja nicht. Es nährte nur mal wieder unseren Verdacht, sie würden konzertiert und in Absprache miteinander handeln.

Dann verabschiedeten wir uns, damit Breuer mit den Leuten von Fidelity unter 22 Augen »allein« sprechen konnte. Als er eine Viertelstunde später zum Auto kam, wirkte er ernst, aber auch entschlossen. Sie hatten ihm ganz pauschal mitgeteilt, sie wünschten grundlegende Veränderungen im Aufsichtsrat und beim Management. Breuer und ich brauchten dringend noch einen Kaffee. Der Tag hatte früh für uns begonnen, und wir wollten fit sein für den letzten Versuch um 17 Uhr. Diesmal sollte es aber richtiger Kaffee sein, und so gingen wir in eine italienische Bar, gleich um die Ecke der Clifford Street. Wir besprachen die bisherigen Ergebnisse und Infos für das nächste Meeting. Dabei war ich wieder einmal angenehm überrascht von der gradlinigen, immer konstruktiven Grundhaltung Breuers – ein echter Profi, auch wenn der Wind von vorne kam.

Es überraschte mich nicht wirklich, wie grob die Fonds mit Breuer umsprangen. Ich hatte mich in den vergangenen Wochen an solches Verhalten gewöhnt. Breuer war diesen Umgangsstil nicht gewohnt; er war darüber zu Recht verwundert und hatte allen Grund, frustriert zu sein. Und es ging weiter so.

Er machte sich auf den Weg zum Treffen mit einem weiteren Hedge Fonds aus der Riege der Rebellen. Sie saßen im selben Gebäude wie TCI, die einen im dritten Stock, die anderen im ersten. Der Chef teilte Breuer brüsk mit, er solle zurücktreten, und zwar noch vor Oktober. Er solle seine geordnete Nachfolge organisieren und den Aufsichtsrat mit neuen Leuten besetzen, die etwas von britischer Corporate Governance verstehen, wobei sein Fonds zwei bis sechs Sitze beanspruche. Die Deutsche Börse solle auch prüfen, ob mein Vertrag verlängert werden müsse. Und zwar alles zack, zack: Noch vor der Hauptversammlung wollte er Entscheidungen sehen, vorzugsweise bald nach der Aufsichtsratssitzung vom 9. Mai.

Danach stiegen wir beide ins Auto, um nach Heathrow zu fahren und dann nach Hause zu fliegen. Lange sprachen wir kein Wort. Breuer hing seinen Gedanken nach. Ich fragte mich, wie es ihm wohl ging. Mir war schon länger klar gewesen, dass das Ende nahte, aber auch das half nichts – ich ärgerte mich über die Hirnlosigkeit der ganzen Geschichte.

Der Vorhang fällt

Am Flughafen zückte ich meinen Notizblock und fing damit an, die Ergebnisse der Meetings zusammenzufassen. Breuer fügte seine Eindrücke hinzu. Wie wir alle vermutet hatten, waren die Forderungen der fünf Investoren in weiten Teilen identisch. Raum für Kompromisse – auf die wir wider besseres Wissen gesetzt hatten – war da nicht. Wir konnten uns zwar noch immer in der Hauptversammlung dem offenen Kampf stellen, aber der Aufsichtsrat war nicht in der Verfassung dazu. Sollte überhaupt jemals Lust auf einen Kampf in der Luft gelegen haben, so hatte diese sich zwischenzeitlich gründlich verflüchtigt.

Auf dem Rückflug notierte ich schon mal die wichtigsten Punkte für den Vorschlag, den ich dem Aufsichtsrat unterbreiten wollte und der den Sieg der Rebellen bedeutete: Der Aufsichtsratsvorsitzende sollte, so notierte ich es, bis zum Ende des Jahres bleiben, um den Aufsichtsrat umzustrukturieren und Nachfolger für sich selbst und für mich zu finden. Dies würde das Ende von zwölf Jahren gemeinsamer Führung der Deutschen Börse durch Breuer und mich bedeuten.

Am nächsten Tag teilte der Vorsitzende des Finanz- und Prüfungsausschusses mir mit, dass die Untersuchungen der Wirtschaftsprüfer und Anwälte das Unternehmen von sämtlichen Vorwürfen Hohns bezüglich jeglicher Unregelmäßigkeiten freigesprochen hatten. Das war schön. Aber kein Grund zum Jubeln. TCI ließe sich davon bestimmt nicht beirren und würde weiterhin vollmundige Behauptungen streuen.

Abends brachte ich meine Präsentation für die Aufsichtsratssitzung am Montag zu Papier. Sie hatte nur ein Thema: Rücktritte. Ich begründete den meinen mit dem »zu erwartenden Verlust des Vertrauens der Aktionäre«.

Sonntagmorgen dann traf ich mich mit Breuer in seinem Haus in Frankfurt zum Frühstück. Er stimmte meinen Vorschlägen zu und half mit, die Präsentation niet- und nagelfest zu machen. Ich schlug vor, Hlubek solle vorläufig die Geschäftsführung übernehmen, und stimmte Breuer zu, dass mein endgültiger Nachfolger von außen kommen solle; dann gingen wir die Namen von ein paar möglichen Kandidaten durch. Breuer wirkte während des ganzen Frühstücks nicht sehr glücklich; vermutlich hatte er, der mich ja vor zwölf Jahren geheuert hatte, sich nicht vorstellen können, dass er eines Tages mit mir zusammen die Pressemeldung zu meinem Rücktritt redigieren würde. Als er mich an der Tür verabschiedete, sagte er: »Ich beneide Sie. Sie können jetzt mit der ganzen Sache abschließen. Und ich werde noch tausend Tode sterben.«

Nachmittags dann unterrichtete ich die Mitglieder des Vorstandes von meinem Entschluss. Einige von ihnen hatten es schon geahnt, waren aber doch bestürzt, dass es nun tatsächlich so weit sei. Einige drängten mich, zu bleiben und zu kämpfen. Aber das würde nichts mehr bringen. Die Mehrheit im Aufsichtsrat würde nämlich nicht kämpfen. Außerdem war ich mir ganz sicher: Man kann auch ohne die Deutsche Börse leben.

9. Mai: »Always look on the bright side of life«

Am Montagmorgen begann ich diesen, meinen letzten Arbeitstag damit, meinem Team und meiner Sekretärin zu eröffnen, dass ich in ein paar Minuten zurücktreten und Breuer sein Ausscheiden auf der Hauptversammlung verkünden und zum Jahresende sein Amt niederlegen würde. Es fiel mir schwer, ihre Reaktionen zu interpretieren, aber ich wusste, dass sie mir fehlen würden. Ansonsten aber hatte ich ja genügend Zeit gehabt, mich mental darauf vorzubereiten, und war recht entspannt. Im Aufzug summte ich eine, wie ich fand, passende Melodie: »Always look on the bright side of life« aus dem ziemlich schrägen Monty-Python-Film »Das Leben des Brian«.

Die Sitzung des Aufsichtsrates um neun Uhr verlief wie geplant. Ich schlug vor, meine Bestellung zu widerrufen. Dann verließ ich den Raum, damit die Mitglieder des Gremiums meinen Vorschlag in Ruhe besprechen konnten. Breuer erläuterte, mein Weggang sei die beste Lösung, um einen regelrechten Aufstand bei der Hauptversammlung zu vermeiden, und dass es die Rebellen weitgehend besänftigen dürfte, wenn wir ihren Forderungen entgegenkämen und ihnen sogar zwei Köpfe böten (meinen jetzt, seinen später). Nach einer zweistündigen Diskussion stimmte der Aufsichtsrat dem zu, aber nicht einstimmig. Breuer hatte das ausschlaggebende Argument geliefert: Er würde nicht mit dem Risiko an der Hauptversammlung teilnehmen, dort abgewählt zu werden.

Danach setzte ich mich mit den Arbeitnehmervertretern im Aufsichtsrat zusammen, um mich persönlich auch von ihnen zu verabschieden. Wir leerten ein paar Flaschen italienischen Rotweins. Dann sagte ich meinen Mitarbeitern Lebewohl, stieg in mein Auto und fuhr nach Hause.

Währenddessen verkündete die Pressemitteilung, die ich ja selbst entworfen hatte, die Neuigkeit. Da stand, dass der Aufsichtsrat Breuer beauftragt habe, die Zusammensetzung des Aufsichtsrates so zu verändern, dass sie der neuen

Eigentümerstruktur des Unternehmens entspricht. Drei Mitglieder des Aufsichtsrates würden zurücktreten und Breuer werde sie in enger Abstimmung mit den Shareholdern ersetzen. Ich würde das Unternehmen mit sofortiger Wirkung verlassen. Breuer sei damit beauftragt, einen Nachfolger für mich zu suchen. Danach würde er ebenfalls aus dem Unternehmen ausscheiden.

Keine Interviews. Keine TV-Nachrichten. Keine Zeitungen. Das war mein Plan für die folgenden Wochen. Ich kochte einen Teller Spaghetti, ging ins Bett und schlief hervorragend.

An nächsten Tag wurde mein Account von mehr als 200 Mails überflutet. Viele von ihnen gingen mir nahe. Eine erschien mir in diesem Moment als besonders nett; sie stammte von einem Londoner Hedge Fond, der das Management bei der Deutschen Börse schon lange unterstützte:

Wie Sie wissen, sind wir seit 2002 Aktionäre der Deutschen Börse; Sie und Ihr Team haben unvergleichlich gute Arbeit darin geleistet, die Börse und die gesamte Branche in das 21. Jahrhundert zu führen. Unsere Gefühle über Ihren Fortgang sind wohl bekannt. Im Nachhinein denke ich, wir hätten in unserer Kampagne schon sehr viel früher sehr viel aggressiver agieren sollen, insbesondere im Bereich der PR.
Wann immer Sie in London sind, schauen Sie doch bei uns vorbei. Wir würden uns freuen, mit Ihnen in Verbindung zu bleiben, also lassen Sie mich bitte wissen, was Sie so machen, sei es jazzig oder nicht … Lassen Sie von sich hören!

Pause. Ich genehmigte mir eine Pfeife. Sonnig war es hier, vor dem Aufnahmestudio an der Nordsee nahe Den Haag. Drinnen feilten sie gerade an dem Tonschnitt für unser neues Album mit dem bezeichnenden Titel »Well, you needn't«.

Es war der 24. August 2005, also gut vier Monate nach dem finalen Zusammenstoß mit den Hedge Fonds. Mein Handy klingelte. Die Nummer auf dem Display sagte mir nichts. Zögernd ging ich ran. »Dr. Seifert, ich arbeite für Macquarie Bank«, sagte eine freundliche, selbstbewusste Stimme. »Wir haben vor, die London Stock Exchange zu übernehmen, und wollten Sie fragen, ob Sie Interesse hätten, unser Team als Berater zu verstärken.«

Ich hatte Interesse und half in den nächsten Wochen dabei, einen Businessplan für die LSE zu entwickeln, sollte der Plan von Macquarie aufgehen. Zum jetzigen Zeitpunkt, da ich dieses Buch schreibe, ist offen, ob die Übernahme klappt. Das ist wichtig für die LSE und es ist wichtig für Macquarie, aber für dieses Buch ist es nicht wirklich wichtig.

Viel wichtiger ist: Ich hatte mit diesem Anruf überhaupt nicht gerechnet. Macquarie ist eine Bank, die ich niemals in einem Atemzug mit der LSE genannt hätte. Andererseits aber war ich nicht wirklich überrascht, als der Anruf kam.

Auf dem Höhepunkt der Übernahmeschlacht im März hatte einer meiner engsten Berater schon vorhergesagt, dass irgendein Fonds oder eine Investmentbank sich die LSE schnappen würde, wenn es die Deutsche Börse oder Euronext nicht täten. Allerdings nur, wenn unsere Werteinschätzung stimmte. Wenn wir mit unseren 530 Pence pro Aktie nicht viel zu viel gezahlt hätten, mussten jetzt andere Interessenten auf der Bildfläche erscheinen – da draußen gibt es viel zu viel Geld auf der Suche nach Rendite, als dass eine Gelegenheit wie diese nicht genutzt würde. Wenn aber Chris Hohn und seine Verbündeten Recht hatten und die LSE nur 300 Pence pro Aktie und keinen Pfifferling mehr wert war, dann würde sich niemand um sie kümmern – und wir wären tatsächlich wertzerstörende Saboteure des Kapitalismus gewesen. Doch andere Bieter fingen an, sich für die LSE zu interessieren. Und bewiesen damit – unbeabsichtigt und vollkommen neutral –, dass unsere Kalkulationen Hand und Fuß gehabt hatten.

In diesem Zusammenhang ist es auch gar nicht so wichtig, wer am Ende den Sieg davon trägt – Macquarie hat ein Kaufgebot über 580 Pence abgegeben und ist damit höher gegangen als die 530 Pence der Deutschen Börse damals. Dies belegt, dass der Vorschlag der Deutschen Börse ihren Aktionären womöglich ein wahres Schnäppchen beschert hätte. Klar, denn Macquarie oder einem anderen Finanzinvestor, der nicht bereits selbst eine große Börse unterhält, wird es schwer fallen, mit vergleichbaren Synergieeffekten aufzuwarten. Ihr gesunder Menschenverstand sagt Ihnen jetzt sicher, dass die Deutsche Börse und Euronext in der Lage sein müssten, mehr als Macquarie oder die anderen Interessenten (wenn diese wirklich ein Gebot abgeben) zu bezahlen, weil sie nach einer Fusion so viel einsparen können, zum Beispiel im IT-Bereich oder beim Marketing etc. Aber Beschränkungen durch Wettbewerbsbehörden oder gar die eigenen Aktionäre werden aller Wahrscheinlichkeit nach Euronext und die Deutsche Börse von der LSE fern halten.

Das sind gute Nachrichten für die Finanzinvestoren, aber aus ökonomischer Perspektive ist es schlecht für die ganze Finanzbranche und die europäische Wirtschaft. Eine anständige Fusion zweier Börsen hätte womöglich die Effizienz steigern und Redundanzen beseitigen und dadurch eine Menge Kosten sparen können. Denn das ist der Stoff, aus dem alle Reichtümer in Industrieländern gemacht sind: gesteigerte Produktivität. Ich denke, wir sollten diese Vision nicht einfach aus unserem Gedächtnis streichen, bloß weil Hohn und gewisse Fondsmanager ihre Schätzwerte am Küchentisch mit einem Taschenrechner über den Daumen peilen (wenn sie inzwischen den Knopf zum Einschalten gefunden haben).

Jedenfalls sind der Anruf von Macquarie und das Interesse anderer Finanzinvestoren an der LSE für die Geschichte, die ich hier erzähle, von großer Bedeutung. Sie beweisen, dass es keine Grundlage für die Behauptung gibt, der alte Vorstand der Deutschen Börse hätte aus selbstherrlichen Alleinherrschern bestanden, die mit einem viel zu großzügig bemessenen Erstgebot für die LSE die Gelder ihrer Anleger verschwenden. Die Gefahr ist ja durchaus real. Viele Firmen zahlen zu viel für eine Fusion. Der Anruf von Macquarie bewies, dass die Deutsche Börse, hätte sie den Deal zu Ende bringen können, nicht dazu gehört hätte.

Eine weitere Bestätigung dessen, was das Team der Deutschen Börse vor gar nicht so langer Zeit getan hatte, kam auch auf eine direktere Art, und zwar bei Verhandlungen Macquaries mit möglichen Mitbesitzern. Sobald wir den Businessplan fertig hatten, brachten wir ein Konsortium von Eigenkapitalpartnern an einen Tisch, und dann kam die Ironie des Schicksals und setzte sich dazu.

Ausgerechnet einer der Hedge Fonds, der in die Shareholder-Rebellion an der Deutschen Börse verstrickt gewesen war, war nun geradezu versessen darauf, beim Feldzug von Macquarie mitzumachen. Nach einem der gemeinsamen Treffen hielt ich es nicht mehr aus; ich musste den Managing Director einfach fragen: »Du hast mich erst vor wenigen Monaten davon abgehalten, 530 Pence pro Aktie für die LSE zu bezahlen. Du hast auch gefordert, dass der Aufsichtsratsvorsitzende der Deutschen Börse wegen ›schlecht durchdachter Fusionspläne‹ zurücktritt. Hast du eigentlich so ein kurzes Gedächtnis? Heute willst du frohen Mutes deutlich mehr bezahlen!«

Der Mann besitzt einen guten Sinn für Humor und sagte mit einem entwaffnenden Lächeln: »Das ist schon so lang her. Das war doch schon gestern.«

Und noch ein Aspekt ist wichtig im Zusammenhang mit dem Ansatz, den Macquarie verfolgt: Wenn die Umtriebe von TCI an der Deutschen Börse eine solche Spur der Verwüstung hinterlassen haben, warum arbeite ich dann jetzt mit einem Finanzinvestor zusammen, der sich an der LSE ebenso gebärden könnte? Die Antwort ist simpel: Der Habitus der beiden könnte unterschiedlicher nicht sein. TCI trieb Schindluder mit den Rechten der anderen Aktionäre; TCI versäumte es, für die alleinige Verfügungsgewalt auch mehr zu bezahlen, und stellte seine Interessen über die aller anderen Eigentümer; TCI veränderte den Aufsichtsrat, den Vorstandsvorsitzenden, die Strategie und hatte dabei noch nicht eine einzige Abstimmung in der Hauptversammlung gewonnen. Macquarie aber macht es auf die anständige Tour: Sie sind bereit, eine »Premium for Control« zu bezahlen und die LSE ganz zu erwerben, indem sie die anderen Shareholder angemessen entschädigen.

10

Kommt der große Flächenbrand?

Wenn Dagobert Duck zum Schwimmen geht, ist uns allen klar, wo er seine Bahnen ziehen wird: in seinem »Geldspeicher« voller Golddukaten. Das ist ein witziges Bild von absurdem Reichtum. Aber es ist halt schwer sich vorzustellen, wie viel eine Million Euro sind. Oder eine Milliarde. Das sind tausend Millionen. Das ist dann schon eine ganze Menge Mammon. Fresenius Medical Care beispielsweise, der Hersteller von Medizinausstattung und Mitglied im Dax, machte zwischen 2001 und 2004 jährliche Gewinne von einer Milliarde Euro. Sie finden das schon viel? Dann lesen Sie weiter!

Der höchstbezahlte Hedge-Fonds-Manager aller Zeiten heißt Edward Lambert. Im Jahr 2004 verdiente er mehr als eine Milliarde Dollar – einen Großteil davon übrigens, indem er die Fusion des Kaufhauses Sears mit der Großhandelskette Kmart deichselte. Überflüssig zu erwähnen, dass sein Fonds an beiden Unternehmen beteiligt war. Bei Gewinnen dieser Dimension ist es kaum überraschend, dass Hedge Fonds sich gern aktiv und aggressiv in die Unternehmenspolitik einmischen.

Sogar ehemalige Regulatoren versuchen mitzumischen. Im September 2005 verbreiteten sich Gerüchte über Richard Breeden. Der frühere Chef der Securities and Exchange Commission (SEC), quasi der Wachhund über die US-Finanzmärkte, gründete selbst einen Hedge Fonds. Für den will er Mittel in der Größenordnung bis zu 1000 Millionen Dollar einsammeln. Hauptziel von Breeden Partners soll es sein, sehr große Anteile an Firmen zu erwerben, wobei die eigenen Investitionen um das Sechs- bis Zwölffache durch geliehenes Kapital aufgestockt werden; anschließend sollen Reformen in der Corporate Governance durchgedrückt werden. Die Gerüchte besagen weiter, dass Breeden Partners eine Managementgebühr von zwei Prozent und ein Fünftel aller Gewinne einsackt. Wenn es ihr gelingt, die Milliarde Dollar aufzutreiben, wird die Firma also auf jeden Fall zehn bis zwanzig Millionen Dollar allein durch die Gebühren einstreichen, selbst wenn sie nicht einen Cent Gewinn für ihre Anleger herausholen sollte.

Während die ersten Heuschreckenschwärme sich in Europa fröhlich den Wams voll schlugen, brachte sich eine viel mächtigere Invasionstruppe in Position. Wie so oft auf den Finanzmärkten, sind uns die USA auch bei ihren Erfahrungen mit aggressiven Hedge Fonds ein Stück voraus. 2002 gab es dort schon vierzig Hedge Fonds, die es ausdrücklich darauf abgesehen hatten, die Kontrolle in Firmen indirekt und ohne den offenen Kampf um eine Mehrheit der Anteile an sich zu reißen – so wie auch durch TCI praktiziert. Heute sind es neunzig, und ihre Zahl nimmt rasch zu. Oft schließen sie sich auch mit Raidern der alten Schule zusammen.

Dem Branchenblatt *Absolute Returns* zufolge sind die größten Fonds dramatisch gewachsen. Einige von ihnen haben zwischen Ende 2004 und dem letzten Quartal von 2005 ihr Kapital um mehr als fünfzig Prozent vermehrt. Die aggressiven Fonds wuchsen mit am schnellsten.

Daniel Loeb von Third Point Management ist in der Branche berüchtigt für seine ungehobelten Briefe an das Management der Firmen, in die er sich eingekauft hat – und dafür, dass er diese Briefe sofort an die Presse gibt, ganz ähnlich wie es ja auch während der Auseinandersetzung um die Übernahme-Pläne der LSE der Fall war. Das Vermögen, das sein Hedge Fonds verwaltet, ist um die

Hälfte gewachsen – von zwei auf drei Milliarden Dollar, allein in den ersten neun Monaten von 2005. Der Fonds von Carl Icahn, Icahn Partners, wuchs um dreißig Prozent.

Bei solchen Zuwächsen ist es auch kein Wunder mehr, dass Fonds zunehmend schwere Beute erlegen können. Ein paar Beispiele belegen, wie schwer:

2005 kaufte Carl Icahn 9,7 Prozent der Videoverleihkette Blockbuster. Gemeinsam mit einigen Hedge Fonds und seinem eigenen Icahn Partners bekämpfte er das Management in einer zunehmend bitteren Schlacht und ließ schließlich sich selbst und zwei Getreue in den Aufsichtsrat wählen. Dort versuchte er, die Wiederernennung des Vorsitzenden zu verhindern sowie Veränderungen in der Unternehmensstrategie und bei den Managementgehältern durchzusetzen. Icahn setzte außerdem Aktienrückkäufe beim globalen Energieunternehmen Kerr-McGee und beim Arzneimittelhersteller Mylan Labs durch.

Sein größter Coup allerdings könnte TimeWarner werden. Der US-amerikanische Mediengigant – Herausgeber des Wochenmagazins *Time*, Besitzer der Hollywoodstudios Warner Brothers, von CNN und dem Kabelkanal HBO sowie des Internetproviders America Online – ist bis dato die größte Beute, die von einem aggressiven Hedge Fonds zur Strecke gebracht wurde. Im August 2005 startete Icahns Drei-Milliarden-Dollar-Fonds seine Versuche, TimeWarner dazu zu zwingen, seinen Kabelkanal auszugliedern. Er besaß zwar nur 2,5 Prozent des Unternehmens, aber andere Hedge Fonds sprangen auf den Zug auf, den Icahn ins Rollen gebracht hat. Mit ähnlichen Methoden wie TCI bei der Deutschen Börse versucht Icahn nun, die Leistungen des Vorstandsvorsitzenden in Misskredit zu bringen, indem er behauptet, dieser habe die Tochtergesellschaft Warner Music für viel zu wenig Geld verschleudert. Mal sehen, ob er bald den Aufsichtsrat durcheinanderwirbelt, um die Unternehmensstrategie zu ändern.

Bei dem US-Telekommunikationsunternehmen MCI

wollte das Management seine Firma eigentlich an denjenigen von zwei Interessenten verkaufen, der den niedrigeren Preis anbot – sie wollten Verizon den Zuschlag erteilen, einem finanziell gesunden »Baby Bell« (also einem der vielen regionalen Anbieter, die nach dem Fall des AT&T-Monopols wie Pilze aus dem Boden schossen). Konkurrent Qwest bot zwar mehr, steht aber finanziell auf nicht ganz so sicheren Füßen. Daraufhin drohten Hedge Fonds, die immerhin 28 Prozent der Aktien von MCI hielten, dem Management, der Wiederwahl des Boards nicht zuzustimmen, wenn es sich ihrem Willen – und ihrer Gier nach kurzfristig mehr Geld – nicht beugte. In diesem Fall mussten sich die Fonds schließlich geschlagen geben, weil Qwest sich weigerte, sein Gebot zu erneuern, aber es verdeutlicht ganz anschaulich das Ausmaß der Ambitionen der Hedge Fonds.

Das hier sind keine Einzelfälle. Tatsächlich ist dies nur die Spitze des Eisbergs. Besonders bei kleineren Firmen sind die Hochdruck-Taktiken der Aktivisten-Hedge-Fonds schon fast an der Tagesordnung.

Im Mai 2005 begann Relational Investors LLC, ein weiterer aggressiver Hedge Fonds, damit, das Board der Sovereign Bancorp zu bedrohen, einer mittelgroßen US-Bank mit 650 Zweigstellen und 9000 Angestellten, die im Jahr 2004 Gewinne von 450 Millionen Dollar verbuchte. Dem Fonds war insbesondere daran gelegen, jegliche Investitionen zu unterbinden, um den Aktienpreis in die Höhe zu treiben.

Im September 2005 kaufte die Barington Capital Group 8,8 Prozent des Plastikherstellers Schulman Inc. in Akron, Ohio. Barington, die in ihrer Geschichte schon mehrere Unternehmen umgekrempelt haben, in denen sie einen Minderheitsanteil erworben hatten (wie beispielsweise den Schuhproduzenten Steve Madden und die Internetfirma Register.com), arbeitete dabei Hand in Hand mit drei weiteren Hedge Fonds. Beim Management gingen daraufhin Drohbriefe ein, in denen es aufgefordert wurde, die Forschungsausgaben zu kürzen und sich engagiert zu bemühen, Steuern zu sparen.

Es gibt keine umfassenden Daten darüber, wie viele solcher Aktivisten-Fonds bereits geschäftspolitische Änderungen bei US-Firmen erzwungen haben. Die Taktiken in jedem dieser Fälle ähneln denen von TCI und seinen Verbündeten. Fonds kaufen einen Minderheitsanteil der Aktien, bedrohen das Management und schüchtern es ein, was häufig durch von der Presse zugespielte Briefe geschieht. Sie fordern die Streichung von Forschungsinvestitionen und dass die Bilanz »restrukturiert« wird – das heißt dass Shareholder Ausschüttungen erhalten, die über Schulden finanziert werden. Die Größe ihrer Opfer ist beeindruckend. Wenn TimeWarner angegriffen werden kann, ist keine Firma mehr sicher.

Verdüstert sich auch der Himmel über Europa?

In Europa geht der Trend in die gleiche Richtung. Auch hier ist es schwierig, verlässliche Zahlen zusammenzutragen. Sicher ist aber: Viele Einzelfälle ähneln einander.

Im Juni 2005 wurde Jean-Claude Marian, CEO des französischen Pflegedienstanbieters Medidep, von Hedge Fonds während der jährlichen Hauptversammlung zum Rücktritt gezwungen. Die Investoren befürchteten angeblich einen Interessenkonflikt, da Marian auch Orpea leitete, einen weiteren Pflegedienstanbieter in Paris. Er hatte vorgehabt, beide Unternehmen zu fusionieren. Nach einem dramatischen Showdown mit dem Hedge-Fonds-Manager Mathieu Dubicq vor den Augen aller anwesenden Aktionäre am 21. Juni gab Marian seinen Rücktritt bekannt. Die Aktionäre haben von diesem Schritt nicht profitiert – seit Marians Weggang hängt Medidep in den Seilen, der Aktienpreis dümpelt vor sich hin. Der Aktienpreis von Orpea hingegen ist allein im Sommer 2005 um ein Drittel in die Höhe geklettert.

Am 10. Juli 2005 trat Thorsten Grenz zurück, Vorstandsvorsitzender des deutschen Telefonanbieters Mobilcom. Es war ihm nicht gelungen, einen Konflikt mit der Texas Pacific Group zu lösen, die 28,7 Prozent der Mobilcom-Aktien besitzt. Der US-amerikanische Investor hatte auf einer größeren Dividende bestanden – und darauf, dass das Unternehmen einen Kredit aufnehmen solle, um diese Dividende zu finanzieren.

Am 15. Juli 2005 kündigte der im badischen Ettlingen beheimatete Anlagenbauer IWKA an, dass alle sechs Aktionärsvertreter im Aufsichtsrat zurücktreten, allerdings nicht ganz aus freien Stücken. Dies war schon der zweite erzwungene Wechsel größeren Ausmaßes in diesem Unternehmen. Einen Monat zuvor hatte der Vorstandsvorsitzende Hans Fahr seinen Posten Minuten vor der Hauptversammlung aufgegeben. Der aktivistische US-Investor Wyser-Pratte, der 6,5 Prozent der Aktien von IWKA besitzt, wollte die mageren Ergebnisse nicht mehr hinnehmen und drängte auf einen strategischen Richtungswechsel. Wyser-Pratte will, dass das Unternehmen verstärkt auf Robotertechnik setzt und die Herstellung von Verpackungsmaschinen einstellt.

In Skandinavien hat Cevian Capital, ein Fonds mit Sitz in Stockholm, damit begonnen, die Skandia Lebensversicherung zu drangsalieren. Es bleibt abzuwarten, ob er diese erprobte Methode, das Management unter Druck zu setzen, auch bei einer Inkassofirma anwenden wird, an der er beteiligt ist.

Bei dem französischen Energie-, Wasser- und Abfallentsorgungskonzern Suez griff der US-Vermögensverwalter Knight Vinke das Board wegen seines »Verfehlens internationaler Standards der Corporate Governance« an. Indem er sich des bevorzugten Druckmittels gegen das Management bediente, nämlich offener Briefe, fing der Managing Director Eric Knight an, sich über die Zusammensetzung des Boards zu beschweren und über die fehlende Trennung zwischen den Positionen des »Chairman« und des »CEO«. Wieder einmal wurde die nationale Unternehmensverfassung einer europäischen Firma mit den »internationalen«, sprich: angelsächsischen Standards verglichen und für mangelhaft befunden. Und zwar aufgrund der einfachen Tatsache, dass sie anders ist.

Dies sind bisher nur einige Fälle zur Illustration der Lage. Wir können heute noch nicht sagen, ob sich diese Entwicklung fortsetzt. Eine Entwicklung mit dem Lineal zu verlängern, ist nur selten klug.

Auch TCI und Atticus, die Kriegstreiber bei der Auseinandersetzung um die Deutsche Börse, haben sich anderswo bereits ähnlich verhalten. Hohns Fonds hat vier Prozent an dem koreanischen Zigarettenhersteller KT&G Corp. erworben und das Management bedrängt, mehr Cash an die Shareholder auszuzahlen, statt den Pensionsfond seiner Angestellten zu dotieren – ansonsten würde er den Aufsichtsrat aufmischen.

Auch in Italien hat es Hohn versucht. Während der Fusionsverhandlungen zwischen der Telecom Italia und der Deutschen Telekom im Jahr 1999 schloss er sich der Gruppe von Aktionären an, die sich dem Deal widersetzten. CEO Franco Barnabe erhielt Briefe, in denen ihm mit aggressivem Einsatz aller verfügbaren Mittel gedroht wurde, wenn die Aktionäre der Telecom Italia nicht eine höhere Prämie erhalten würden. Einer der Unterzeichner war Chris Hohn, der zu dieser Zeit noch bei Perry Capital arbeitete.

Und Atticus? Die waren in Frankreich rührig. Bei der Groupe Andre vereinte Atticus im Jahr 2000 seine Kräfte mit denen von Wyser-Pratte. Sie erzwangen den Rücktritt des Aufsichtsratsvorsitzenden, enthoben den CEO seines Amtes und setzten sechs ihrer eigenen Leute in den Aufsichtsrat, wobei sie gemeinsam circa 41 Prozent der Aktien hielten. Dieser Deal wurde wegen Verstoßes gegen das französische Gesetz untersucht, wonach Aktionäre, welche in Absprache miteinander handeln und 33 Prozent des Unternehmens besitzen, ein Übernahmeangebot unterbreiten müssen. Atticus alleine besaß übrigens exakt 32,9 Prozent.

In allen diesen Fällen wurde das Management bedroht; in einigen der Fälle handelten die Fonds in Absprache am Rande der Legalität.

Die Resultate sind für die betroffenen Firmen oft ebenso verhängnisvoll wie im Fall von General Motors. Nach einer kürzlich erschienenen Studie der Rating-Agentur Fitch haben Private-Equity-Firmen und Hedge Fonds die Unternehmen, die sie erworben haben, allein im ersten Halbjahr 2005 mit Schulden in Höhe von 25 Milliarden Euro belastet. Nur die Hälfte dieser Schulden war zum Kauf des Unternehmens notwendig gewesen. Die andere Hälfte wurde in die Bilanz eingestellt, um Ausschüttungen an die neuen Aktionäre auf Pump zu finanzieren. Im Durchschnitt sitzen die Firmen jetzt mit enormen Kreditbelastungen da. Sollten die Zinsen jemals von ihrem derzeit sehr niedrigen Niveau steigen, müssten einige Firmen aufgeben.

Was wird die Zukunft bringen?

Wenn TimeWarner nicht unantastbar ist, dann gibt es nichts, was die Fonds daran hindern könnte, auf Firmen wie DaimlerChrysler oder die Deutsche Bank loszugehen. Und tatsächlich scheinen sich einige Unternehmen zu sorgen, sie könnten als nächstes auf der Abschussliste der Aktivisten-Hedge-Fonds stehen. Der Erwerb eines großen Aktienpaketes von Volkswagen durch Porsche im Herbst 2005 ist jedenfalls geeignet, Volkswagen gegen mögliche feindliche Umtriebe von Hedge Fonds zu schützen, auch wenn wohl strategische Überlegungen Porsches ausschlaggebend für den Erwerb waren.

Wenn die Bedrohung durch aggressive Fonds dazu führt, dass die »Deutschland AG« wieder aufersteht – also dass sich das Netz von Querverbindungen der großen Unternehmen unter anderem durch Aktienbeteiligungen, das gerade erst entwirrt wird, neu knotet und verstrickt – dann werden die Kosten für die Wirtschaft hoch sein. Dann wird Kapital mehr kosten und Geld wird unproduktiv in Tresoren lagern, anstatt investiert zu werden.

Niemand weiß heute, wie viel mehr Hedge-Fonds-Aktivismus die Zukunft bringen wird. Die Jagdgründe der neuen Aktivisten sind noch immer unermesslich groß. Weiterhin fließt Geld auch in neu gegründete Hedge Fonds. Damit sich das rechnet, müssen diese Fonds mit einer eindeutig auf Einmischung ausgerichteten Anlagephilosophie wesentlich mehr Firmen aufs Korn nehmen als bisher.

Die Chancen, dass ihnen das gelingt, stehen in Kontinentaleuropa nicht schlecht. Der Zusammenbruch des Aktienmarktes nach dem Jahr 2000 hat dazu geführt, dass an vielen Aktienmärkten paradiesische Zustände für Hedge Fonds herrschen – viele europäische Unternehmen sind deutlich unterbewertet. Viele Firmen haben sich noch nicht für die angelsächsische Leidenschaft für das »balance sheet engineering« (kurz gesagt: Schuldenmacherei und verstärkte Aktienrückkäufe) erwärmen können. Die meisten Firmen verdienen Geld auf die altmodische Art: Sie versuchen, gute Produkte herzustellen, den Kundenservice zu verbessern und ihre Mitarbeiter zu motivieren. Ein kleiner Hauch von Finanzzauberei in der Bilanz und ein wenig gekonnte Schikane gegen das Management aber können für den Aktienpreis wahre Wunder bewirken; und nur wenige Fondsmanager können der Versuchung der schnellen, hohen Renditen widerstehen. Noch wichtiger ist, dass weder Management noch Regulierungsbehörden derzeit in der Lage sind, die Interessen eines Unternehmens und der Mehrheit seiner Aktionäre effektiv zu schützen.

Wenn man bedenkt, wie niedrig viele kontinentaleuropäische Aktien bewertet sind, ist eine massive Heuschreckeninvasion nicht auszuschließen. Nur wenige der Unternehmen, die keine schützenden Großinvestoren haben, werden davon verschont bleiben. Es sei denn, die Regulierungsbehörden greifen früh und entschlossen durch. Oder aber die Unternehmen schützen sich selbst durch nicht wünschenswerte und – wenn in Massen verabreicht – auch ökonomisch schädliche »Poison Pills«.

11

Gedanken an einem regnerischen Tag – Welche Ziele verfolgten die Hedge Fonds?

Auf den ersten Blick sieht es so aus, als sei der gescheiterte Versuch der Deutschen Börse, die LSE zu erwerben, eine ganz klare Sache: TCI, Atticus und andere Fonds widersetzten sich einer Transaktion, von der sie annahmen, sie würde den Shareholder Value untergraben. Je stärker der Einfluss ihres Lagers wurde, umso höher stieg auch der Aktienpreis, was ihre Argumentation offenbar stützte. Letzten Endes hieß es dann für das Kaufgebot und für die Führungsspitze der Deutschen Börse: »Und tschüs!«

Aber vielleicht lagen die wahren Gründe für ihren entschlossenen Widerstand gegen die Fusion der beiden mächtigsten Börsen Europas auch woanders? Vielleicht war es gar nicht entscheidend, dass sie an dem Unternehmen und seiner Leitung etwas auszusetzen hatten?

Es lohnt sich, die Sache im größeren Kontext zu beleuchten: TCI und seine Verbündeten profitieren davon, wenn es mit der Konsolidierung der Börsenlandschaft in Europa nicht vorangeht. Da nimmt es nicht wunder, dass in der Branche gemunkelt wird, die engen persönlichen, geschäftlichen und finanziellen Verbindungen zwischen den Köpfen der Hedge Fonds auf der einen und den führenden Investmentbanken auf der anderen Seite könnten die Geschehnisse an der Deutschen Börse beeinflusst haben.

Darum beschäftigt mich eine Frage bis heute: Welche weiteren Ziele verfolgten TCI und Konsorten?

Manchmal, wenn ich so vor mich hindenke, fühle ich mich ein wenig wie in dem japanischen Klassiker »Rashomon« von Akira Kurosawa. Dort sitzen zwei Männer in einer Tempelruine; und während es draußen in Strömen gießt, versuchen sie den Hergang eines Mordes zu rekonstruieren, der in den nahe gelegenen Wäldern verübt wurde. Sie reden, sie streiten, sie debattieren, aber es bleibt dabei: Jeder kommt zu einem anderen Schluss, der jeweils vollkommen logisch und psychologisch überzeugend ist. Am Ende wissen sie nicht, wer den Samurai getötet hat, und auch nicht warum.

Wer über die Hintergründe für die Invasion der Heuschrecken an der Deutschen Börse nachdenkt, befindet sich in einer ähnlichen Situation. Es gibt keine Beweise, dass Gegner der Deutschen Börse, ihres Geschäftsmodells und ihres ökonomischen Erfolges die Hedge Fonds als »fünfte Kolonne« einsetzten, um die Übernahme der LSE zu verhindern. Wer jedoch ein Faible für Verschwörungstheorien hat – und davon gab es im Jahr 2005 so einige in Deutschland, auch im Aufsichtsrat der Deutschen Börse –, der könnte eine logisch zwingende Geschichte erzählen, die zwar keinen Wahrheitsanspruch erheben darf, aber schlüssig ist:

Auf den Kapitalmärkten tobt in diesen Tagen ein folgenschwerer, aber zumeist lautloser Kampf. Auf der einen Seite steht eine lockere Allianz aus Regulierungsbehörden, Börsen, börsennotierten Unternehmen und natürlich Investoren wie Sie und ich; sie sprechen sich nicht miteinander ab und haben auch nur eine vage Ahnung davon, was sie eigentlich verbindet. Auf der anderen Seite hat die weltumspannende Elite der Investmentbanken Stellung bezogen. Sie dringen in immer mehr Geschäftsfelder auf den Kapitalmärkten vor und machen dabei gute Gewinne. Die Macht, die ihnen daraus erwachsen ist, kann auch gegen die Börsen eingesetzt werden um sie zu zwingen, die Spielregeln der Märkte zu ändern.

Die Hedge Fonds agieren mit gleicher Interessenlage. Schließlich haben die meisten Hedge Fonds als Eigenhandelsabteilungen großer Investmentbanken das Licht der Welt erblickt und sind erst dann flügge geworden. Da sie nicht in direktem Wettbewerb zueinander stehen, freuen sich Investmentbanken über Aufträge der Hedge Fonds und verzeichnen große Zuwächse in diesem Geschäftsfeld. Schätzungen zufolge haben Hedge Fonds allein im Jahr 2004 den Investmentbanken Gewinne in Höhe von 25 Milliarden Dollar beschert. Die beiden Gruppen haben sich auf eine Art Symbiose eingelassen – sie jagen denselben Handelsgewinnen hinterher, wobei die Hedge Fonds die Infrastruktur der Investmentbanken nutzen, was diese sich angemessen vergüten lassen. Wie lukrativ sich das entwickelt, wird an der Wachstumsrate des Geschäfts der Hedge Fonds deutlich: ein Plus von zwanzig Prozent im Jahr 2004. In London und New York zeichnen Hedge Fonds für fast die Hälfte aller Wertpapiergeschäfte verantwortlich. Bei Wandelanleihen geht die Zahl schon auf die siebzig Prozent zu.

Die »Big Players« an der Wall Street – auch »bulge bracket« genannt – sind offenbar darauf aus, die großen Dienstleister auf den Kapitalmärkten – Börsen, Clearing-Unternehmen und Settlement-Organisationen – unter ihre Kontrolle zu bringen. Darum stellen große Investmentbanken die Endphase der Konsolidierung der Börsenlandschaft in Europa gerne als Bedrohung dar, obwohl sie Kostenersparnisse und wirtschaftliche Vorteile für den gesamten Kontinent erbringen würde – für Sie und mich als Anleger ebenso wie für die Unternehmen, die Aktien herausgeben, um mit neuen Produkten und neuen Arbeitsplätzen Wachstum zu schaffen. Bisherige Versuche von Investmentbanken, mehr Einfluß über Börsen und Settlement-Organisationen zu gewinnen, sind aber immer gescheitert.

»Börsen sind üble Monopole« – Die Vorwürfe der Investmentbanken sind falsch, aber klebrig wie Kaugummi

Das klassische Argumentationsmodell der Investmentbanken gegen die Börsen beinhaltet zwei Vorwürfe: Erstens seien Börsen per se Monopole und darum böse und gefährlich; zweitens beschneide ihr Geschäftsmodell (insbesondere das der Deutschen Börse) den Wettbewerb. Beides ist vollkommener Quatsch. Weil es aber gut und griffig klingt, haben es die Medien (insbesondere in Großbritannien) in ihren Zitatenschatz aufgenommen und wiederholen ihr Lamento gebetsmühlenartig.

Lassen Sie uns zunächst einmal den ersten Vorwurf näher betrachten: Die Investmentbanken haben sich ihre Kritik an der »Monopolbildung« ganz groß auf die Fahnen geschrieben. Ein Zusammenschluss der »großen Drei« (London, Paris, Frankfurt) unter den europäischen Börsen, so behaupten einige von ihnen, lasse möglichen Mitbewerbern keine Überlebenschance. Auch das britische Office of Fair Trading und die Europäische Wettbewerbskommission schlossen sich diesen Bedenken an.

Wenn ich nun behaupte, dass Börsen wahre Wettbewerbschampions sind, dann mag Sie das zunächst befremden. Börsen sind doch mit einem Marktanteil von nahezu hundert Prozent in ihren Märkten quasi Alleinherrscher! Pro Land gibt es doch meist nur eine einzige Börse! Unter »normalen« Umständen wäre das Anlass zur Sorge, da gebe ich Ihnen Recht. Zumal Monopolisten dazu neigen, für ihre Leistungen viel zu viel Geld zu verlangen. Ein noch wichtigeres Argument gegen Monopole ist deren Ineffizienz. Monopolisten haben keinen Wettbewerbsdruck und brauchen sich nicht um Produktivität zu scheren.

Beim Zusammenschluss von Börsen jedoch gäbe es keine Gefahr, dass der Wettbewerb in der Branche an Intensität verliert und infolgedessen die Preise steigen – und zwar aus drei Gründen:

Erstens ist ein hoher Marktanteil in einem Segment, etwa

beim Aktienhandel, nicht notwendigerweise ein Indiz für die tatsächliche Preisgestaltungsmacht einer Börse. Die traditionellen Schranken zwischen den einzelnen Anlagemärkten (Aktien, Derivate, festverzinsliche Wertpapiere etc.) gibt es nämlich nicht mehr; sie sind fast irrelevant geworden. Wenn Sie von steigenden Aktienkursen profitieren wollten, dann haben Sie früher Aktien gekauft. Heute aber haben Sie die Qual der Wahl: An den Börsen werden Indexzertifikate gehandelt, und man kann mit Futures und Optionen auf steigende Kurse setzen. Hinzu kommen Wandeloptionen mit kursabhängigem Rückzahlungswert usw. Mit diesen Produkten können Sie ebenso verlieren oder gewinnen wie mit Aktien, und manche sind sogar von den Transaktionskosten her günstiger als diese. Darum also sind die traditionellen Definitionen von Marktmacht durch Marktanteile – beispielsweise: »Wie viele deutsche Aktien werden nur an der Deutschen Börse gehandelt?« – nicht mehr aussagekräftig. Wir haben seit Jahren beobachtet, wie Derivate auf Dax-Unternehmen und auf den Dax-Index dem Aktienmarkt Marktanteile abgenommen haben, auch wenn sich dies erst in schwächerem Wachstum des Aktienhandels manifestiert hat.

Zweitens muss die Gesamtstruktur der Finanzindustrie betrachtet werden, wenn man die Auswirkungen der Konsolidierung beurteilen will. Nehmen wir zunächst die europäischen Investmentbanken: In dieser Branche werden heute circa 70 Prozent aller Aktienverkäufe von den größten acht Unternehmen ausgeführt. Bei den europäischen Börsen und Clearing- und Settlement-Organisationen vereinen die vier größten Anbieter der Branche (Deutsche Börse, Euroclear, Euronext und die LSE) achtzig Prozent der Umsätze auf sich. Die Konzentration ist bei den Intermediären also nur wenig schwächer ausgeprägt als bei den Börsen.

Die Lage erinnert an ein Wettrüsten: Die Seite, die schneller konsolidiert, hat die bessere Verhandlungsposition. Mit der Zeit verdichten sich also auf beiden Seiten die Oligopole, und dann wird die Preisbestimmung mehr von Verhandlungen als von Marktkräften abhängen.

Die großen Investmentbanken des »bulge bracket« bilden schon jetzt einen so starken Block, dass es ihnen gelungen ist, bei den Börsen Gebührennachlässe im Aktien- und Derivatehandel für sich herauszuhandeln. In gewissem Ausmaß trifft also beim Aktien- und Derivatehandel Marktmacht auf Marktmacht. Was ist das Ergebnis? Nur zwei Prozent der Einkünfte, die der Handel mit Aktien abwirft, stecken die Börsen ein. Den Rest bekommen Broker, Investmentbanken, Anlagefonds, Hedge Fonds und Konsorten.

Drittens ist es meist gar nicht der tatsächliche Wettbewerb, bei dem Konkurrenten einander hier und da ein Stückchen Marktanteil abnehmen, der die willkürliche Preisgestaltung an die Kandare nimmt. Viel wirkungsvoller ist meist die Gefahr des Markteintritts. Wenn andere Teilnehmer jederzeit Zugang zu demselben Markt haben und sich dort als mögliche Konkurrenten etablieren können, bleiben die Preise automatisch unter Kontrolle. Dies gilt sogar, wenn ein Unternehmen einen Marktanteil von nahezu hundert Prozent hat, es also gar keinem Wettbewerb im traditionellen Sinne ausgesetzt ist.

Im Herbst 2005 verdichteten sich die Anzeichen, dass die australische Macquarie für die LSE bieten werde. Die großen Firmen in der City befürchteten einen Preisanstieg und drohten stante pede damit, in diesem Fall ihren Handel auf alternativen Wegen abzuwickeln, beispielsweise via OTC. Dieses Kürzel steht für »over the counter« und bedeutet, dass Banken den Aktienhandel direkt untereinander abwickeln.

Und die Dienstleister der Kapitalmärkte? Auch die Preise der Börsen & Co. werden durch mögliche Wettbewerber in Schach gehalten, weshalb sie zunehmend in den Gewässern ihrer Konkurrenten fischen. Euronext wird bei den niederländischen Aktien von der LSE und der Deutschen Börse herausgefordert, alle rangeln sich um dem Handel mit der Nokia-Aktie; und Eurex hat vor einigen Jahren dem amerikanischen Chicago Board of Trade den Fehdehandschuh hingeworfen, worauf der Platzhirsch sofort die Preise um 80 Prozent reduzierte. All das kommt den Kunden zugute!

Viertens und letztens möchte ich Sie auf ein Problem hinweisen, auf das kaum jemand einen Gedanken verschwendet: Die Sorge um zu wenig Wettbewerb ist uns allen wohl bekannt. Was aber, wenn es zu viel Wettbewerb gibt? In einer Branche mit hohen Fixkosten kann ein anhaltender Preiskrieg schnell alle Beteiligten in den Ruin treiben. Genau das passierte den nordamerikanischen Eisenbahngesellschaften im 19. Jahrhundert: Auf konkurrierenden Routen unterboten sie einander mit Billigpreisen. Mit den sinkenden Einnahmen aus dem Fahrkartenverkauf konnten so gerade noch die variablen Kosten gedeckt werden. Die Kunden freuten sich, aber nicht lange. Mit Investitionen und Verbesserungen war es schnell vorbei, sodass ein essentieller Teil der nationalen Infrastruktur verfiel.

Wer hat Angst vorm bösen Silo?

Wenn die Investmentbanken nicht auf den angeblichen Gefahren einer Monopolbildung herumreiten, dann attackieren sie gerne das Geschäftsmodell der Deutschen Börse. Angeblich ermöglicht es eine willkürliche Preisgestaltung. Ihr Argument gegen dieses hochintegrierte Modell lautet: Die dem Handel nachgelagerte Prozesskette sei nicht »offen«; andere Börsen hätten also gar keine Chance, ihre Serviceleistungen anzubieten.

Die Deutsche Börse wurde schon oft wegen ihres hohen Maßes an Integration kritisiert, denn sie vereint Clearing und Settlement sowie Handels- und Informationssysteme unter einem Dach – ein Modell, das gerne als »Silo« bezeichnet wird. Besonders gerne übrigens von den Kritikern – vermittelt er doch so schön bildhaft den Eindruck von Rückständigkeit, wie sie der Landwirtschaft gerne unterstellt wird. Einige der Gegner des LSE-Kaufs sagten, sie fürchteten eine Ausweitung des Silo-Prinzips auf den britischen Markt. Londoner Banken beschwerten sich, das »Silo« würde es ihnen unmöglich machen, zwischen verschiedenen Handelsplattformen zu wählen; dadurch würde der Wettbewerb eingeschränkt.

Erst wer sich die Mühe macht genauer hinzusehen, wird feststellen: Das Silo ist besser als sein Ruf. Also, Fakten auf den Tisch: Auf der ganzen Welt gibt es heute keinen einzigen Wertpapiermarkt, auf dem die Investoren sich die Handelsplattform, das Clearing-Unternehmen oder die Settlement-Organisation frei nach Gusto aussuchen können. Wer in Frankfurt handelt, muss das über das Computerhandelssystem Xetra oder auf dem Handelsparkett der Deutschen Börse tun und alles weitere über Eurex Clearing und Clearstream abwickeln; wer in London handelt, tut dies an der LSE, LCH.Clearnet und Crest. Warum dann das ganze Getöse? Die Antwort ist einfach: Verfügungsmacht. Die ganze »Silo«-Diskussion dreht sich in Wirklichkeit gar nicht um die organisatorische Integration, die Zuverlässigkeit und Effizienz verbessert. Stattdessen geht es um die Konzentration von Verfügungsmacht über Markt- und Abwicklungsusancen in den Händen eines einzelnen Unternehmens.

Die Kritiker behaupten, es wäre besser, den Besitz aufzuteilen. Das ist kein neuer Gedanke: Die Privatisierung des Eisenbahnnetzes in Großbritannien basierte auf ähnlichen Ideen. Aber was im Lehrbuch oder in den Tabellen und Grafiken der Berater gut aussieht, kann in der Realität ganz andere Gestalt annehmen. Den Staatsbetrieb British Rail aufzusplitten, entpuppte sich trotz langjähriger und detaillierter Planung als teuer und gefährlich. Wenn man die schnellen und pünktlichen, großteils unfallfrei operierenden Eisenbahngesellschaften Kontinentaleuropas mit denen Großbritanniens vergleicht, dann ist es durchaus beeindruckend, wie in Großbritannien durch die Aufteilung der Schienennetze auf verschiedene Betreiber in einem »freien Markt« Kosteneffizienz und Servicequalität auf ein erbärmliches Niveau gesunken sind. Trotz Privatisierung herrschen dort bodenlos schlechte Sicherheitsstandards und Innovationen wie die Einführung von Höchstgeschwindigkeitszügen scheinen schier unmöglich zu sein.

Die Analogien zur Börsenlandschaft sind offensichtlich. Eine durchgehende Prozesskette (also die Bearbeitung einer Wertpapierorder über Handel, Clearing und Settlement hinweg – und das so schnell, so billig und so sicher wie möglich) ist wesentlich schwieriger zu organisieren, wenn verschiedene Unternehmen involviert sind. In Branchen, in denen Zuverlässigkeit oberste Priorität ist und Prozessinnovationen der Schlüssel zum Erfolg, ist die Zuständigkeit eines einzigen Unternehmens für die gesamte Wertschöpfungskette für die Kunden mehr als vorteilhaft. Das Beispiel Deutsche Börse zeigt ja, was eine »Silo«-ähnliche Struktur alles erreichen kann. Die Komplettkosten sind bei integrierten Unternehmen wie der Deutschen Börse viel niedriger als anderswo. Die Kunden der Deutschen Börse haben also vom »Silo« profitiert.

Ein Beispiel gefällig? Die Deutsche Börse bietet die gleichen Dienstleistungen an wie LSE, LIFFE, LCH.Clearnet und Euroclear zusammengenommen: Aktien- und Derivatehandel, Clearing, Settlement und Custody. Dabei beschäftigt sie ein Drittel weniger Personal als alle diese für sich unabhängigen Wettbewerber zusammen. Die Gesamteffizienz ist entschieden höher und so sind die Kosten pro abgewickelter Wertpapierorder um 20 Prozent niedriger als bei anderen europäischen Börsen und Abwicklungsorganisationen. Unterm Strich werden nahezu alle wesentlichen Effizienzgewinne an die Marktteilnehmer weitergegeben – also an Sie und mich.

Die Alternative der Investmentbanken, das viel gepriesene »horizontale Modell« – würde die Clearing- und Settlement-Strukturen aufbrechen. Sie würden dann zu Einrichtungen degenerieren, die sich ganz an den kurzfristigen Wünschen ihrer Nutzer orientieren. Die Preise müssten also nur wenig über den tatsächlichen Kosten angesetzt werden. Der Anreiz für Innovationen wäre weg – zusammen mit der Fähigkeit, in neue Geschäftsfelder vorzustoßen. Börsen arbeiteten dann unter ähnlichen Bedingungen wie Telefongesellschaften. Im schlechtesten Fall würden Börsen die Eisenbahngesellschaften des 21. Jahrhunderts: Angesichts der Diktatur ihrer Nutzer könnten sie dann noch nicht mal mehr ihre Fixkosten erwirtschaften.

Wer will schon den freien Markt? – Die Philosophie der Investmentbanken und Hedge Fonds

Das Stänkern gegen das »Silo« und die europäische Konsolidierung sind nicht das einzige Feld, auf dem die großen Investmentbanken Effizienz und freie Märkte bekämpfen. Die Kapitalmärkte müssen auf der Hut sein vor dem »bulge bracket« der großen, hauptsächlich US-amerikanischen Investmentbanken und ihren Verbündeten. Solange wir – und die Politiker – deren Absichten für ganz normale Formen des Kapitalismus halten, riskieren wir, den Wettbewerb zu ersticken und uns von der Fairness im konkurrierenden Umgang miteinander zu verabschieden.

Die Bedrohung durch Investmentbanken und Hedge Fonds fairer Märkte ist nicht von der Hand zu weisen. Beide teilen dieselbe Vorliebe für eine besondere Form von Ineffizienz: Intransparenz. Das läuft den Absichten von Börsen, Investoren und Emissären zuwider, die ja gerade von hoher Transparenz und gleichen Chancen für alle profitieren, zum Beispiel durch verlässliche Aktienpreise.

Das gestaltet sich aber schwieriger, wenn versucht wird, die öffentlich zugänglichen Börsen zu umgehen – mit hoch entwickelten Beinahe-Börsen wie BrokerTec und Archipelago bis hin zum simplen, internen Abgleichen von Ordern bei den großen Maklerhäusern.

Auch hier bietet sich an, mal zu fragen: Cui bono? Dafür müssen wir das betrachten, was Ökonomen »öffentliche Güter« nennen. Es handelt sich hier um Dinge oder Einrichtungen, die jedem Nutzer große Dienste erweisen, für die aber schlecht Geld verlangt werden kann.

Leuchttürme an der Küste sind ein klassisches Beispiel. Wie soll man nur die Gebühren für ihre Nutzung eintreiben? Schwierig bis unmöglich. Also bietet sich nur der Staat als Betreiber an. Der Knackpunkt dabei ist die Frage nach einer Ausschlussmöglichkeit: Könnten überhaupt all diejenigen von der Nutzung ausgeschlossen werden, die nicht dafür bezahlen? Bezogen auf Leuchttürme wäre das natürlich bescheuert und unverantwortlich, zumal der Nutzen für den Rest der Seefahrt und die Küstenbewohner immens ist. Und zusätzliche Kosten fallen ja auch nicht an, wenn ein oder zwei Schiffe mehr die Signale nutzen.

Die von den Börsen generierten Aktienpreise sind ein bisschen wie die Signalfeuer der Leuchttürme – unerlässlich, um den Wert von Firmen einzuschätzen, um die Reaktion des Marktes auf aktuelle Nachrichten zu bemessen und um sein Geld richtig anzulegen. Für die Bereitstellung dieser Informationen Gebühren zu erheben ist aber erst mit der elektronischen Versendung dieser Daten möglich geworden.

Bankinterne Handelsplattformen, die Käufer und Verkäufer zusammenbringen und sich dabei auf die Preise der öffentlichen Börsen stützen, sind ein bisschen wie Schiffe, die Teile des Leuchtfeuers für alle anderen verdecken. Indem sie die Informationen nutzen, ohne dafür zu zahlen, unterhöhlen sie deren Wert. Denn je mehr Kunden den öffentlichen Börsen den Rücken zukehren, sich aber weiterhin an deren Aktienpreisen orientieren, umso weniger zuverlässig ist der Informationsgehalt. Börsenpreise können dann keinen repräsentativen Wert mehr darstellen, weil ein Großteil der Käufe und Verkäufe gar nicht mehr über die öffentlich zugänglichen Börsen abgewickelt wird.

Eine weitere Bedrohung der fairen Märkte ist die Preisgestaltungsmacht der weltweit tätigen Investmentbanken. Sie haben sich schnell konsolidieren können, sodass heute nur noch acht Firmen an der Spitze übrig geblieben sind. Das gibt ihnen eine beträchtliche Preisgestaltungsmacht, was sich an den ausgesprochen hohen Gewinnen zeigt, die sie mit Fusionen, Börsengängen etc. machen. Von seinen Käufern Gebühren zu kassieren ist eines. Ein anderes aber ist es, seine Macht dafür einzusetzen, den Zulieferern, also Börsen und Abwicklungsorganisationen, das Messer auf die Brust zu setzen.

Genau hier offenbart sich, weshalb Investmentbanken so scharf gegen die Börsen schießen: Ihrer Vorstellung zufolge sollen Börsen nach der Pfeife ihrer Nutzer tanzen, keine Innovationen anstreben, keine Gewinne machen, sich mit der Orderabwicklung durch die Investmentbanken arrangieren und sich nicht für die Effizienz auf den öffentlichen Märkten einsetzen. Ihre eigenen, noch aus früheren Zeiten stammenden Beteiligungen an den meisten Börsen haben die Investmentbanken längst mit hohen Gewinnen verkauft. Jetzt aber wollen sie die Börsengänge der Börsen am liebsten wieder rückgängig machen – indem sie indirekt deren Leitung übernehmen. Und das alles nach dem Motto »Nieder mit den Monopolen!«.

Auch ein anderer Kontext, der möglicherweise eine entscheidende Rolle bei den Vorgängen an der Deutschen Börse gespielt hat, erklärt das besondere Interesse der »großen Acht« an Börsen. Durch die klaren Regeln der Börsen für Handel, Clearing und die Preisgestaltung bestimmen sie indirekt die Verteilung der Gewinne auf den Kapitalmärkten: Wie viel bekommen Outsider, wie viel Insider? Wie viel geht an Ausländer, wie viel an Inländer? Welcher Anteil am Wert eines IPO oder Fusionsdeals landet in den Taschen der Berater? Und wie viel davon geht an die Emissäre und Investoren? Gerade darum bleiben die Börsen so wichtig für die Kapitalmärkte. Und sie bleiben ein Stachel im Fleisch der Investmentbanken, weil die den öffentlichen Märkten innewohnende Effizienz und Fairness die Gewinne der Top-Investmentbanken schmälern.

Solange die Regulierungsbehörden, Finanzjournalisten und Investoren das Beharren der großen Investmentbanken auf ineffizienten Strukturen tolerieren, wird die Konsolidierung der europäischen Börsen sehr schwierig bleiben. Die privaten Investoren, denen ansehnliche Summen durch die Lappen gehen, stehen so lange im Regen – zusammen mit ein paar Leuten, die sich noch immer in »Rashomon«-Manier den Kopf zerbrechen über den Fall Deutsche Börse.

12

Ein Mittel gegen Heuschrecken?

Die Bedrohung durch Investmentbanken und Hedge Fonds betrifft nicht nur die Börsen: Aggressive Aktionäre sind weder Eintagsfliegen noch beschränken sie sich auf nur ein Objekt ihrer Begierde. Sie schwirren los und breiten sich in alle Branchen aus. Die Wall-Street-Regel des »Kaufen oder Verkaufen« interessiert die Heuschrecken nicht. Sie sind eine große Bedrohung für viele Unternehmen und sogar Staaten, an deren üppigen Feldern sie sich so lange schadlos halten werden, bis nur noch ein paar abgenagte Halme übrig sind.

Aktive Aktionäre allein sind keine Gefahr, das ist klar und deutlich festzuhalten. Was gefährlich ist, ist der dreiste Missbrauch von Aktionärsrechten und die aggressive Einmischung, gegen die es zurzeit keine wirkungsvolle rechtliche Handhabe gibt. Das sollte sich ändern. Das Miteinander von Unternehmen und ihren Aktionären muss wieder eindeutigen Regeln folgen; und diese müssen in Gesetzen festgezurrt werden, anstatt nach dem angelsächsischen Prinzip der Präzedenzfälle der Realität hinterherzuhinken. Folgende Punkte müssen diskutiert und umgesetzt werden, damit die momentane Schieflage wieder ins Lot gebracht werden kann:

1. Die Geschäftsführung muss die Interessen der Aktionäre angemessen berücksichtigen

Die Gefahr eines Putsches, wie ihn TCI bei der Deutschen Börse anzettelte, war für andere Unternehmen ein heilsamer Schock. Doch was können sie tun, um sich aktiv zu schützen?

Sollten Aktionäre erst dann ein alleiniges Gestaltungsrecht erhalten, wenn sie die Kontrollprämie bezahlt und die Mehrheit des Unternehmens übernommen haben? Sollten sie außerhalb der Hauptversammlung Einfluss auf die Entscheidungen des Managements nehmen dürfen? Und sollten ihre Interessen einzig und allein über den Aufsichtsrat vertreten werden? Nein, keineswegs! Aufsichtsräte haben sich nicht immer mit Ruhm bekleckert, wenn es darum ging, für die Interessen der Aktionäre einzutreten; manchmal gucken sie dem Management auch nicht streng genug auf die Finger. Aktionäre sind die rechtmäßigen Eigentümer des Unternehmens und besitzen als solche sogar ein verbrieftes und auch moralisch legitimiertes Recht, in den Entscheidungsprozess einbezogen zu werden. Aktionäre können eine hilfreiche Kontrollinstanz für das Management sein und ihm den Zugang zu wichtigen Informationen ermöglichen.

Ein schneller Wandel der Aktionärsstruktur, wie es bei der Deutschen Börse der Fall war, stellt jedoch spezielle Anforderungen. Zwei Lösungen bieten sich an:

Der Aufsichtsrat könnte rollierend neu besetzt werden, etwa durch die Neuwahl eines Drittels seiner Mitglieder jedes Jahr. Alternativ könnten die Amtsperioden der Aufsichtsratsmitglieder gekürzt werden, sagen wir auf zwei Jahre. Dann könnten die neuen Eigentümer ihre Vertreter schneller in diesem Gremium platzieren. Auch die Kampagnen der Lobbyisten für die Umbesetzung des Aufsichtsrates würden hinfällig. Anstatt in der Öffentlichkeit um größtmögliche Aufmerksamkeit zu buhlen, würde die Entscheidung wieder in das Forum zurückverlagert, das ursprünglich dafür vorgesehen war, nämlich die Hauptversammlung aller Eigentümer. Wer dort einen Wechsel durchsetzen will, muss die Mehrheit redlich davon überzeugen.

Die Kehrseite der Medaille? Der Zusammenhalt im Aufsichtsrat wäre loser, weil seine Mitglieder weniger Zeit hätten, einander richtig kennen zu lernen. Das birgt die Gefahr, dass sie wie ferngelenkte Vertreter einzelner Interessengruppen handeln, anstatt ihre Entscheidungen im Sinne aller Aktionäre zu fällen.

Eine denkbare Alternative dazu wäre, dass das Management (oder der Aufsichtsrat) einzelne Aktionäre nach ihrer Meinung fragt, sich aufgrund dieser Informationen ein Bild von der Stimmung in der Eigentümergemeinschaft macht und dann seine Entscheidungen trifft. Nach diesem Muster verfuhr die Deutsche Börse während der versuchten Übernahme der LSE. Zwischen der Bekanntgabe des Kaufgebots im Dezember 2004 bis zu seiner Rücknahme im März 2005 führten wir beständig Gespräche mit unseren Aktionären. Als die gegnerische Seite so stark wurde, dass sie auf der Hauptversammlung womöglich die Mehrheit erlangt hätte, zogen wir daraus die Konsequenzen. Ich halte dies nach wie vor für die richtige Vorgehensweise, um die Interessen der Aktionäre zu berücksichtigen, und denke, dass es funktioniert hätte, wenn TCI sich weniger destruktiv verhalten hätte. Auf keinen Fall kann man uns vorhalten, wir hätten nicht auf unsere Aktionäre gehört!

Außerdem könnten Aktionärsabstimmungen über Kaufgebote eingeführt werden, wie es in Großbritannien üblich ist. Die gesamte Verantwortung würde dann, nach der Zustimmung, nach britischem Vorbild an den Aufsichtsrat und das Management delegiert. Die Umsetzung dürfte dann machbar sein, wenn das deutsche Recht entsprechend geändert würde: Die Vorschrift, für die Entscheidung zentrale Unterlagen offen auf den Tisch zu legen, muss dann gestrichen werden, um möglichen Konkurrenten keinen Vorteil zu verschaffen. Gelingt dies, könnte das Management seine Fusionspläne zur Abstimmung stellen, ohne sich dabei durch erzwungene Enthüllungen selbst ein Bein stellen zu müssen.

Angesichts der komplizierten deutschen Rechtslage könnten auch Aktionärskomitees eine wichtige Rolle spielen, indem sie dem Aufsichtsrat bei allen Unternehmenstransaktionen beratend zur Seite gestellt werden. Ihrer Meinung würde starkes Gewicht zukommen – unabhängig davon, ob ihnen ein rechtskräftiges Vetorecht zugebilligt wird oder nicht. Auf diese Weise könnte auch ausgeschlossen werden, dass ein einzelner Aktionär oder eine bestimmte Gruppe auf Kosten aller anderen von Insiderinformationen profitiert.

2. Die Aktionäre dürfen die finanzielle Stabilität ihres Unternehmens nicht untergraben

Auch gegen die Gefahr, dass ein Unternehmen dazu gezwungen wird, seine Geschäfte an kurzfristiger Gewinnmaximierung auszurichten, gibt es mehrere griffige Abwehrmöglichkeiten.

Option Nummer eins: Eine Regulierungsbehörde handelt. Hierfür müsste sie eine Mindesteigenkapitalquote definieren und deren Einhaltung überwachen: Die Verbindlichkeiten dürften nicht über eine bestimmte Größe hinauswachsen, die sich abhängig vom Eigenkapital bemisst, wie es bei Banken bereits der Fall ist. Dadurch könnten Firmen nicht mehr von den Aktionären ausgeplündert werden, allein um einen kurzfristigen Anstieg des Aktienpreises zu erreichen. Die Erträge würden weniger stark schwanken; die Schuldenmacherei würde zurückgehen; die Zahl der Konkurse abnehmen; die Schockwellen makroökonomischer Schwankungen würden besser abgefedert.

Option Nummer zwei: mehr Aufklärung. Schon jetzt liegen überzeugende Belege dafür vor, dass Aktienrückkäufe bei weitem keine so positive Wirkung auf den Aktienpreis haben wie landläufig angenommen. In vielen Fällen verpuffen sie wirkungslos. Allerdings gibt es viele Beispiele für negative Folgen, etwa den Verlust des finanziellen Polsters oder fehlende Investitionen in die Zukunft des Unternehmens. Je mehr Investoren über diesen Sachverhalt informiert sind, umso mehr wird ihr Verlangen nach Rückkäufen schrumpfen.

3. Die Aktionäre müssen sich ihrem Unternehmen als Eigentümer offenbaren

Ein guter Teil der Probleme zwischen Unternehmen und Aktionären kann auch gelöst werden, indem Aktionäre zu mehr Transparenz und Offenlegung gegenüber dem Management verpflichtet werden. Insbesondere bei Großaktionären wäre mehr Transparenz ein erster Schritt in die richtige Richtung. Jeder, der fünf Prozent der Aktien eines Unternehmens besitzt, müsste dazu verpflichtet werden, seine Anteile (auch die kurzfristigen) an allen anderen Unternehmen derselben Branche offen zu legen.

Außerdem müssen für Hedge Fonds striktere Transparenzgebote gelten. Anders als beispielsweise institutionelle Anleger, müssen sie derzeit so gut wie gar keine Informationen über ihre Struktur oder ihre Geschäftspolitik und -praktiken offen legen. Europa sollte dem US-amerikanischen Beispiel folgen, wo auch kurzfristiger Aktienbesitz gemeldet werden müssen.

Und schließlich sollten die europäischen Regulierungsbehörden es den Unternehmen erleichtern, die Namen ihrer Aktionäre zeitnah herauszufinden. Beispielsweise müssen britische Wertpapierverwahrer einer deutschen Firma derzeit keine Auskunft darüber erteilen, in wessen Auftrag sie deren Aktien verwahren. Wenn eine britische Firma mit demselben Anliegen bei den Custodians anklopft, müssen sie hingegen mit den Namen herausrücken – so regelt es das britische Gesetz. Dies ist in der Europäischen Union nach Jahrzehnten der angeblich intensiven Arbeit an der

Schaffung eines einheitlichen Kapitalmarktes nichts weniger als ein Skandal.

4. Die Aktionäre müssen sich ihrer Verantwortung für ihr Unternehmen und für ihre Mit-Aktionäre bewusst sein und danach handeln

Wer wählt, wird in der Regel mit den Konsequenzen seines Votums leben müssen – auf dieser Annahme basiert das Wahlrecht demokratischer Gesellschaften. Auf Aktionäre trifft dieses Prinzip aber nicht zu. Ein Fonds mit sehr kurzfristigem Interesse kann heute in der Hauptversammlung über irgendeinen für ihn vorteilhaften Antrag abstimmen, dann seinen Gewinn einsacken und am Morgen danach auf Nimmerwiedersehen verschwinden. Darum sollten nur diejenigen abstimmen dürfen, die mehr als eine flüchtige Beziehung zu dem Unternehmen unterhalten, dessen Schicksal sie womöglich für immer verändern. Sinnvoll wäre, wenn nur diejenigen in der Hauptversammlung wählen dürften, die ihre Aktien länger als eine bestimmte Mindestzeit behalten – und zwar vor und nach der Hauptversammlung. Gewiss, das wäre in der Umsetzung kompliziert. Aber die Vorteile könnten die Kosten und Umstände aufwiegen.

5. Aktionäre müssen die bestehenden Gesetze gegen Acting in Concert und Insiderhandel respektieren

Hand in Hand mit alldem gehen auch neue Bedrohungen durch Insiderhandel einher. Da Großinvestoren die Entscheidungen des Managements direkt beeinflussen können, haben sie Zugang zu Informationen, die den Aktienpreis direkt beeinflussen können. Darum sollten für sie dieselben Regeln gelten wie für alle anderen »Insider«, also Manager und Aufsichtsratsmitglieder. Insbesondere sollte es Großaktionären untersagt sein, Aktien zu handeln, bevor sie durch Kampagnen für die eine oder andere Unternehmenspolitik eintreten und diese steuern – ebenso wie dies Managern unmittelbar vor der Umsetzung ihrer eigenen Geschäftspolitik verboten ist.

Der Fall des gescheiterten Übernahmeangebots der Deutschen Börse an die LSE mahnt eindrücklich vor den Gefahren, die vom Aktionärsaktivismus ausgehen. Unsere lautstärksten Gegner besaßen Anteile an zwei der drei Börsen, die beim Endspiel um die Konsolidierung in Europa antraten. Daher war ihre Interessenlage ganz anders als die der übrigen Anteilseigner unseres Unternehmens. Hedge Fonds wie TCI streuten Informationen, die sich auf den Aktienpreis auswirkten, und profitierten von dessen Entwicklung – im Ergebnis genau wie Insider, die aus Vorabinformationen Kapitel schlagen.

Den Aktionären in puncto Insiderhandel einfach dieselben Regeln wie den Managern vorzuschreiben reicht nicht. Vielmehr müssen auch sie grundsätzliche ethische Standards befolgen. Insbesondere muss es ihnen unmöglich gemacht werden, allein aufgrund ihrer schieren Größe, ihrer aggressiven Lobbyarbeit und durch geschickte Ausnutzung von Interessenkonflikten auf Kosten aller anderen Aktionäre zu verdienen. Um das zu erreichen, muss nicht nur die Gerichtsbarkeit, sondern auch der Grundgedanke der Insiderhandel-Verbote energischer durchgesetzt werden. Wenn Hedge Fonds wie TCI erst einmal schwarz auf weiß dazu verpflichtet sind, alle ihre Anteile (und Leerverkäufe) offen zu legen, dann muss auch geahndet werden, wenn sie das Management direkt beeinflussen und von einer mutwillig herbeigeführten Krise profitieren.

In den geltenden Vorschriften wird noch nicht ausreichend berücksichtigt, wie eng Marktmanipulation und Bedrohung des Managements miteinander verknüpft sind. Die kontinentaleuropäischen Märkte wie Deutschland sollten dieselben Institutionen mit der Durchsetzung der Vorschriften zum Insiderhandel beauftragen, die mit der übrigen Marktüberwachung betraut sind. Beispiele dafür gibt es genug: Die Regulierungsbehörde aller Finanzdienstleister in Großbritannien, die Financial Service Authority (FSA), oder die US-amerikanische Securities and Exchange Commission (SEC) hätten den Fall der Deutschen Börse mit anderen Mitteln behandeln können, als dies die BaFin konnte.

Schlussendlich müssen die Staaten Europas angesichts der Leichtigkeit, mit der insbesondere Hedge Fonds heutzutage Grenzen überschreiten und ihre Forderungen auf Rechtssysteme stützen, die mit den Zielländern inkompatibel sind, baldigst ihre Gesetze angleichen.

Was tun gegen die »aggressiven Investoren«? – Ein Brief an die Finanzminister Europas

Nachdem mein Freund Hans-Joachim Voth und ich uns dies alles durch den Kopf hatten gehen lassen und über die Geschichte des misslungenen Kaufgebots für die LSE, die Invasion der Heuschrecken und ihre Konsequenzen diskutiert hatten, setzten wir uns hin und entwarfen einen Brief an die europäischen Finanzminister:

Sehr geehrte europäische Finanzminister!
Im Zuge der Vorgänge an der Deutschen Börse im Mai 2005 bekundeten der damalige deutsche Finanzminister Hans Eichel und der damalige Kanzler Gerhard Schröder, dass neue Vorschriften für Hedge Fonds vonnöten seien. Wir möchten Ihnen einige Vorschläge für europaweite Maßnahmen machen.
Erstens: Zu einer Überreaktion besteht kein Anlass. In ihrer derzeitigen Erscheinungsform sind Hedge Fonds der Effizienz von Kapitalmärkten meist zuträglich. Sie können Anlagen halten, um die sich nur wenige andere Investoren kümmern, und sie verfolgen Strategien, die die Rechtsvorschriften für die meisten Anlagefonds auf eine harte Probe stellen würden. Hedge Fonds sind zum

Teil als Antwort auf die künstlichen Beschränkungen entstanden, die öffentlichen Fonds auferlegt wurden (wie die Restriktionen bei Leerverkäufen). Es ist an der Zeit, die geltenden Vorschriften für die Verwaltung von Anlagegeldern zu entrümpeln – weg von starren Regeln, die einzelne Strategien und Anlagegüter schlicht verbieten, und hin zu flexibleren Regeln, die verantwortliches Verhalten insgesamt verlangen. Einige Grundlagen für die Existenz der Hedge Fonds würden sich in Nichts auflösen, wenn antiquierte Regelungen, die zum Teil noch Überbleibsel aus der Wirtschaftskrise der dreißiger Jahre sind, aufgehoben würden.

Zweitens: Für alle Akteure auf den Kapitalmärkten der OECD sollten ähnliche Offenlegungspflichten gelten. Es darf nicht sein, dass Fonds, die auf den Cayman-Inseln registriert sind und so gut wie keine Informationen über ihre Eigentümer oder ihre Geschäftspraktiken herausrücken, zentralen Einfluss darauf nehmen können, wie große und größte Unternehmen in Deutschland und in anderen Industriestaaten geführt werden. Das Gebot der Transparenz muss für Unternehmen wie für Aktionäre gelten. Hedge Fonds wie TCI oder Atticus gerieten in substantielle Interessenkonflikte, da sie Anteile an konkurrierenden Unternehmen in einem oligopolistischen Markt hielten. Das Mindeste, was von Anteilseignern verlangt werden sollte, ist, dass sie ihre Beteiligungen offen legen. Außerdem sollten sie erläutern müssen, wie sie ihre Interessen handhaben wollen, wenn diese von denen des Unternehmens, an dem sie beteiligt sind, divergieren. Außerdem sollten Leerverkäufe regelmäßig und zeitnah offen gelegt werden.

Drittens: Die Vorfälle bei der Deutschen Börse (und die Ereignisse bei Mobilcom und IWKA vor kurzem) legen nahe, dass es jetzt in allererster Linie darauf ankommt, die bestehenden Vorschriften effektiver und aggressiver umzusetzen. Es ist gut, dass Acting in Concert verboten ist und mit Geldstrafen geahndet werden kann. Diese

Regelung kann verhindern, dass eine Minderheit von Aktionären de facto die anderen Aktionäre enteignet und ihnen ihren Willen aufzwingt. Doch heute wird diese Regelung meist nur langsam, nicht konsequent genug und zu spät angewandt – und die Beweislast scheint in vielen Fällen unrealistisch hoch zu sein.
Die aggressiven Shareholder bedienen sich vieler Mittel, um den Aktienpreis in die Höhe zu treiben. Ihnen vorzuschreiben, ein freundliches Übernahmegebot vorzulegen, sobald sie des Acting in Concert überführt sind, ist vollkommen ineffektiv – der Angebotspreis wird wohl immer unter dem aktuellen Börsenwert liegen, den die Investoren vorher nach oben getrieben haben.
Stattdessen sollte ein separates Verfahren eingeführt werden: Sämtliche Stimmrechte müssten auf Eis gelegt werden, sobald die zuständige Regulierungsbehörde (in Deutschland die BaFin) ein Acting in Concert vermutet. Das Verfahren könnte dem zur Untersuchung von Fusionen entsprechen. Eine so gravierende Gesetzesverletzung wie Acting in Concert sollte nicht nur mit einer symbolischen Strafe belegt werden, sondern sollte für als Gruppe agierende Investoren ein existentielles Risiko darstellen. Daher sollten Geldstrafen in einer Höhe verhängt werden, die selbst für Hedge Fonds und ihre Investoren fühlbar sind. Dann würde es auf den Märkten fairer zugehen.
Viertens – und im Gegensatz zu dem, was oft als unausweichliche Konsequenz der Beteiligungen angelsächsischer Fonds an kontinentaleuropäischen Firmen dargestellt wird: Die Leitung börsennotierter Unternehmen darf nicht von lautstarken Aktionären übernommen werden. Angemessene Foren zur Meinungsäußerung sind die Hauptversammlung aller Aktionäre und der Aufsichtsrat. Direkte Kontrolle über Einzelentscheidungen des Managements durch die Aktionäre ist nicht wünschenswert, auch deshalb nicht, weil sie dadurch einen immensen Informationsvorsprung gegenüber anderen

Investoren erlangen können, was zu Insiderhandel führt. Sollten die Interaktionen zwischen Aktionären und Management nicht wieder über den Aufsichtsrat kanalisiert werden können, dann sollten alle Aktionäre (von einem Mindestanteil von etwa fünf Prozent an) als »Insider« betrachtet werden – so wie es in den USA der Fall ist. Ihr Handelsverhalten sollte binnen eines angemessenen Zeitraums der Regulierungsbehörde gemeldet werden müssen und mit genauem Blick auf den Missbrauch von Insiderinformationen hin untersucht werden.
Wir hoffen, dass diese Empfehlungen als Beitrag zu der weiteren Debatte über bessere Unternehmensführung und Investorenschutz von Nutzen sind. Für weitere Diskussionen stehen wir Ihnen gerne zur Verfügung.

Mit freundlichen Grüßen

Werner G. Seifert
Hans-Joachim Voth

Epilog

Herbstzeitgestöber – Inquisition unter Freunden

Der Herbst neigt sich dem Winter zu. Die Bäume vor dem Fenster sind großteils schon kahl und vom Mainufer weht ein kalter Wind herüber. Werner Seifert und sein Koautor Hans-Joachim Voth rücken ihre Stühle im Studierzimmer so zurecht, dass sie die letzten warmen Strahlen der Sonne auskosten können.

Die beiden sind einander in vielerlei Hinsicht ähnlich – beide haben promoviert, beide sind durch die harte Schule bei McKinsey gegangen, beide geben ihr Wissen in Vorlesungen weiter, beide sind ungeduldig und irgendwie stolz darauf. Sie haben gemeinsam vier Bücher geschrieben; und während der Kämpfe mit den Hedge Fonds standen sie stets in engem Kontakt. Oft aber sind sie auch ganz unterschiedlicher Ansicht. So wie heute. Die Stimmung ist zwar wie immer freundschaftlich, aber das Thema ist höchst heikel – ihr Gespräch dreht sich wieder einmal um die geplatzte Fusion und den Machtzuwachs von TCI.

Voth: Was ich dich schon immer mal fragen wollte … Mir ist durchaus klar, dass kein Mensch das Schlamassel, in dem er steckt, ordentlich analysieren kann, wenn er ständig von Meetings, Telefongesprächen und E-Mails bombardiert wird und von einem Flughafen zum nächsten hetzt. Aber wie siehst du das jetzt, mit etwas Abstand und Zeit zum Nachdenken: Was hast du falsch gemacht?

Seifert: Na vielen Dank! Du hattest ja schon immer ein Talent dafür, genau die Fragen zu stellen, die niemand hören will. Ist das hier ein Untersuchungsausschuss des amerikanischen Kongresses? *(Er zwinkert Voth zu.)* Du hast es doch selbst quasi hautnah miterlebt! Du hast alle Dokumente, Notizen und Tagebuchaufzeichnungen gesichtet! Also sag doch bitte du mir »mit etwas Abstand«, was wir falsch gemacht haben!
Voth: Tja, ich habe tatsächlich ein paar Ideen, was anders hätte laufen können: Beispielsweise hätten die Aktionäre der LSE euch mit Sicherheit die Bude eingerannt, wenn ihr ihnen euer Gebot von 530 Pence direkt im Januar 2005 unterbreitet hättet. Die ganze Geschichte wäre unter Dach und Fach gewesen, bevor irgendwer eine außerordentliche Hauptversammlung hätte fordern können. Das Management der LSE hätte gar keine andere Wahl gehabt als zu kooperieren. Und das Ganze hätte euch noch nicht mal viel gekostet.
Seifert: Du meinst also, wir hätten uns tatsächlich wie das Rollkommando aus Frankfurt aufführen und schon früh auf Konfrontationskurs gehen sollen, ja? Eine mit dem Management nicht abgestimmte Übernahme, schnell und rabiat? Nun, wir haben das durchaus erwogen, auch im Aufsichtsrat. Aber wir entschieden uns, Samthandschuhe anzuziehen. Die LSE ist schließlich keine Keksfabrik, sie hat Symbolcharakter! Wir wollten eben, dass alle sich pudelwohl fühlten – das Management der LSE, ihre Kunden und die Regulierungsbehörden. Ich glaube nach wie vor, dass Übernahmen auf die rabiate Tour nicht das adäquate Mittel zur Konsolidierung der europäischen Börsenlandschaft sind. Übrigens ist das eine Vorgehensweise, die auch weltweit kaum noch praktiziert wird.
Voth: Gut. Andere Frage: Hättet ihr nicht schon im vergangenen Jahr, also 2004, Barmittel ausschütten sollen, also noch vor dem Kaufgebot? Damit hättet ihr ein klares Zeichen gesetzt, dass der Shareholder Value euch durchaus am Herzen liegt und ihr die Gelder nicht hortet, um bei einem

Wettbieten mithalten zu können. Ein angemessener Aktienrückkauf im November, sagen wir mal für 250 Millionen Euro, das hätte doch Wunder gewirkt, meinst du nicht?
Seifert: Wir hatten beide Optionen ernsthaft in Betracht gezogen, den Kauf der LSE ebenso wie Aktienrückkäufe, aber für uns hieß es immer Entweder-oder! Wenn der Geldberg ständig wächst, betrachtet man ihn erfreut und fragt sich: Was machen wir jetzt damit? Unsere Analysen belegten ganz eindeutig, dass es viel lukrativer wäre, die LSE zu kaufen als die Aktien zurückzukaufen; unser Gewinn hätte dadurch deutlich mehr zugelegt. Also entschieden wir uns dafür.
Voth: Ehrlich gesagt dachte ich mehr an ein zweigleisiges Vorgehen: Ihr hättet das eine tun und euch die andere Option warm halten können.
Seifert: Stimmt, das wäre vielleicht schlauer gewesen. Jedenfalls wenn wir damals gewusst hätten, dass es zu diesem vollkommen überraschenden Ausbruch von Aktionärsaktivismus kommen würde, zu diesem erdrutschartigen Umbruch in unserer Aktionärsstruktur, zu diesem Geschrei nach Aktienrückkäufen. Aber wir hatten doch damals nicht die leiseste Ahnung, was kommen würde! Und noch was: Vergiss bitte nicht, dass unser Höchstgebot nur ganz knapp über dem lag, was die LSE als Mindestpreis verlangte. Hätten wir unsere Aktionäre also schon im November mit barer Münze in substantiellem Ausmaß beglückt, hätten wir den ganzen Kaufplan gleich knicken können – es hätte nicht gereicht, so um die 530 Pence pro Aktie für die LSE zu bieten und gleichzeitig 1,5 Milliarden Euro an die Aktionäre auszuschütten, also die Summe, die jetzt ausgeschüttet wird.
Voth: Weißt du, was mich auch gewundert hat? Die Art und Weise, wie du die in Deutschland geltenden rechtlichen Beschränkungen dargestellt hast. Du hast immer wieder gesagt: »Eine Abstimmung der Aktionäre ist nicht vorgesehen.« Ich fand das viel zu defensiv – und missverständlich obendrein. In angelsächsischen Ohren muss es komisch ge-

klungen haben – so, als ob eine Abstimmung zwar durchaus möglich gewesen wäre, die Aktionäre aber bei dir auf Granit bissen, weil das Gesetz dich eben nicht dazu verpflichtete. Ich glaube, dass viele Leute bis heute nicht kapiert haben, dass es fast unmöglich ist, Aktionäre nach deutschem Recht über eine Akquisition abstimmen zu lassen, weil man sämtliche bis dahin geheimen Informationen – einschließlich des Preises, bis zu dem man mithalten kann – auf den Tisch legen muss.
Seifert: Du hast Recht. Obendrein habe ich »ist nicht vorgesehen« auch noch mit »is not foreseen« ins Englische übersetzt, was ziemlich holperig klingt und dem deutschen Sinn auch nicht ganz entspricht. Aber du musst auch bedenken, dass es durchaus einen Unterschied gab zwischen dem, was die Presse verlautbarte, und dem, was unsere Aktionäre wussten. Wir haben der Presse nicht rechtzeitig unsere Sicht der Dinge dargelegt und das war nicht gut, da stimme ich dir zu. Aber unsere Aktionäre haben wir von Anfang an sehr detailliert über alles informiert. Wir boten ihnen sogar an, unseren Anwalt nach London zu entsenden, um jedem Fonds, der es hören wollte, alles ganz genau zu erklären – jeden Artikel im Gesetzbuch und jeden Paragraphen! Kein einziger ist auf unser Angebot eingegangen. Mir klingt noch heute der Spruch in den Ohren: »Behelligen Sie mich nicht mit Fakten, ich habe meine Meinung.«
Voth: Erstaunlich finde ich dabei, dass die Londoner Investmentfonds offenbar dachten, dass ihre Art der Corporate Governance mit den Investitionen huckepack über den Ärmelkanal käme, kaum dass sie deutsche Aktien erworben hatten …
Seifert: … dabei würde es ihnen ja nicht im Traum einfallen, im Aufsichtsrat von Lloyds TSB plötzlich Arbeitnehmervertreter zuzulassen, wenn deutsche Fonds eine große Anzahl von Aktien britischer Unternehmen erwerben. Aber so ist die City nun mal. Ihr Horizont endet in Dover. Und das Ärgerliche ist: Irgendwie kommen sie damit durch!
Voth: Warum haben dich eigentlich die Londoner in eurem

Aufsichtsrat nicht stärker dabei unterstützt, eure Position den Hedge Fonds verständlich zu machen? Es wird doch niemand ernsthaft von dir erwartet haben, dass du das deutsche Gesetz brichst, weil die Nationalität der Aktionäre sich verändert hat, oder?

Seifert: Das Problem lag nicht in erster Linie beim Aufsichtsrat. Aber die überhebliche Engstirnigkeit einiger Londoner außerhalb des Aufsichtsrats hat mich wirklich verwundert. Anscheinend denken sie, dass jede Abweichung von Londoner Gepflogenheiten schlecht ist. Noch nicht einmal in den USA haben Aktionäre ein Recht darauf, über Unternehmenskäufe in bar abzustimmen!

Voth: Die Ironie an der Geschichte ist ja, dass du und ich uns jahrelang für einen Ausbau der Aktionärsrechte in Deutschland stark gemacht haben. Und dann stehst du auf einmal am Pranger als Dr. Seltsam der Unternehmensführung.

Seifert *(lacht):* Ja, und wie wir uns eingesetzt haben für die »Aktionärsdemokratie«, für einen »hundertprozentigen Free Float« und all das. Während der Übernahmeschlacht hat das natürlich niemanden mehr interessiert. Und weißt du was? Wir waren naiv. Und viel zu akademisch! Wenn sich da draußen Fonds wie TCI rumtreiben, für die es so gut wie gar keine Offenlegungspflicht gibt und die ihre Geschäfte mit weniger Papierkram eröffnen können als unsereins für einen Führerscheinantrag braucht, und wenn diese Fonds dann Milliarden verschieben und das Management tyrannisieren und dabei schalten und walten können, wie sie lustig sind – dann ist ein hundertprozentiger Free Float ein Todesurteil, zumindest, wenn ein Blue-Chip-Unternehmen nur mittlere Größe aufweist. Wenn das Management nicht vollkommen von Sinnen ist, muss es das Unternehmen mit einem »harten Kern« von Aktionären schützen, also das tun, was wir immer abgelehnt haben. Das angelsächsische Ideal, dem wir bei unserem Börsengang entsprechen – von wegen Free Float und so –, das ist ein Hirngespinst, das existiert nur im Lehrbuch. Heutzutage verteidigen sich doch die allermeisten US-Firmen mit »Poison Pills«. Sobald es mehr Fälle wie den der Deutschen Börse gibt, wird das auch hierzulande Schule machen – oder aber auch größere Dax-Unternehmen werden von Private-Equity-Firmen aufgekauft ...

Voth: ... die sich schon jetzt bei uns wie die Maden im Speck fühlen. Was an der Börse passiert ist, war ja auch nicht gerade Werbung für einen Börsengang. Wenn ich Bosch wäre oder Miele oder Bertelsmann, würde ich mir jetzt denken: »Danke, nein! Den Ärger hole ich mir nicht ins Haus. Fragen wir lieber die Bank, ob sie uns noch einen Kredit gibt, da wird sich schon ein Weg finden.«

Seifert: Und dann bliebe es dir auch erspart, Tausende Kilometer in der Weltgeschichte rumzufliegen und deine Aktionären zu informieren und ihre Meinung einzuholen, nur um anschließend in der Presse zu lesen, du würdest mit niemandem reden und dass du ein Alleinherrscher seist, der einzig und allein an der Ausdehnung seines Imperiums arbeite. So gesehen hat die Deutsche Börse wirklich ein Eigentor geschossen. Jetzt werden bestimmt weniger Unternehmen einen Börsengang wagen, und das wird sich mittelfristig auch auf das Unternehmen Deutsche Börse auswirken, ja sogar dem deutschen Kapitelmarkt großen Schaden zufügen.

Voth: Weil du es gerade selbst erwähnt hast: Die Presse hat dich ja unisono und ganz nonchalant zum Manager mit imperialen Machtgelüsten stilisiert. Warum hat deine Presseabteilung nichts dagegen unternommen? Wie konnte es zu so einem Artikel wie dem in der *Financial Times* im Mai 2005 kommen? Findest du nicht auch, dass die Medienberichterstattung euch immens geschadet hat? Hätte das nicht anders laufen müssen?

Seifert: Oh ja, die *Financial Times* war richtiggehend feindselig, wobei ... eigentlich war es nur eine Person. Mit Fakten hat diese Person es nicht so; dafür beruft sie sich oft auf Meinungen von – häufig anonymen – Marktteilnehmern. Wenn dieser Person jemand zuflüstern würde: »Die Erde ist eine Scheibe«, dann würde sie einen Aufmacher mit der

Überschrift schreiben: »Ist die Erde wirklich rund? Insider wissen mehr!« Der Witz ist nicht ganz neu, aber er passt einfach gut zu ihr.

Voth: Gib bitte mal ein konkretes Beispiel.

Seifert: Wir versuchten, dieser Person klar zu machen, dass es auf der ganzen Welt keinen einzigen Finanzmarkt gibt, auf dem die Marktteilnehmer frei wählen dürfen, wo sie ihr Clearing und Settlement abwickeln möchten. Nach unserem Gespräch mit dieser Person, die gute Kontakte zu Londoner Investmentbanken hat, denen unser Geschäftsmodell ein Dorn im Auge ist, konnten wir in der Zeitung lesen: »Die starre ›Silo‹-Struktur der Deutschen Börse zwingt die Kunden dazu ...« Was soll man da noch machen? Andere Leute bei der *Financial Times* erwiesen sich als sehr vernünftig, schließlich sitzen dort auch einige der führenden Wirtschaftsjournalisten Europas. Habe ich dir eigentlich mal die E-Mail gezeigt, welche diese Person an Chris Hohn geschrieben hat? Die spricht Bände.

Voth: Okay, aber diese Person verwandelte sich ja nicht über Nacht in einen glühenden Gegner, was auch immer ihre Gründe dafür gewesen sein mögen ...

Seifert: ... die auch darin wurzeln dürften, die City zu verteidigen und die Unabhängigkeit der LSE.

Voth: Schön, aber um die anderen Medien in Großbritannien hättest du dich wirklich mehr bemühen sollen. Über Théodore und sein schwammiges Gebot schrieben sie mehr und freundlicher als über dich.

Seifert: Hmm, bis Anfang Februar klangen die Artikel der anderen Zeitungen für uns ganz viel versprechend. Aber Théodore ging die Sache sehr geschickt an. Er hielt sich zwar immer alle Türen offen, unternahm auch keinen einzigen falschen Schritt. Ich glaube, wir hatten kaum eine andere Chance, als in der öffentlichen Wahrnehmung ins Hintertreffen zu geraten. Wenn du als Erster mit einem Kaufgebot antrittst, gleicht es jeder natürlich mit seiner eigenen Wunschliste ab: Die Kunden wollen niedrigere Gebühren, die LSE mehr Geld und deine eigenen Aktionäre

beschweren sich, der gebotene Kaufpreis sei zu hoch. Théodore konnte sich in aller Ruhe aussuchen, an welchem Punkt er angreifen wollte, beispielsweise höhere Synergieeffekte versprechen. Es war verdammt pfiffig von ihm, keinen konkreten Preis zu benennen. Ich hatte gedacht, die Finanzpresse würde ihn deshalb verspotten. Einige taten es auch; die meisten aber nicht.
Übrigens hat die britische Wettbewerbskommission gerade erst ihre Entscheidung bekannt gegeben: Wenn Euronext die LSE tatsächlich kaufen will, muss sie viel strengere Auflagen erfüllen als die Deutsche Börse. Das hatten wir damals schon erwartet, von Anfang an. Ich bin wirklich gespannt, was Théodore jetzt tun wird!
Voth: Zumal ja sogar gemunkelt wird, dass sich eine Fusion zwischen der Deutschen Börse und Euronext anbahne, jetzt, wo TCI nicht nur bei der einen, sondern gleich in allen beiden Börsen de facto am Ruder sitzt. Aber lass mich noch mal auf das Thema Presse zurückkommen: Dein Ruf wurde weiter ruiniert, weil du am 22. Februar bei einer Analystenkonferenz keine telefonischen Fragen zugelassen hast. Was war denn da los?
Seifert: Das ist überhaupt nichts Besonderes! Hunderte von Unternehmen halten ihre Analystenkonferenzen auf eben diese Art ab. Wenn du mit dem Management sprechen willst, dann schau persönlich vorbei. Und wenn du nur mitbekommen willst, was da vor sich geht, dann hörst du eben per Konferenzschaltung zu. Kein Thema. Rein technisch wäre es natürlich möglich, Fragen zuzulassen, auch wenn Dutzende von Analysten in der Leitung hängen, aber das wäre unglaublich schwerfällig, langsam, ablenkend. Das macht überhaupt keinen Sinn. Eine Analystenkonferenz ähnelt ein kleines bisschen einer Pressekonferenz im Weißen Haus. Dort werden auch keine Fragen von zugeschalteten Reportern aus Marseille oder San Diego angenommen. Wenn es jemandem wichtig ist, sich einen eigenen Eindruck zu verschaffen, dann nimmt er den Weg auf sich. Im Übrigen ist es ein Leichtes für Aktionäre oder Analys-

ten, sich ihre Fragen direkt und per Telefon beantworten zu lassen: Die Deutsche Börse hat eine engagierte Investor-Relations-Abteilung, die an sieben Tagen einer Woche nichts anderes tut.
Voth: Sehen wir doch mal der Wahrheit ins Auge: Du hast die Schlacht um die Medien an allen Fronten verloren. Hohn aber erschien dort als strahlender Verfechter der Aktionärsrechte!
Seifert: Die britische Presse ist eben ignorant, wenn es um so nebensächliche Dinge wie die Tatsache geht, dass in anderen Ländern nun mal andere Gesetze gelten. Wenn der Begriff »angelsächsische Corporate Governance« fällt, dann tun sie so, als habe niemals ein Skandal die ruhmreichen britischen und amerikanischen Chefetagen beschmutzt. Wie dem auch sei – jedenfalls hat Hohn mehr Mühe darauf verwandt, in der Presse gut dazustehen, als einen Kompromiss mit uns zu finden. Nicht selten verhandelten wir mit ihm und konnten schon am nächsten Morgen das Besprochene in einer Reihe von Presseberichten nachlesen, die sich auf die »Aussage eines führenden Aktionärs« beriefen. Er spielte nicht fair. Und was dann kam, kann man in zwei Worten zusammenfassen: Er gewann!
Voth: Aber er war ja nicht die einzige undichte Stelle. Einige der Leute in eurem Aufsichtsrat und vom Management unterhielten sich anscheinend häufiger mit Journalisten als mit ihrer Frau.
Seifert: Noch mal: Lass den Aufsichtsrat aus dem Spiel. Kaum ein anderer Aufsichtsrat eines Dax-Unternehmens war so international besetzt wie der unsere. Die meisten Mitglieder genossen hohes Ansehen, viele von ihnen waren bereits pensioniert – also allesamt Leute, die eine eigene Meinung haben und sie auch vertreten. Das brachte uns kolossale Vorteile. Der Strategie-Ausschuss war uns beispielsweise eine große Hilfe dabei, dem Kaufgebot den letzten Schliff zu verleihen. Unsere Aktionärsstruktur entwickelte sich auch deshalb so international, weil wir uns ausdrücklich darum bemühten, einflussreiche Geschäfts-

leute aus ganz Europa in unseren Aufsichtsrat zu holen. Leider half uns das bei den Verhandlungen mit der LSE nicht viel. Und bei den Gesprächen mit den rebellierenden Aktionären waren sie auch nicht immer nützlich. Aber das ist Vergangenheit.
Im Großen und Ganzen habe ich den Aufsichtsrat dafür bewundert, dass und wie er uns die längste Zeit unterstützt hat, beinahe bis ganz zum Schluss. Einige seiner Mitglieder sind schon seit zwölf Jahren dabei und haben dem Unternehmen große Dienste geleistet. Es ist einfach nicht okay, dass und wie sie aus dem Amt gedrängt wurden.
Voth: Du hast eben erwähnt, dass einige Mitglieder des Aufsichtsrates bereits in Rente waren – hattest du den Eindruck, dass sie in ihren Entscheidungen ungebundener waren?
Seifert *(zieht nachdenklich an seiner Pfeife):* … Ja, vom heutigen Standpunkt aus betrachtet ist es ziemlich offensichtlich, dass die amtierenden Manager oder Firmeninhaber verwundbarer waren. Mit jemandem wie Hohn als Gegner weiß man ja nie, aus welcher Ecke die nächste Attacke erfolgt, was er sich als Nächstes ausdenkt. Wer gerade an seiner eigenen Karriere arbeitet, ist natürlich viel leichter zu verunsichern. Die Pensionäre hatten mehr Erfahrung; sie beurteilten die Lage sehr viel klarer und waren auch eher bereit, mutig für ihre Prinzipien einzutreten. Sie hätten nicht schon vorher das Handtuch geworfen, hätten in der Hauptversammlung gekämpft. Das war wohl unser größter Fehler: Wir hätten alle unsere Aktionäre auffordern sollen, uns ihre Meinung offen ins Gesicht zu sagen. Wir hätten geradeheraus sagen sollen: »Na los, dann wählt uns eben ab, wenn es das ist, was ihr wirklich wollt!« … Bisher war es mir noch gar nicht aufgefallen, aber jetzt, wo du danach fragst, finde ich es frappierend, wie viel stärker die älteren Mitglieder zu ihren Prinzipien standen. Übrigens stehen alle neuen Mitglieder, die TCI jetzt in den Aufsichtsrat gedrückt hat, noch aktiv im Geschäfts- oder im politischen Leben.

Voth: Nachher ist man immer klüger. Trotzdem gibt es noch einen weiteren Punkt, an dem du eine Chance verspielt hast, und zwar, als ihr das Kaufgebot zurückgezogen und die Aktienrückkäufe angekündigt habt. Da hättet ihr denen doch das dicke Paket aus Zugeständnissen vor die Nase knallen müssen, nach dem Motto: »So, Rebellen, da habt ihr, was ihr wollt!« Aber was macht ihr? Zuerst einmal zieht ihr das Kaufgebot zurück, äußert euch aber nicht darüber, wie die Aktienrückkäufe aussehen sollen. Derweil lasst ihr die Prüfung durch das Office of Fair Trading (OFT) mal eben weiterlaufen. Später bietet ihr ein paar Zahlen an, dann stockt ihr sie noch ein bisschen auf ... – das wirkte alles so knauserig, so widerwillig! Damit habt ihr bestimmt kein Vertrauen gewonnen. Es schien, als wolltet ihr bloß Zeit schinden, bis diese Gestalten aus St. James sich doch noch trollen.
Seifert *(lacht):* Na, und wie wir hofften, dass die sich trollen! Aber im Ernst: Wir haben die Aktienrückkäufe doch schon am 7. März angekündigt, zusammen mit der Rücknahme des Kaufgebotes. Wir wollten ja mit den Aktionären Rücksprache halten, bevor wir den genauen Umfang festlegen konnten. Vergiss bitte nicht: Die haben uns immer wieder vorgeworfen, wir würden nicht mit unseren Aktionären reden. Also zogen wir los und redeten mit ihnen, bevor wir ihnen das mit ihnen abgestimmte Aktienrückkaufprogramm vorstellten. Und was den OFT-Prozess betrifft: Wir konnten die LSE doch nicht auf einem goldenen Teller an die Euronext weiterreichen! Das lag übrigens auch nicht im Interesse unserer Aktionäre, denn wenn die beiden Börsen sich zusammenschließen, könnte die neue Kombination aus LSE und Euronext unseren gesamten Aktienhandel einheimsen. Und das hätte die Deutsche Börse dann im Fall der Fälle locker eine Milliarde ihrer Marktkapitalisierung gekostet. Daran wollte ich nur äußerst ungern schuld sein.
Voth: Und du glaubst nicht, dass ihr die Rebellen hättet spalten können, wenn ihr früher mit mehr Zugeständnissen aufgewartet hättet?

Seifert: Das haben wir wirklich versucht. Unsere gesamte Strategie von März bis Anfang Mai basierte doch auf diesem Konzept. Ich weiß nicht. Aber je länger wir versuchten, einen Keil zwischen unsere Gegner zu treiben, umso stärker zeichnete sich ab, dass Capital, Merrill Lynch und Fidelity genauso wild entschlossen waren wie TCI, Atticus und Konsorten. Da haben wir nicht schlecht gestaunt.
Voth: Trotzdem, ich bleibe dabei: Ihr habt euch dreimal um 60 Grad gewunden, anstatt euch mit einem Schwung um 180 Grad zu drehen.
Seifert: Das kann man wohl so sehen, wenn man will. Ich hätte im März zurücktreten und den Sieg in Bausch und Bogen unseren Gegnern überlassen können. Aber damals verlangten sie ja noch nicht mal meinen Kopf. Sie schossen ihre Pfeile auf Breuer, wetterten gegen das Kaufgebot für London. Wir nahmen sie beim Wort und wir nahmen sie ernst. Und merkten erst spät, dass ihnen jedes Mittel recht war, um das Unternehmen zu kapern.
Voth *(hebt eine Augenbraue und blickt misstrauisch):* Demnach hat es dich also kalt erwischt, als TCI seine Attacken gegen das Management ausbaute und die Kampagne startete, in der sie dir schlechte Unternehmensführung vorwarfen?
Seifert: Allerdings, damit hatte keiner von uns gerechnet. Wir dachten, es ginge ihnen wirklich um das Kaufgebot. Dabei war das nur eines der Themen, deren sie sich bedienten und sie aufbauschten, um möglichst viele andere Aktionäre auf ihre Seite zu ziehen.
Voth: Lass uns mal ein paar Monate überspringen und zu dem Meeting mit Hohn am 7. April gehen. Ihr hattet Merz im Vorfeld vier Sitze angeboten, das Angebot in der Sitzung selbst dann aber zurückgezogen. Warum? Das kann doch gar nicht klappen! Das ist doch so, als ginge ich zum Autohändler und sage, o. k., der Wagen ist mir 20 000 wert. Und nächste Woche komme ich zurück sage, ach nein, bei 10 000 ist Schluss. Wenn man erst mal ausgesprochen hat, wie weit man gehen will, steht die Zahl im Raum und lässt

sich nicht zurücknehmen. Ganz automatisch verwandelt sie sich in die Mindestforderung des Gegenübers.

Seifert: Wir hätten überhaupt nicht einen einzigen Sitz außerhalb des regulären Hauptversammlungszyklus anbieten sollen! Es steht einem Minderheitsaktionär mit acht Prozent nicht zu, mehrere Sitze zu fordern, und es war falsch von uns, darauf einzugehen. Angesichts der Zwangslage, in der wir steckten, hätte es aber durchaus sinnvoll sein können ... Na schön, das ist moralisch etwas verzwickt – aber hey, hier ging's ums Geschäft und wir suchten nach einem Kompromiss. Es hätte klappen können. Allerdings nur, wenn man mit jemandem verhandelt, dem man trauen kann. Über diesen Punkt hätten wir stolpern müssen. Hohn war nicht vertrauenswürdig. Er hat mehrfach Lösungsvorschläge über den Haufen geworfen. Heute, da TCI nicht nur Breuers und meinen Skalp am Gürtel trägt, sondern auch schon acht neue Aufsichtsratsmitglieder bestellt hat und wer weiß, was noch alles kommt – heute sieht es so aus, als wäre es das Klügste gewesen, die vier Sitze einfach zu akzeptieren und damit den Schaden zu begrenzen. Andererseits: Vier Sitze waren Hohn nicht genug. Das schrieb er mir in einer E-Mail und sagte es mir noch mal persönlich. Er drohte damit, den gesamten Aufsichtsrat auf der Hauptversammlung unter Beschuss zu nehmen, wenn wir ihm nicht mehr Sitze zusagten. Wer weiß, ob er jetzt zufrieden ist oder noch mehr will. In jedem Fall hat es nach meiner Auffassung nichts mit einer fairen Repräsentation zu tun, wenn ein Acht-Prozent-Aktionär über 57 Prozent der Aktionärsstimmen im Aufsichtsrat verfügt.

Voth: Wie siehst du Hohn eigentlich heute? Bist du sauer auf ihn? Immerhin hat der Mann dich um deinen Job gebracht und teilweise auch um deinen guten Ruf – deine Führungsqualitäten und dein Einsatz für den Shareholder Value sind über den ganzen Trubel etwas in Vergessenheit geraten.

Seifert: Man muss eine Schlacht verlieren können! Ich trage ihm nichts nach. Wenn man Dinge persönlich nimmt, hat man in dieser Branche nichts verloren. Hohn ist ein kluger

Kerl; er hat sein Spiel geschickt eingefädelt und durchgezogen und dabei sehr viel Geld für seinen Fonds gemacht. Nur mit den Taktiken, die er dabei angewandt hat, bin ich nicht einverstanden. Das eigentliche Problem liegt aber anderswo. Hast du »Jackie Brown« gesehen? Der alternde Kautionshändler sagt in einer Szene zum Waffendealer: »Womit auch immer du deinen Lebensunterhalt verdienst – du kommst scheinbar damit durch. So more power to you – reiß die Macht an dich.« Das ist das eigentliche Problem: Uns fehlen die richtigen Gesetze. Es darf nicht sein, dass ein Verhalten, das für mich klipp und klar als Acting in Concert zu bewerten ist und wodurch man an Wissen – meines Erachtens Insiderinformationen – gelangt, aufgrund dessen man Aktien kauft, ungestraft davonkommt. Wenn ich im Finanzministerium säße, würde ich dem einen Riegel vorschieben. Aber solange das niemand tut, wird Hohn seine Chancen weiter wahrnehmen – und das kann man ihm nicht vorwerfen.

Voth: Vor einem halben Jahr hast du die Deutsche Börse verlassen. Seitdem ist der Aktienpreis gewaltig in die Höhe geschossen. Vor kurzem hat er 80 Euro erreicht; zu deiner Zeit waren 50 Euro schon ein guter Preis. Heißt das nicht, dass der Markt die Veränderungen gutheißt und Hohn zutraut, zusammen mit den Nachfolgern von dir und Breuer seine Sache besser zu machen als ihr?

Seifert *(lacht)*: Das glauben hoffentlich noch nicht mal Hohn und die neuen Aufsichtsratsmitglieder. Der Euronext-Aktienkurs ist sogar noch schneller gestiegen. Sieh dir doch mal die Fakten an – die europäischen Aktienmärkte florieren seit Anfang 2005. Und mit ihnen auch die Börsen. Und dann ist da noch ein zweiter Faktor beteiligt: Das Handelsvolumen ist prozyklisch. Wenn die Aktienpreise steigen, nimmt das Handelsvolumen zu. Das kommt den Börsen zugute und hat dazu geführt, dass die Preise für die LSE, für Euronext und die Deutsche Börse angezogen haben. Nichts davon hat auch nur das Geringste mit den Früchten einer alternativen Strategie zu tun. Das Unterneh-

men dümpelte ein volles halbes Jahr ohne Steuermann vor sich hin. Gute Unternehmen halten das aus, und Tanker haben einen großen Wendekreis.
Voth: War es denn unterm Strich ein Fehler, nach der LSE zu greifen? Die britische Presse hat dich ja immer als Pfeife rauchenden, Tee trinkenden, Jaguar fahrenden Anglophilen dargestellt …
Seifert: Das hört sich doch gar nicht so übel an!
Voth: … der von der Idee besessen ist, sich die Londoner Börse einzuverleiben. Als Vorstandsvorsitzender hattest du doch ein ganz angenehmes Leben und das hätte auch noch eine ganze Weile so weitergehen können: Gelegentliche ergebnislose Verhandlungsrunden mit Théodore und Furse in Antibes oder London, die Zusammenarbeit mit netten Kollegen, weitere zehn Jahre an der Spitze eines hervorragenden Unternehmens … Du musst doch gewusst haben, dass du das alles aufs Spiel setzt.
Seifert: Sicher. Als wir die ganze Sache ins Rollen brachten, haben wir mal telefoniert, weißt du noch? Ich sagte dir, dass die Chancen fifty-fifty stünden, dass ich in einem Jahr arbeitslos wäre …
Voth: … und ich habe gelacht und gesagt, dass das Quatsch sei.
Seifert: Tja – war es falsch, die LSE kaufen zu wollen? Schwer zu sagen. Wir hatten die Deutsche Börse so weit ausgebaut, wie wir konnten; und nach einer Weile war klar, dass wir einen Deal wie den Erwerb der LSE stemmen könnten. Oder wir könnten Euronext kaufen. Wir mussten es nicht tun, aber schließlich will man aus seinen Möglichkeiten immer das Beste rausschlagen, nicht wahr? Wenn du mit Naomi Campbell ausgehen kannst, warum solltest du dann zu Hause bleiben und deine Briefmarkensammlung sortieren? Auf London war ich nicht vorrangig aus kulturellen Gründen erpicht. Nein. Die LSE ist einfach eine verdammt gute Börse an einem großartigen Ort. Die Konsolidierung in Europa ist zwingend notwendig und ich konnte nicht einfach weitermachen wie bisher und zwischendurch

noch hier und da ein altes Auto kaufen – wo sich doch die Möglichkeit bot, etwas anzupacken, das wirklich Sinn hatte. Und weißt du was? Ohne diese Einstellung wäre die Deutsche Börse nicht das geworden, was sie heute ist.

Voth: Du konntest gar nicht anders, als den eisigen Berg hochzuklettern, einzig und allein, weil er nun mal dastand?

Seifert: Es ist ein bisschen wie in dem Stück von Max Frisch »Biographie – Ein Spiel«, das ich dir vergangenen Sommer geliehen habe; diese Geschichte von dem Professor, der die Chance bekommt, sein ganzes Leben noch einmal zu leben. Und was tut er? Er ändert ein paar wichtige Dinge, wie beispielsweise seinen Beitritt in die Kommunistische Partei, aber im Großen und Ganzen entscheidet er sich in den wirklich ausschlaggebenden Momenten wieder genauso wie beim ersten Mal. Und das, obwohl er frei wählen kann und obwohl einige der Entscheidungen sich als falsch entpuppt hatten. Ich würde auch das meiste wieder genauso machen. Hier und da habe ich mich geirrt, ja. Aber ich bedauere nicht, dass wir es versucht haben, und auch nicht die Art und Weise, in der wir es versucht haben.

Personenregister

Baums, Professor Theodor: führender Experte der Corporate Governance in Deutschland; ihm wurde von einem Mitarbeiter eines rebellischen Aktionärs angeboten, im neuen, von TCI zusammengesetzten Aufsichtsrat zu sitzen.

Blair, Tony: britischer Premierminister; spielte keine direkte Rolle im Zusammenhang mit der geplanten Übernahme der LSE durch die Deutsche Börse; in Bezug auf die Frage einer Konsolidierung der europäischen Börsenlandschaft schien er eine neutrale Stellung zu beziehen.

Blessing, Martin: früherer Mitarbeiter von McKinsey und jetzt im Vorstand der Commerzbank; wurde als mögliches neues Mitglied des Aufsichtsrates der Deutschen Börse genannt.

Breeden, Richard: ehemaliger Chef der »Securities and Exchange Commission« (SEC).

Breuer, Rolf-E.: Aufsichtsratsvorsitzender und ehemaliger Vorstandssprecher der Deutschen Bank; ehemaliger Aufsichtsratsvorsitzender der Deutschen Börse; wurde im September 2005 von Hedge Fonds zum Rücktritt aus letztgenannter Position gezwungen.

Buffett, Warren: berühmter US-amerikanischer Milliardär und Investor.

Duck, Dagobert: der Welt zweitberühmteste Ente, ein außergewöhnlicher Geizhals, schwimmt gerne in seinem Geldspeicher voller Golddukaten.

Duck, Donald: der Welt berühmteste Ente, könnte Hohn zufolge von seinem Fonds TCI und dessen Verbündeten in den Aufsichtsrat der Deutsche Börse AG gewählt werden.

Eichel, Hans: deutscher Finanzminister von 1999 bis 2005, ehemaliger Ministerpräsident von Hessen, unterstützte stets die Pläne der Deutschen Börse.

Eick, Karl-Gerhard: Finanzdirektor der Deutschen Telekom; Mitglied im Aufsichtsrat der Deutschen Bank – wurde als mögliches neues Mitglied des Aufsichtsrates der Deutschen Börse genannt.

Fischer, Leonard: Vorstandsvorsitzender der Winterthur; Mitglied der Generaldirektion der CSFB, ein Freund von Seifert und Nachbar – wurde als mögliches neues Mitglied des Aufsichtsrates der Deutschen Börse genannt.

Fischer, Thomas: zum damaligen Zeitpunkt Vorstandsvorsitzender der WestLB, ehemaliges Mitglied im Vorstand der Deutschen Bank; wurde als mögliches neues Mitglied des Aufsichtsrates der Deutschen Börse genannt.

Furse, Clara: CEO der London Stock Exchange, die »Margaret Thatcher der Finanzbranche«.

Gentz, Manfred: ehemaliger Finanzchef von DaimlerChrysler, wurde von TCI gefragt, ob er Interesse daran hätte, im neu zu wählenden Aufsichtsrat der Deutschen Börse zu sitzen, obwohl er bereits im Aufsichtsrat saß.

Gibson-Smith, Chris: Chairman der LSE und der National Air Traffic Services (NATS).

Grasso, Dick: Chairman und Vorstand der New York Stock Exchange (NYSE) von 1995 bis 2003; verdiente mehr als einhundert Millionen Dollar und wurde gefeuert.

Harkins, Peter: CEO von D. F. King und Berater der Deutschen Börse wegen seiner ausgiebigen Erfahrungen mit Kampfabstimmungen in den USA.

Hayden, Richard: Chairman des Hedge Funds GLC, der in London sitzt; ehemaliger Vice-Chairman Europe der Investmentbank Goldman Sachs; nun eines der neuen Mitglieder im Aufsichtsrat der Deutschen Börse.

Hlubek, Matthias: Mitglied des Vorstandes der Deutschen Börse, Finanzchef der Deutschen Börse von 2001 bis Mai 2005, Interims-Vorstandsvorsitzender von Mai bis Oktober 2005; spielte eine Schlüsselrolle bei dem Kaufgebot für die LSE, verantwortlich für die Finanzstrategie der Deutschen Börse und bei den meisten entscheidenden Meetings an der Seite von Werner Seifert.

Hohn, Christopher: Gründer und Managing Director des Hedge Fonds TCI.

Icahn, Carl: berühmter amerikanischer »Raider« (Unternehmensräuber).

King, Mervyn: Governor der Bank of England und eine graue Eminenz in der City.

Koch, Roland: Ministerpräsident von Hessen und wichtiger Unterstützer der Deutschen Börse in jeder Situation.

Lambert, Edward: der am besten bezahlte Hedge-Fonds-Manager aller Zeiten.

Loeb, Daniel: Chef des aggressiven Fonds Third Point Management, berühmt-berüchtigt für seine barschen Briefe an das Management der Firmen, die er gekauft hat.

Merz, Friedrich: Mitglied des Bundestages, Spezialist für Steuersysteme, die auf einen Bierdeckel passen, und ehemaliger Vorsitzender der CDU-Fraktion; als Partner einer Berliner Kanzlei diente er TCI als Rechtsberater; nach den Worten Chris Hohns ein möglicher Ersatzmann für Rolf Breuer als Aufsichtsratsvorsitzenden der Deutschen Börse; nun eines der neuen Mitglieder im Aufsichtsrat der Deutschen Börse.

Mouse, Mickey: Comicfigur von Walt Disney, könnte von ihm in den Aufsichtsrat der Deutschen Börse gewählt werden, sagte Hohn.

Moore, Wayne: Managing Director der die Deutsche Börse beratenden Investmentbank Goldman Sachs; enger Vertrauter von Werner Seifert; nun Chef der Zweigstelle in Chicago.

Müller, Eric: Projektmanager der Londoner Kampagne bei der Deutschen Börse.

Müntefering, Franz: ehemaliger Parteivorsitzender der SPD und heutiger Arbeitsminister, prägte den Ausdruck »Heuschrecken« für Hedge Fonds, die deutsche Unternehmen attackieren.

Perry, Richard: Gründer und Chef von Perry Capital.

Roth, Petra: Oberbürgermeisterin von Frankfurt; hat die Deutsche Börse immer unterstützt.

Rothschild, Lord Jacob: ein direkter Nachfahr der berühmten Bankiersfamilie; Eigentümer der Rothschild-Trust-Unternehmen; über seinen Sohn Nathaniel und viel Geld eng verknüpft mit TCI.

Rothschild, Nathaniel: Sohn von Lord Jacob Rothschild und Miteigentümer von Atticus.

Rudloff, Hans-Jörg: Verwaltungsratsmitglied der Sandoz AG; als mögliches neues Mitglied des Aufsichtsrates der Deutschen Börse genannt.

Sibylle: Pseudonym für ein Mitglied des Aufsichtsrates der Deutschen Börse.

Sloan, Alfred P.: »Mister General Motors«, CEO in den zwanziger Jahren nach Angaben von *Forbes* einer der zwölf einflussreichsten Geschäftsleute.

Soros, George: berühmter Investor, der mit seinem Hedge Fonds gegen das britische Pfund spekulierte und dabei ein Vermögen machte.

Théodore, Jean-François: Absolvent der Ecole Nationale d'Administration (ENA), ehemaliger hoher Beamter des französischen Finanzministeriums, CEO von Euronext und in dieser Position einer der ältesten, aber auch liebenswertesten Gegenspieler von Werner Seifert in der Finanzbranche.

Voth, Hans-Joachim: McKinsey-Associate bis 1997, nun ICREA-Forschungsprofessor für Wirtschaft und Wirtschaftsgeschichte an der Universitat Pompeu Fabra in Barcelona; Freund und Koautor von Seifert.

Weyland, Peter: Rechtsberater der Deutschen Börse bei Unternehmensfragen von der Kanzlei Hengeler Mueller.

Danksagung

Dieses Buch hätte es fast nicht bis zur Druckpresse geschafft. Dabei meinen wir nicht die wilden Spekulationen in Teilen der Presse darüber, ob die Deutsche Börse die Veröffentlichung verhindern wolle. Das stand nie wirklich zur Debatte. Doch eine Geschichte, in der einer der Autoren als Protagonist auftritt, verlangt eine gänzlich andere Schreibe als die eher akademischen Texte, die wir bisher zusammen verfasst hatten.

Eigentlich war das Buch schon fertig, im Sommer 2005. Basierend auf den Tagebüchern und Notizen von Werner Seifert, hatten wir schnell eine Chronik des Übernahmekampfes um die LSE und der TCI-Attacken geschrieben. Manchmal aber nützt nichts so sehr wie verheerende Kritik. Dafür müssen wir uns bei Ana Mosterín Höpping sehr herzlich bedanken. Sie las in Windeseile eine erste Rohfassung des Manuskripts Ende Juli 2005 mit kundigem Blick. Und mit wenigen, klaren, sachlichen und intelligenten Sätzen schlug sie vor, alles wegzuwerfen und noch einmal von vorn anzufangen. Anfangs ungläubig, fragten wir gute Freunde um Rat, die etwas von der Materie und von lesbaren Büchern verstanden. Und begannen dann von vorn. Für zwei dickköpfige Autoren ist das eigentlich eine Entscheidung, die uns im Rückblick immer noch überrascht. Nichts hat mehr dabei geholfen, ein hoffentlich lesbares, überzeugendes Manuskript abzuliefern.

Claudia Cornelsen hat beim Schreiben der Neufassung als kundiger Trainer geholfen, uns angefeuert, mit Kritik nicht gespart und an vielen Stellen dazu beigetragen, die Texte auf Vordermann zu bringen. Constanze Rheinholz erledigte die Übersetzung des englischen Originals ins Deutsche mit viel Elan und Sprachgefühl. Jürgen Diessl und Silvie Horch haben bei ECON unser Projekt fast von Anfang begleitet und es mit Geduld und hilfreichem Rat unterstützt. Ihnen allen danken wir herzlich.

Kinsale und Barcelona
Januar 2006

Gertrud Höhler

Jenseits der Gier

Vom Luxus des Teilens

ISBN 978-3-548-36909-9
www.ullstein-buchverlage.de

Immer mehr Menschen ordnen die Rangfolge ihrer Werte neu. Viele von uns entdecken die Lust auf weniger, denn: Gier frisst Freiheit, macht nicht satt, sondern süchtig. Und wir erkennen: Wer herrschen will, muss durch Geben glänzen.

»Überzeugend entwirft Gertrud Höhler die Vision einer Gesellschaft, deren Glücksbringer nicht länger Macht, Reichtum und Konsum sind, sondern Freundschaft, Vertrauen und Wahrhaftigkeit.« *Hörzu*

»Gertrud Höhler ist eine der begehrtesten Beraterinnen für das europäische Top-Management.«
Süddeutsche Zeitung

Frank Sieren

Der China-Code

Wie das boomende Reich der Mitte Deutschland verändert

ISBN 978-3-548-36856-6
www.ullstein-buchverlage.de

Chinas Aufstieg – bedeutet er Deutschlands Abstieg? Immer klarer zeigt sich: Die Zukunft unseres Landes entscheidet sich im Reich der Mitte. Denn trotz seiner gewaltigen sozialen Probleme erweist sich China als Motor der Globalisierung und ist auf die neuen Herausforderungen der Weltwirtschaft weitaus besser eingestellt als die Bundesrepublik. Eine umfassend recherchierte, provokante Lektüre für alle, die wissen wollen, wie sich die Welt wandelt.

»Ein bemerkenswertes Buch, das Deutschland aufrütteln sollte.« *Handelsblatt*

»Ein Buch, das jeder lesen sollte, dem Deutschlands Zukunft am Herzen liegt.«
Peter Scholl-Latour

»Mit Schwung geschrieben und durch originelle und streitbare Thesen angetrieben.«
Financial Times Deutschland

ullstein

US220

André Kostolany

Der große Kostolany

mit zahlreichen Abbildungen

ISBN 978-3-548-36685-2
www.ullstein-buchverlage.de

Den Beruf des Spekulanten bezeichnete Kostolany als den schönsten Beruf der Welt. Mehr als 70 Jahre lang übte er ihn aus – und das mit allergrößtem Erfolg. Denn von Anfang an war ihm klar: Wer an der Börse gewinnen will, muss immer genau das Gegenteil von dem tun, was alle machen. In seinen Büchern erzählt Kostolany Lehrreiches über Gewinn und Verlust und erläutert mit Witz und Scharfsinn alles, was man über die Börse und ihre gnadenlosen, aber logischen Gesetze wissen muss.

Kostolanys drei erfolgreichste Bücher als Sammelband.